Christina Richter
SLF 2017

ZEIT FÜR GESCHICHTE

BAND 8

Gymnasium Niedersachsen

Hans-Wilhelm Eckhardt, Volker Habermaier,
Albrecht Materne, Ilse Moshagen-Siegl,
Stephan Schröder, Bernd Zaddach

Schroedel

Zeit für Geschichte

Geschichtliches Unterrichtswerk
für Gymnasien
Band 8

bearbeitet von
Hans-Wilhelm Eckhardt, Volker Habermaier,
Albrecht Materne, Ilse Moshagen-Siegl,
Stephan Schröder, Bernd Zaddach

in Zusammenarbeit mit der Verlagsredaktion

mit Beiträgen von
Dorothea Beck, Birgit Rettich-Mutschler (†),
Roland Wolf

© 2009 Bildungshaus Schulbuchverlage
Westermann Schroedel Diesterweg
Schöningh Winklers GmbH, Braunschweig
www.schroedel.de

Das Werk und seine Teile sind urheberrechtlich geschützt. Jede Nutzung in anderen als den gesetzlich zugelassenen Fällen bedarf der vorherigen schriftlichen Einwilligung des Verlages. Hinweis zu § 52a UrhG: Weder das Werk noch seine Teile dürfen ohne eine solche Einwilligung gescannt und in ein Netzwerk eingestellt werden. Dies gilt auch für Intranets von Schulen und sonstigen Bildungseinrichtungen. Auf verschiedenen Seiten dieses Buches befinden sich Verweise (Links) auf Internet-Adressen. Haftungshinweis: Trotz sorgfältiger inhaltlicher Kontrolle wird die Haftung für die Inhalte der externen Seiten ausgeschlossen. Für den Inhalt dieser externen Seiten sind ausschließlich deren Betreiber verantwortlich. Sollten Sie bei dem angegebenen Inhalt des Anbieters dieser Seite auf kostenpflichtige, illegale oder anstößige Inhalte treffen, so bedauern wir dies ausdrücklich und bitten Sie, uns umgehend per E-Mail davon in Kenntnis zu setzen, damit beim Nachdruck der Verweis gelöscht wird.

Druck A^2 / Jahr 2011
Alle Drucke der Serie A sind im Unterricht parallel verwendbar.

Redaktion: Kerstin Meyer/Jens Sieberns, Hamburg
Herstellung: Sabine Schmidt, Hannover
Grafik: Dirk Pfannenschmidt, Hannover
Kartographie: Theiss Heidolph, Kottgeisering
Satz: Schmiku Repro, Schwerte
Druck und Bindung: westermann druck GmbH, Braunschweig

ISBN 978-3-507-36563-6

Inhaltsverzeichnis

Zur Arbeit mit diesem Buch 5

Absolutismus und Aufklärung 6

    EINSTIEG: Das „Lever" – der Sonnenkönig steht auf 8
1. Der König verlässt die Hauptstadt 10
    WERKSTATT: Das Bild eines Herrschers 14
    Arbeitstechnik: Untersuchen eines Herrscherbildes
2. Ludwig XIV. prägt eine neue Regierungsweise 16
    Arbeitstechnik: Eine Mindmap anfertigen
3. Wirtschaft und Finanzen im Dienste des Staates 20
4. Des Königs Untertanen 24
5. Versailles – Vorbild für Herrschaft und Lebensart in Europa 28
    SCHAUPLATZ: Die Herrenhäuser Gärten 30
6. Licht ins Dunkel bringen: Die Aufklärung 32
7. Friedrich II. von Preußen – ein aufgeklärter Monarch 38
8. Das Jahrhundert der Kriege 42
    KOMPAKT 45

Die Entstehung der USA 46

    EINSTIEG: Der Amerikafahrer 48
1. Neubeginn in einem fernen Land 50
2. Kampf um Unabhängigkeit 53
3. Die USA und die erste freiheitliche Verfassung 58
    Arbeitstechnik: Strukturlegetechnik –
    Entwickeln eines Verfassungsschemas
4. Die USA im 19. Jahrhundert: Ausdehnung und Probleme 62
    KOMPAKT 67

Die Französische Revolution und Europa 68

    EINSTIEG: Ein Deutscher in Paris 70
1. Die Krise des Ancien Régime 72
    WERKSTATT: Die Untertanen beschweren sich 76
    Arbeitstechnik: Ein Simulationsspiel durchführen
2. Von der Versammlung der Generalstände
    zur Erklärung der Menschenrechte 78
    Arbeitstechnik: Normative Textquellen erschließen
3. Frauen greifen in die Revolution ein 82
4. Die Verfassung und die gesetzgebende Nationalversammlung 84
5. Die Republik in Gefahr 88
6. In Frankreich bleibt nichts, wie es war … 92
7. Die Revolution greift über die Grenzen Frankreichs hinaus 96
8. Ein französisches Europa? 98
9. Napoleons Politik verändert Deutschland 102
10. Reformen in Preußen 104
    KOMPAKT 107

Der Kampf um Einheit und Freiheit ... 108

    EINSTIEG: „Der erste Mann des Jahrhunderts" ... 110
    1. Eine neue Ordnung für Europa ... 112
    2. Die Bürger fordern Einheit und Freiheit ... 114
    3. Juden in Deutschland – Hoffnung und Enttäuschung ... 118
    4. In Europa brodelt es ... 120
        WERKSTATT: Das Lied der Deutschen ... 124
        Arbeitstechnik: Politische Lieder untersuchen
    5. Hungerrevolten! ... 126
    6. Das Volk geht auf die Barrikaden ... 128
    7. Das erste deutsche Parlament ... 132
    8. Die Revolution kann sich nicht durchsetzen ... 136
        SCHAUPLATZ: Auswanderermuseum ... 140
        KOMPAKT ... 142
        Arbeitstechnik: Lernen mit Leitbegriffen

Industrialisierung – Menschen verändern ihre Arbeitswelt ... 144

    EINSTIEG: Ein großer Schritt für die Menschheit ... 146
    1. Mit Dampf ins industrielle Jahrhundert ... 148
    2. Mit Verspätung – industrieller Aufbruch in Deutschland ... 152
    3. Menschen und Dinge rücken näher ... 154
        Arbeitstechnik: Mit Tabellen und Diagrammen umgehen
    4. Fabriken verändern das Leben der Menschen ... 158
        Arbeitstechnik: Lernplakate erstellen
        und einen „Museumsrundgang" durchführen
        WERKSTATT: Industriefotografie ... 172
        Arbeitstechnik: Auswerten von Industriefotografie
        SCHAUPLATZ: Die Zeche Zollverein ... 174
    5. Lassen sich die sozialen Probleme lösen? ... 176
    6. Handel und Produktion – weltweit verflochten ... 182
        KOMPAKT ... 185

Anhang ... 186

    Lexikon ... 186
    Methodenglossar ... 190
    Register ... 195
    Quellenverzeichnisse ... 199

Zur Arbeit mit diesem Buch

Liebe Schülerin, lieber Schüler,

der dritte Band der Reihe ZEIT FÜR GESCHICHTE bringt dir die Zeitspanne von etwa 1700 bis etwa 1900 näher – 200 Jahre, in denen sich bis heute wirkende Entwicklungen vollzogen: Im „absolutistischen" Frankreich entstand der zentral regierte und verwaltete Staat. Und während die Menschen etwa 100 Jahre später in der „Französischen Revolution" für Grundrechte und politische Beteiligung kämpften, kam es in England zur „Industriellen Revolution": Die Massenproduktion von Waren wurde möglich, neue Verkehrsmittel wie das Dampfschiff und die Eisenbahn erleichterten nicht nur den Handel, sondern auch die Kommunikation.

Alle Einheiten beginnen mit einer Doppelseite, die als **Auftakt** das Thema in Bildern vorstellt. Dir wird sichtbar, worum es auf den folgenden Seiten geht. Es folgt ein **Einstieg**, der von einer Begebenheit, einem interessanten Problem oder einer besonderen Sichtweise erzählt, z. B. davon, wie die neue Dampfkraft manchen Menschen Hoffnungen auf Frieden zwischen den Völkern machte.

Auch in diesem Band enthalten die einzelnen Kapitel jeder Einheit einen **Verfassertext (VT)**, der Informationen über Zusammenhänge gibt. Auf diesen Teil des Kapitels folgt ein **Materialteil**. Darin findest du Textquellen, die aus vergangenen Zeiten überliefert wurden oder Texte von Geschichtswissenschaftlern, die einen Einblick in spätere Sichtweisen auf die vorgestellte Zeit geben. Die Textquellen sind mit **Q** („Quellen"), die Texte von Historikern mit **M** („Material") gekennzeichnet. Weitere Arbeitsmaterialien sind Karten, Schaubilder, sowie Abbildungen, z. B. von Kunstwerken oder dokumentarischen Fotografien.

In einem Rahmen farblich abgehoben stehen Arbeitsvorschläge. Deine Lehrerin oder dein Lehrer entscheiden, ob sie genau diese Vorschläge nutzen oder eigene Arbeitsaufträge geben. Folgende Verweise findest du dort: **Q** für Quelle, **M** für Material, z. B. **12.1** für Abbildung (hier: Abbildung 1 auf Seite 12), **VT** für Verfassertext. Darüber hinausgehende Hinweise zu **Arbeitstechniken** sind auf einen blauen Hintergrund gesetzt.

Zu den Einheiten gehören sogenannte **Werkstatt**-Seiten. Sie rücken besondere Techniken oder Überreste des jeweils betrachteten Zeitraums in den Mittelpunkt: z. B. frühe „Werbefotografien" aus dem 19. Jahrhundert oder einen historischen Liedtext, der immer noch Bedeutung hat. **Schauplatz**-Seiten stellen dir darüber hinaus Orte vor, an denen sich die Geschichte der behandelten Kapitel noch heute erleben lässt – etwa im Ruhrgebiet, wo viele Industrieanlagen aus früheren Zeiten erhalten und umgenutzt wurden.

Am Ende jeder Themeneinheit kannst du in einer Zusammenfassung, der **Kompakt**-Seite, die zentralen Inhalte nachlesen und dir einen Überblick über die wichtigsten Daten verschaffen.

Der **Anhang** (S. 186–198) enthält ein **Lexikon** mit Erklärungen zu wichtigen Grundbegriffen. In den Kapiteln werden Lexikonbegriffe mit ↗ gekennzeichnet. Zudem findest du im Anhang ein Methodenglossar, in welchem die wichtigsten Techniken historischen Arbeitens zusammengestellt sind sowie ein **Register**, das dir hilft, Stellen im Buch zu finden, wenn du dich über eine Sache, eine Person oder einen Begriff noch einmal genauer informieren möchtest.

Viele Erkenntnisse und Spaß mit ZEIT FÜR GESCHICHTE
wünschen Autorenteam und Redaktion!

Absolutismus und Aufklärung

Die Sonne war das Symbol Ludwigs XIV., der von 1643 bis 1715 französischer König war. In der hier abgebildeten Form verzierte das mit Blattgold belegte Sonnenmotiv die Decke seines Schlafzimmers im Schloss von Versailles.

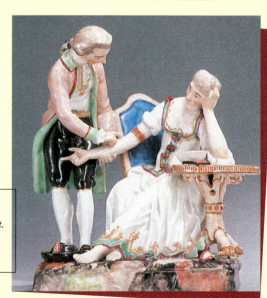

Das Leben am Hof des Sonnenkönigs war Vorbild für Adlige in ganz Europa. Eine Szene adligen Lebens, in der ein Kavalier eine Dame umwirbt, zeigt diese Porzellanfigur aus dem 18. Jahrhundert. Solche Figuren waren Luxusartikel und begehrte Sammlerobjekte. Angefertigt wurden sie in Manufakturen, großen Werkstätten, in denen spezialisierte Handwerker arbeiteten.

Viele Städte erhielten im 17. Jahrhundert nach dem hier abgebildeten Muster ein neues „Gesicht": Oft bildete ein fürstliches Schloss den Mittelpunkt. Nach außen sicherte man sich aufwendig durch Befestigungsanlagen ab, die den neuen „Kriegsmaschinen" – Kanonen – standhalten konnten.

Am Tisch König Friedrichs II. von Preußen (Mitte) diskutierten um 1750 regelmäßig Philosophen, Schriftsteller und Offiziere miteinander. Es war die Zeit der sogenannten Aufklärung. Aufgeklärte Denker wollten die Welt mit Vernunft erforschen und die Menschen dazu ermutigen, alte Vorurteile aufzugeben. Das Gemälde des Künstlers Adolph von Menzel entstand 1850.

Ein Bauer entrichtet Abgaben bei seinem Grundherrn. Körperhaltungen, Gesten sowie der Hintergrund des Geschehens machen die gesellschaftlichen Stellungen der Beteiligten deutlich.

Das „Lever" – der Sonnenkönig steht auf

Der König, der sich als Symbol die Sonne gewählt hatte, hieß Ludwig XIV. Sein Schloss sollte nach seinem Willen den Mittelpunkt Frankreichs bilden – und im Zentrum des Schlosses lag das Schlafzimmer des Königs. Selbstverständlich stand seine Person im Mittelpunkt des Hoflebens. Wenn König Ludwig aufstand, begann das Hofleben – so wie der Tag bei Sonnenaufgang beginnt. Nichts blieb dabei dem Zufall überlassen, es herrschten strenge Verhaltensregeln, das „Zeremoniell". Auch das morgendliche Aufstehen des Königs hatte darin seinen Platz. Der Herzog von Saint-Simon (1675–1755), der am Hof Ludwigs lebte, berichtete darüber:

Um acht Uhr früh oder gegen halb neun Uhr weckte der erste Kammerdiener den König, indem er die Vorhänge des Prunkbettes zurückschlug. Inzwischen waren die
5 Prinzen des königlichen Hauses, der erste Leibarzt, der erste Chirurg und die Amme des Königs eingetreten. Ehe der König aufstand, wurden ihm zwei Perücken zur Auswahl vorgehalten, und wenn er seinen
10 Schlafrock angezogen hatte, nahm er außerhalb des Bettgeländers auf einem Sessel Platz. Inzwischen waren einige Vertreter des höchsten Adels eingetreten.

Während der König vor einem Spiegel, den
15 ihm der erste Kammerdiener vorhielt, rasiert wurde, verlangte er die ersten Eintritte; es kamen die vier Kabinettssekretäre, die Vorleser, Apotheker, Ärzte, die Silberbewahrer, einige Offiziere und Kammerdiener.
20 Nachdem der König eine kleine Perücke aufgesetzt hatte, verlangte er den Eintritt der Kammerherren: Sie erschienen und flüsterten ihrem Herrn die Namen der Einlass begehrenden Persönlichkeiten ins Ohr.
25 Sofort traten die Kirchenfürsten und Kardinäle, Gesandte, Marschälle und andere Großwürdenträger ein, denen nun der breite Schwarm der Höflinge folgte.
Nun ... zog der König seine Strümpfe und
30 seine Hosen an; einige Pagen banden ihm die Schuhe zu, während die Majestät geruhte, ihre Strumpfbänder selbst zu knüpfen. Dann zog er sein Nachthemd aus, übergab die Reliquien*, die er während der Nacht
35 auf bloßem Leibe trug, dem ersten Kammerdiener und verlangte sein Taghemd.
Die Darreichung dieses Kleidungsstückes bildete einen Höhepunkt der ganzen Kultushandlung: Das Recht, dem König das
40 Hemd zu reichen, stand Monsieur, dem Bruder des Königs, oder, wenn dieser abwesend war, den Söhnen und Enkeln des Königs, zu.

*Reliquie: ein gegenständlicher Überrest einer religiös verehrten Person, z. B. eines Heiligen

8.1 Das Schloss in Versailles mit seinem Park. In der Mitte (**X**) liegt das Schlafzimmer des Königs. Gemälde von Pierre Pâtel, 1668.

9.1 Der König steht auf. Farbdruck, 1904.

Wenn der Monarch dann seine Hose hoch-
45 gezogen und sein Leibwams aus blauem, rotem oder grünem Atlas angezogen, sein blaues Ordensband umgelegt und seinen Degen gegürtet hatte, schlüpfte er in seinen blauen Leibrock, den eine leichte Stickerei
50 zierte, nahm seinen Federhut, seinen langen Stock mit goldenem Knauf und zog sich in den schmalen Raum zwischen dem Bett und der Wand zurück, um da sein Morgengebet zu verrichten.
55 Wenn er damit fertig war, betrat er das anstoßende Gemach, wo er Ministerrat zu halten pflegte, und verkündete das Programm des Tages.

T. Steudel, Der Fürstenstaat, 1933, S. 1 f., gekürzt.

1. Stellt das beschriebene Geschehen in einer Reihe von Standbildern dar. Macht durch Mimik und Gestik eure Gefühle und Gedanken deutlich.

2. Der König steht auf oder geht zu Bett – die Höflinge versäumen keine Zeremonie. Erläutere, warum der König ihre Anwesenheit erwartete. Beziehe dich dabei auch auf die Lage seines Schlafzimmers (8.1).

1. Der König verlässt die Hauptstadt

① Ludwig XIV. als Sonnengott Apollon (erkennbar an dem Sonnenstab),
② Herzogin Anne-Marie, die Cousine Ludwigs, als Göttin Artemis (erkennbar an dem Halbmond als Kopfschmuck),
③ Anna von Österreich, die Mutter Ludwigs, als Erdgöttin Demeter (erkennbar an dem Erdball, den sie hält),
④ Philippe I., Herzog von Orléans und Bruder Ludwigs, als Eos, Gott des Tagesanbruchs (erkennbar an dem gelben Gewand),
⑤ Henriette von Frankreich, englische Königin und Tante Ludwigs, als Meeresgöttin Amphitrite (erkennbar an dem Dreizack als Zepter)

10.1 Die königliche Familie als antike Götter, Gemälde von Jean Nocret, 1670.

*Livre: französische Währung vom 9. bis 18. Jahrhundert. 1 Livre entsprach einem „Pfund" (ca. 400 g) Silbermünzen.

*Residenz: herrschaftlicher Wohnsitz

■ Allein regieren

Im Jahr 1643 starb der damalige französische König Ludwig XIII. Die Königswürde ging an seinen damals erst vierjährigen Sohn über. Niemand ahnte, dass dieser um 1700 einer der mächtigsten Herrscher Europas sein würde: Ludwig XIV. Denn seit mehr als hundert Jahren hatten französische Adlige immer wieder versucht, die Macht des Königs zu schwächen und selbst mehr politischen Einfluss zu gewinnen. Wie war es also möglich geworden, dass Ludwig XIV. eine so mächtige Stellung erhielt – und welche Rolle spielte dabei sein Schloss?

Anstelle des minderjährigen Ludwig XIV. hatte bis 1661 ein Kardinal, Jules Mazarin, als Premierminister die Regierung geführt. Als dieser starb, nahm niemand bei Hof das Selbstbewusstsein ernst, mit dem der junge König ankündigte, von nun keinen Premierminister mehr zu ernennen, sondern allein zu regieren. Ludwig XIV. hatte eine mangelhafte Ausbildung und war nur nachlässig auf sein Amt vorbereitet worden – sollte er wirklich selbst regieren wollen? Tatsächlich beschloss er als Erstes den Bau einer neuen Residenz* außerhalb von Paris.

■ Das Schloss in Versailles

Das Schloss sollte in Versailles entstehen – einem Dorf in einem Wald- und Sumpfgebiet, 20 Kilometer vor den Toren der Hauptstadt! 1682 siedelten der König und sein Hof in die neue Residenz um, die bis zu seinem Tod im Jahr 1715 eine Baustelle blieb. Für die Errichtung des Schlosses und der Gärten ließ der König Dörfer abreißen, Flüsse umleiten und in einer Länge von 170 km Entwässerungsgräben ausheben. Ein kompliziertes System von Leitungen und Pumpstationen versorgte das Schloss und die Gärten mit Wasser aus der Seine. Am Bau waren zeitweise 36 000 Arbeiter beteiligt, 6 000 Pferde schleppten das Baumaterial herbei. Die reinen Baukosten wurden auf 50 bis 60 Millionen Livres* geschätzt. Diese Summe entsprach etwa der Hälfte der gesamten Steuereinnahmen eines Jahres.

Auch bei der Ausstattung der Appartements des Königs und seiner Familie wurde an kostbaren Möbeln, wertvollen Gemälden und Teppichen nicht gespart. Ludwig XIV. selbst entschied, wie seine neue Umgebung zu gestalten sei. So schuf er sich eine Bühne, auf der er seine Herrschaft in Szene setzte.

Absolutismus und Aufklärung

■ Der Adel am Königshof

Das Schloss von Versailles, der Königshof, zog die französischen Adligen an und entwickelte sich schnell zum gesellschaftlichen Zentrum Frankreichs. Hier bot der König Zerstreuungen mit Theater, Ballett, Oper und Hoforchester. Dabei sollte die prunkvolle Ausstattung des Schlosses die herausragende Stellung des Königs widerspiegeln und deutlich machen: Er war der „Star".

Aufstehen oder Zubettgehen, Geburt oder Todesfall, Hofball oder Jagd – für alle Ereignisse bei Hof und alle Bereiche des Hoflebens legte der König Regeln fest. Jedem bei Hof lebenden Adligen wies er im Zeremoniell den seiner gesellschaftlichen Stellung und seinem Ansehen entsprechenden Platz zu. Wer seine Rolle und damit die Regeln der „Höflichkeit" nicht beherrschte, riskierte, sich lächerlich zu machen. Und wer die Gunst des Königs verlor, gar den Hof verlassen musste, stand plötzlich außerhalb der feinen Gesellschaft. So machten das Hofzeremoniell und die „Etikette", das erwünschte Benehmen bei Hofe, den Adel zu Statisten im Theater der königlichen Selbstinszenierung. Auf diese Weise gelang es Ludwig, den mächtigen Hochadel zu kontrollieren.

■ Anstrengendes Hofleben

Zeitweise umfasste der Hofstaat* Ludwigs XIV. 20 000 Personen, darunter 1 000 Adlige mit 5 000 Dienern. Sie alle mussten in engen und manchmal nicht beheizbaren Dachkammern wohnen, Schmutz und unzureichende sanitäre Einrichtungen ertragen. Statt sich zu waschen, begnügten sie sich mit Parfum und Puder! Und da die Küchen weit von den Speisesälen entfernt lagen, servierten die Diener die Mahlzeiten oft kalt.

Was bedeutete das aber schon angesichts der Möglichkeit, im prunkvollen Spiegelsaal oder in den königlichen Galerien und Gärten zu „promenieren", immer in der Hoffnung, den König sehen zu können und gar von ihm gesehen zu werden! Tatsächlich gewöhnten sich die Adligen an das Leben in Ludwigs Umkreis und akzeptierten so auch seine Regierungsweise.

11.1 Ein Spaziergang in den Gärten von Versailles, Gemälde von Jean-Baptiste Martin, 1690 (Ausschnitt). Im unteren Bildbereich ist die sogenannte Galerie der Wasserspiele zu sehen.

Doch der aufwendige Lebensstil in Versailles ruinierte viele Adlige. Sie brauchten Geld für Ballgarderoben und für Kostümfeste, für Theater, Konzerte und Kartenspiele. Auch die Ausgaben für Dienerschaft, Karossen, Pferde und Sänften verschlangen Unsummen. Aber es galt mitzuhalten, um dem König zu gefallen! Gleichzeitig verloren die Adligen durch die ständige Abwesenheit von ihren Landgütern die Kontrolle über ihre regelmäßigen Einkünfte und gaben mehr aus, als sie erwirtschaften konnten.

Der König kannte die finanzielle Situation seiner Höflinge genau und wusste, dass für viele Adlige ein bezahltes Hofamt, eine Pension, eine vorteilhafte Heirat oder ein Gnadenbeweis in Form von Goldstücken ihre einzige Einnahmequelle war. Die Adligen waren abhängig vom König.

*Hofstaat: Gesamtheit der am königlichen Hof lebenden Personen

1. Der König verlässt die Hauptstadt

12.1 *Herzogin Liselotte von der Pfalz, war mit dem Bruder Ludwigs des XIV., Philippe von Orléans, verheiratet worden. Gemälde von Hyacinthe Rigaud, 1715.*

Q1 Die Sonne als Sinnbild

Ludwig schrieb an den Kronprinzen:

Ich wählte daher als Figur die Sonne, die
durch ihre Einzigartigkeit,
durch den Glanz, der sie umgibt,
durch das Licht, das sie den anderen, sie wie
5 ein Hofstaat umgebenden Sternen mitteilt,
durch die gleichmäßige Gerechtigkeit, mit
der sie dieses Licht allen Zonen der Erde
zuteilt,
durch das Gute, das sie allerorten bewirkt,
10 indem sie unaufhörlich von allen Seiten, Leben und Freude und Tätigkeit hervorbringt,
durch ihre unermüdliche Bewegung, die
gleichwohl als ständige Ruhe erscheint,
15 durch ihren gleichbleibenden und unveränderlichen Lauf, von dem sie sich nie entfernt
und niemals abweicht,
sicher das lebendigste und schönste Sinnbild eines großen Herrschers darstellt.

Louis XIV., Mémoires pour l'instruction du Dauphin, 2007, S. 172 übersetzt und bearbeitet.

Q2 Versailles

Der Herzog von Saint-Simon lebte seit 1691 am Hofe Ludwigs XIV. Über Versailles berichtete er:

Aus verschiedenen Ursachen war der Hofstaat für immer aus Paris entfernt worden. Die Unruhen, die sich in dieser Stadt zutrugen, als der König noch nicht volljährig war,
5 hatten dem Herrscher einen Widerwillen gegen Paris eingeflößt. Zudem stellte er sich vor, dass seine Person umso verehrungswürdiger werde, je mehr er sich den Augen der Menge entziehe. …
10 Es gefiel dem König, auch die Natur zu tyrannisieren, sie der Kunst und dem Geld zu unterwerfen. Planlos reihte er ein Gebäude neben das andere: Hässliches und Schönes, Großartiges und Kleinliches, alles bunt
15 durcheinander. … Die Gärten verraten erstaunliche Prachtliebe. Aber sie sind geschmacklos und laden nicht zum Aufenthalt ein. Die Wege sind mit Kies bedeckt. Man zerschneidet sich beinahe die Sohlen dar-
20 auf, würde ohne ihn aber bald im Sand, bald im Schlamm versinken. Überall ist die Natur vergewaltigt worden, und man mag wollen oder nicht: Man wird davon abgestoßen und angewidert.

Geschichte in Quellen, Bd. 3, 1976, S. 432.

Q3 Über das Leben bei Hof

Liselotte von der Pfalz lebte als Schwägerin Ludwigs XIV. am Hof in Versailles. 1709 stellte sie in einem Brief an ihre Tante Sophie von Hannover (→ S. 30 f.) ihren Tagesablauf bei Hofe dar:

Was ich den ganzen Tag tue, lässt sich in kurzem Begriff sagen: in die Messe gehen, zu Mittag essen, ein paar Edelsteine besehen, ein paar Blätter lesen, hernach schrei-
5 ben, nachts um zehn in des Königs Esssaal gehen, Ihre Majestät dort erwarten, bis sie mit der königlichen Familie … kommt, nach dem Essen in des Königs Kammer gehen, ein Vaterunser lang dastehen, eine Reve-
10 renz (Verbeugung) machen, der König geht in sein Kabinett mit den Prinzen und ich in meine Kammer, da gebe ich meinem Hündchen Biskuit, ziehe meine Uhren auf, besehe meine Steine, danach gehe ich ins Bett.
15 Damit wissen Euer Liebden (höfliche Anrede der Adressatin) mein ganzes Leben; und ein Tag ist wie der andere.

H. Kiesel (Hg.), Briefe der Liselotte von der Pfalz, 1981, S. 170.

Absolutismus und Aufklärung

Q4 Unzulässig in Versailles: Briefgeheimnisse

Der Herzog von Saint-Simon beschrieb auch, wie Ludwig XIV. sich Informationen beschaffte:

Ludwig XIV. war eifrig bemüht, über alles, was vorging, gut unterrichtet zu werden. Aber von allen Mitteln, mit denen er sich Nachrichten verschaffte, war keines so un-
5 menschlich wie die Einsichtnahme in den gesamten Briefverkehr.
Der König bekam Auszüge sämtlicher Briefe zu Gesicht, von denen zuerst die Postmeister und dann der vorgesetzte Minister
10 es für gut hielten, dem König Mitteilung zu machen. Auch ganze Briefe legten sie vor, wenn entweder deren Inhalt oder die Persönlichkeit des Briefschreibers für wichtig genug gehalten wurden.

Quellen zur Allgemeinen Geschichte, Bd. 3, hg. von G. Guggenbühl und H. C. Huber, 1965, S. 269, gekürzt.

13.1 Ludwig empfängt 1714 den Kurfürsten von Sachsen. Gemälde von Louis Sylvèstre, Musée de Versailles.

Q5 Schulden

Madame de Sévigné (1626–1696), eine Hofdame, schrieb viele Briefe, in denen sie ihrer Familie und ihren Freunden in der Provence vom Leben in Versailles berichtete. Hier beschreibt sie ein Gespräch zwischen dem König und seinem Oberhofmarschall:

König: Marschall, ich will wissen, weshalb Sie mich verlassen. Ist es, um nur noch Gott zu dienen? Oder möchten Sie zurückgezogen leben? Oder sind es Schulden? Wenn
5 dies der Fall ist, will ich Ordnung schaffen und Einsicht in ihre Verhältnisse nehmen.
Marschall: Sire, es sind die Schulden. Ich bin ruiniert und vermag es nicht zu ertragen, einige Freunde, die mir geholfen ha-
10 ben, darunter leiden zu sehen, dass ich sie nicht befriedigen kann.
König: Gut, dann muss man deren Guthaben sichern. Ich gebe ihnen 10 000 Livres auf Ihr Haus in Versailles und einen Garan-
15 tieschein von 400 000 Livres als Sicherheit, falls Sie sterben sollten. Sie zahlen die rückständigen Zinsen und bleiben so in meinem Dienst.

Marie de Sévigné, Briefe, hg. und übersetzt von T. von der Mühll, 1966, S. 71 f.

---

1. Betrachte die Aufnahmen von Versailles auf den Webseiten von „Google maps" sowie Fotos des Schlosses und der Gärten unter www.chateauversailles.fr/fr/vuduciel/en.html und plane auf dieser Grundlage eine Führung für deine Mitschülerinnen und -schüler.

2. Erläutere die Beweggründe Ludwigs XIV., die Sonne als Symbol für seine Herrschaft auszuwählen. (Q1)

3. Wie beschreibt Saint-Simon die Gründe für den Umzug und das Schloss? Charakterisiere sein Verhältnis zum Herrscher. (Q2)

4. Arbeitet im Rahmen eines Gruppenpuzzles (→ S. 193 f.) die Methoden heraus, mit denen Ludwig XIV. den Adel von sich abhängig machte. Nehmt Stellung dazu. (Q2–Q5)

5. Bereitet euch auf ein Rollenspiel vor: Zwei adlige Mitglieder des Hofes sprechen darüber, ob es notwendig ist, im Sommer aufs Land zu ihren Gütern zu fahren.

WERK

• • • • Das Bild eines Herrschers • • • •

Um sich der Öffentlichkeit als Majestät zu präsentieren, ließ Ludwig XIV. Gemälde, Gobelins (Wandteppiche), Reliefs und Statuen, Gedichte und Lobgesänge anfertigen – Malerei, Skulptur und Dichtkunst waren die Medien seiner Zeit. Die Untertanen sollten anhand der Darstellungen begreifen, dass der König erhaben und mächtig, allgegenwärtig und dennoch unerreichbar war.

Schon im Jahr 1655 war die „Königliche Akademie für Malerei" gegründet worden. Vom König wurde sie finanziell unterstützt, und einer seiner Minister verwaltete sie.

Die „Akademie" war gewissermaßen als „Werbeagentur" Ludwigs XIV. tätig. Die dort versammelten Künstler entwickelten einen neuen Porträttyp: das Repräsentationsporträt. Ludwig XIV. ließ viele solcher Bildnisse anfertigen.

So erhielt im Jahr 1701 der Akademiemaler Hyacinthe Rigaud den Auftrag für ein Bildnis des mittlerweile 63-jährigen Königs, der zu dem Zeitpunkt bereits recht gebrechlich war. Das Gemälde war für den spanischen Hof bestimmt, wo ein Enkel Ludwigs XIV. die Thronfolge antreten sollte.

Allongeperücke (französisch „allonger": verlängern)

Orden des Heiligen Geistes

Thron

Mantel aus Hermelinpelz und Brokat mit goldenen Lilien (Wappen des Königshauses)

Krone und Zepter

Schwert zur Verteidigung der Kirche

Seidenstrümpfe

Schuhe mit rotem Absatz

14.1 Hyacinthe Rigaud, Ludwig XIV., 1701. Ölfarben auf Leinwand, 277 x 194 cm. Louvre, Paris.

Da das Bild der Repräsentation dienen sollte, ist nicht davon auszugehen, dass der Maler den König so darstellte, wie es ihm persönlich gerade gefiel. Vielmehr müssen wir annehmen, dass Ludwig ihm genaueste Anweisungen zur Inszenierung gab. Insofern ist das Bild eine wichtige historische Quelle: Es gibt Auskunft darüber, wie Ludwig XIV. gesehen werden wollte.

Das 2,77 m hohe und 1,94 m breite Bild gefiel dem König am Ende so sehr, dass er es in Versailles behielt und mehrere Kopien anfertigen ließ, von denen er eine nach Spanien schickte. Doch nicht nur in seinem Auftrag wurde das Gemälde kopiert: U. a. regte es etwa 150 Jahre später den englischen Dichter William M. Thackeray (1811–1863) zu einer Karikatur an.

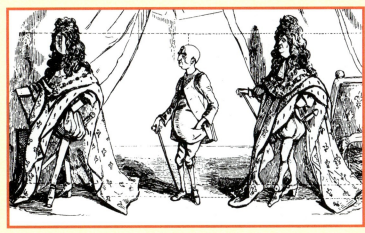

15.1 „König – Ludwig – König Ludwig". Karikatur von William M. Thackeray, um 1840.

Arbeitstechnik: Untersuchen eines Herrscherbildes

Bei der Untersuchung des Herrscherbildes als historische Quelle könnte deine Ausgangsfrage sein: Was wollte Ludwig XIV. mit dem Porträt erreichen?
Vier Schritte helfen dir dabei, diese Frage zu beantworten:

A) Beschreiben
Lass das Bild kurz auf dich wirken. Wie ist dein erster Eindruck?
Nenne Maler, Auftraggeber und die Größe des Originalbildes. Beschreibe das Bild anschließend genau und geordnet. Gehe dabei zuerst auf die Person Ludwigs ein.

B) Untersuchen
Achte besonders auf folgende Gestaltungsmittel und ihre Wirkungen:
- die Platzierung des Königs auf dem Bild,
- die Blickrichtung des Königs und die Position des Betrachters,
- die Umgebung des Herrschers, seine Haltung, seine Kleidung und Haartracht,
- seine Herrschaftszeichen und ihre Anordnung,
- Farben der Kleidung und Gegenstände, Raumgestaltung und Dekorationen.

C) Deuten
Erkläre die dargestellten Details und Symbole. Als Hilfsmittel stehen dir dein Schulbuch, aber auch Lexika aus der Bücherei (z. B. ein Symbollexikon) zur Verfügung. Erkläre, aus welchem Anlass und mit welchem Zweck das Bild gemalt wurde. Gehe dabei auch auf Maler und Auftraggeber ein.

D) Bewerten
Bewerte mithilfe der zusammengestellten Informationen das Bild als Kunstwerk, aber auch als historische Quelle.

1. Vergleiche abschließend das Herrscherbild mit der Karikatur Thackerays (13.1).
2. Erkläre die Absicht Thackerays.

2. Ludwig XIV. prägt eine neue Regierungsweise

16.1 Ludwig XIV. ① mit dem obersten Staatsrat, 1682. Im rechten Bildbereich sind neben dem König sein Sohn ② und sein Bruder ③ zu sehen. Auf der anderen Seite des Königs stehen sein Vetter, der Prinz von Condé ④, der ein erfolgreicher Feldherr war, außerdem die Mitglieder des Staatsrats, unter ihnen der Finanzminister Colbert ⑤, der Kanzler Le Tellier ⑥ und der Kriegsminister Louvois ⑦. Unten auf dem Bild steht: „Der König in seinem Rat – Schiedsrichter über Krieg und Frieden." Den Rahmen bildet eine Girlande mit Bildern von Festungsanlagen, Eroberungen und Erfolgen aus der Regierungszeit Ludwigs bis 1681.

■ Ein neues Herrschaftsverständnis

„L'État, c'est moi" (Der Staat bin ich) ist sicher kein wörtliches Zitat des Königs, aber es macht seine Auffassung deutlich: Ludwig XIV. setzte sich mit dem Staat gleich. Damit begann in Frankreich eine neue Regierungsweise, der ↗Absolutismus: Der König regierte absolut (uneingeschränkt), d. h, seine Macht wurde nicht durch Gesetze begrenzt.

Wie war das möglich? Schon früher hatte es starke Monarchien gegeben, etwa in Spanien, in England und auch in Frankreich. Immer wieder musste jedoch die Macht des Königs gegen die Ansprüche des hohen Adels gesichert werden. Nun aber sollte nur der Wille des Königs in ganz Frankreich gelten. Alle Bewohner Frankreichs sollten ihm untertan sein.

Dieser Anspruch wurde von Philosophen damit begründet, dass Ludwig XIV. als von Gott eingesetzter Herrscher nur dem Gesetz Gottes unterstehe. Daher sei er keinem seiner Untertanen Rechenschaft schuldig. Sollte er jedoch die göttlichen Gesetze missachten, so die Theorie, hätten die Untertanen das Recht auf Widerstand gegen ihren König. Die Frage, wie ein solcher Widerstand möglich sein sollte, wurde jedoch nicht beantwortet. Und Ludwig XIV., der sowohl über die Gesetzgebung als auch über die Verwaltung ungehindert verfügte, ließ Ungehorsam bestrafen. Mit geheimen Haftbefehlen, den „lettres de cachet", konnte er Gegner auf unbestimmte Zeit verhaften oder verbannen lassen.

■ Das Land wird zentralisiert

König Ludwig XIV. wollte alle wesentlichen Entscheidungen selbst treffen, doch er wusste, dass er dafür oft zusätzliches Sachwissen brauchen würde. Deshalb setzte er sogenannte Staatsräte ein, deren Mitglieder er persönlich ernannte. Als Staatsratsmitglieder bevorzugte er gebildete Männer bürgerlicher Herkunft, die ihm persönlich ergeben waren. Während der Ratssitzungen informierten und berieten sie ihn. Doch nichts durften sie ohne sein Wissen entscheiden. Der König regierte also selbst, aber nicht allein.

Darüber hinaus hatte der König erkannt, dass seine Befehle und Anordnungen nicht ohne Unterstützung überall in Frankreich durchgesetzt werden würden – schließlich konnte er nicht selbst darüber wachen! Daher entschloss er sich, eine Verwaltung mit ausgebildeten Männern aufzubauen, die nach seinen Anweisungen handelte. Es entstand so eine ganz neue Gruppe in der Bevölkerung, die Beamten, und ihre Zahl nahm sprunghaft zu. Frankreich wurde in Verwaltungsbezirke eingeteilt, deren Beamte direkt vom König ernannt wurden. Da sie ihm ihre Karriere verdankten, waren sie ihm in der Regel auch treu ergeben.

Absolutismus und Aufklärung

In ihren Bezirken wurden die Beamten meist als Ortsfremde eingesetzt und überdies regelmäßig versetzt. Als Intendanten oder Kommissare verwalteten sie Städte und Provinzen und trieben Steuern ein. Hier finden wir den Ursprung unseres modernen Staates mit einheitlicher, das ganze Land erfassender Regierung und Verwaltung.

Tatsächlich aber war es nicht so einfach, die Herrschaft des Königs überall durchzusetzen. So gab es z. B. immer noch Adlige in der Provinz, die sich den königlichen Anweisungen nicht beugen und die eingesetzte Verwaltung nicht akzeptieren wollten. Oft behinderten auch die höheren Gerichte (die in Frankreich „Parlamente" hießen) die Gesetzgebung, indem sie sich weigerten, die Gesetze des Königs ins Gesetzbuch aufzunehmen. Dies aber war für die Gültigkeit der Gesetze notwendig. Nicht zuletzt war Frankreich ein großes Land: Eine mit der Postkutsche beförderte Nachricht war von Paris bis in den Süden fast zwei Wochen unterwegs. Zudem wurden im Land immer noch mehrere Sprachen gesprochen. Daher dauerte es über mehrere Generationen, bis die Konzentration der Macht in der Hand des Königs allgemein anerkannt war.

■ Die Kirche

Ludwig XIV. verstand sich auch als Schutzherr der Kirche. Er meinte, seinen Machtanspruch gegenüber den Geistlichen am besten durchsetzen zu können, wenn die Gläubigen nicht in verschiedene Konfessionen aufgeteilt sind. Deshalb vertrat er den Grundsatz: Ein König, ein Gesetz, ein Glaube. Da Ludwig selbst dem Katholizismus angehörte, beschloss er, die katholische Religion wieder zur Staatsreligion zu machen. Im Oktober 1685 verbot er den protestantischen Glauben in Frankreich, die Zerstörung der protestantischen Kirche folgte bald. Über 300 000 Protestanten – in Frankreich hießen sie „Hugenotten" – flohen ins Ausland.

■ Das stehende Heer

Seit den Religionskriegen der vergangenen Jahrhunderte galt ein Staat nur dann als

17.1 Ein Soldat um 1680. Der Infanterist kämpfte mit Gewehr und Bajonett. Das Bajonett war eine Stichwaffe, die für den Nahkampf auf den Lauf des Gewehres gesteckt wurde. Im Vergleich zu den Musketen aus früheren Zeiten waren die neuen Waffen viel leichter. Die Soldaten konnten damit länger marschieren und schneller schießen.

stark, wenn er über ein schlagkräftiges Militär verfügte, das gegen andere europäische Mächte eingesetzt werden konnte. Der König brauchte also eine starke und gut ausgebildete Armee. Früher wurden für jeden Krieg Söldnerheere auf Zeit zusammengestellt, die häufig allerdings schlecht ausgebildet waren. Dem Rat seiner Kriegsminister folgend, schuf Ludwig XIV. nun ein „stehendes Heer", also eines, das ständig in Kasernen zum Einsatz bereitstand und mit Waffen und Uniformen ausgerüstet war. Tägliches Exerzieren und regelmäßige Manöver hielten die Armee kriegsbereit. Die Soldaten mussten einen Eid auf den König als obersten Befehlshaber schwören.

Die militärische Entwicklung in Frankreich			
1664	**1688**	**1703**
= 10 000 Soldaten		
1661	**1672**	
= 10 Kriegsschiffe		

17.2 Die Entwicklung des Heeres und der Marine in Frankreich seit 1660.

Während er das stärkste Heer in Europa aufbaute, befahl der König seinem Marschall Vauban, an der Nord- und Ostgrenze einen Befestigungsgürtel zu errichten, um jeden Angriff abzuwehren. Nachdem die Grenzen so gesichert waren, ließ Ludwig XIV. die mittelalterlichen Stadtmauern und die letzten befestigten Adelssitze im Landesinnern schleifen (niederreißen). Städte und Adlige mussten ihre Feuerwaffen abliefern. Jeder innere Widerstand gegen den König sollte damit verhindert werden. Fehden unter Adligen oder gewalttätige Übergriffe Adliger auf andere sollten mit dieser Maßnahme gebannt werden. Nur in königlichem Auftrag durfte von nun an im Land Gewalt angewendet werden.

■ Frankreich strebt nach Vorherrschaft

Auch außenpolitisch sollte Frankreich hervorragend dastehen und den Ruhm Ludwigs XIV. vermehren. Daher versuchte der König mit seiner überlegenen Armee die ↗ Hegemonie (Vorherrschaft) in Europa zu erkämpfen. Vor allem sollte die österreichische

18.1 Kriege und Eroberungen Ludwigs XIV. Mit dem Verweis auf das Erbrecht seiner Frau fiel Ludwig 1667 mit seinen Truppen in die Spanischen Niederlande ein. Ab 1672 versuchte er, Holland zu erobern. Auch das heutige Südwestdeutschland war Schauplatz von Eroberungskriegen.

Monarchie geschwächt werden. So führte er im Norden und Osten Kriege gegen die von den Habsburgern regierten Spanischen Niederlande und das Heilige Römische Reich. Besonders das Gebiet der an Frankreich angrenzenden Pfalz wurde in Kriegszügen zwischen 1688 und 1697 erschüttert, als Ludwig versuchte, die Pfalz für Frankreich zu erobern.

■ Gleichgewicht der Mächte

In insgesamt 30 von seinen 54 Regierungsjahren führte Ludwig XIV. Krieg. Auf Drängen Großbritanniens gingen die anderen europäischen Mächte schließlich ein Bündnis ein, um weitere Eroberungen Frankreichs zu verhindern. Ziel dieses Bündnisses war es, die Ausdehnung Frankreichs zu stoppen, um ein Gleichgewicht der europäischen Mächte (englisch: „balance of power") sicherzustellen. Wenn Frankreich einem starken Bündnis gegenüberstand, so hoffte man, würde es nicht zu weiteren militärischen Übergriffen kommen. Vor allem Großbritannien wollte nicht in die Gefahr geraten, sich gegen Frankreich verteidigen zu müssen. Seine militärischen Kräfte sollten darauf gerichtet bleiben, Kolonien in Übersee zu erobern.

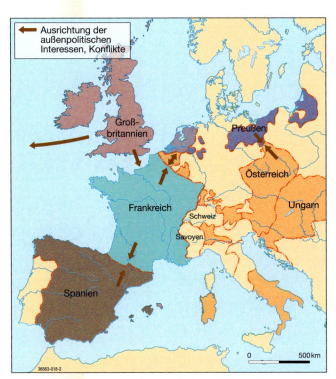

18.2 Die britische Vorstellung von einem „Gleichgewicht der Mächte".

Absolutismus und Aufklärung

Q1 Machtentfaltung des Königs

a) Bischof Bossuet, der Hofprediger des Königs, schrieb 1682:

Wir haben schon gesehen, dass jede Gewalt von Gott kommt. Die Fürsten handeln als Gottes Diener und Statthalter auf Erden. Durch sie übt er seine Herrschaft aus. …
5 Deshalb ist der königliche Thron nicht der Thron eines Menschen, sondern Gottes selber. … Aus allem ergibt sich, dass die Person des Königs geheiligt ist.
Kommt ihre Gewalt von oben, so dürfen
10 Könige doch nicht glauben, sie seien Herren über die Untertanen, um nach ihrem Belieben davon Gebrauch zu machen. Vielmehr sollen sie sich ihrer mit Scheu und Zurückhaltung bedienen, als eine ihnen von
15 Gott anvertraute Sache, über die Gott von ihnen Rechenschaft fordern wird.
Geschichte in Quellen, Bd. 3, 1976, S. 451.

b) Erzbischof Fénelon war Erzieher der Enkel Ludwigs XIV. Er schrieb 1695:

Wenn sich die Könige daran gewöhnen, kein anderes Gesetz anzuerkennen als ihren unumschränkten Willen, dann vermögen sie alles. Aber gerade da sie alles tun können,
5 was sie wollen, untergraben sie selber die Grundpfeiler ihrer Macht; sie richten sich in ihrer Regierung nicht mehr nach bestimmten Regeln und Grundsätzen.
Alle Leute schmeicheln ihnen um die Wette;
10 sie haben keine Untertanen mehr; es bleiben ihnen nur noch Sklaven. … Nur eine plötzliche, gewaltsame Revolution kann diese ausufernde Macht in ihre natürlichen Bahnen zurückführen.
Ebd., S. 464, gekürzt.

---

1. Sieh dir Abbildung 16.1 an. Beschreibe und erkläre sie mithilfe der Bildunterschrift und des Verfassertextes. Beurteile das Verhältnis zwischen König und Beratern.

2. Stelle die Aussagen der beiden Geistlichen zu den Machtgrundlagen des Königs einander gegenüber. (Q1)

3. Fertige eine Mindmap an, in der du deine Erkenntnisse über die Herrschaft Ludwigs XIV. festhältst.

4. Benenne anhand der Karte 18.1 die Gebietsgewinne Frankreichs im Nordosten. Vergleiche 18.1 mit einer Karte aus deinem Atlas. Wie ist der Grenzverlauf heute?

5. Erkläre die Begriffe „Hegemonie" und „balance of power".

Arbeitstechnik: Eine Mindmap anfertigen

Der Begriff „Mindmap" bedeutet wörtlich „Gedankenlandkarte" und bezeichnet eine Technik, das eigene Wissen über inhaltliche Aspekte eines Themas geordnet darzustellen. Dabei sollen die Beziehungen zwischen den Aspekten deutlich werden.

Für die Mindmap brauchst du ein Blatt Papier (DIN A4), in dessen Mitte du das Thema, in diesem Fall also „Herrschaft Ludwigs XIV.", in einem Kreis notierst.

Von dieser Mitte ausgehend zeichnest du „Äste" für verschiedene inhaltliche Aspekte, etwa „Versailles" oder „stehendes Heer", und schreibst stichwortartig deine Gedanken dazu. Jeder Ast wird sich weiter verzweigen, wenn dir zu den einzelnen Aspekten weitere untergeordnete Inhalte einfallen.

3. Wirtschaft und Finanzen im Dienste des Staates

■ Der Staat braucht Geld

Schon bei Ludwigs Amtsantritt war Frankreich überschuldet. Doch sparen wollte der König nicht. Im Gegenteil: Er brauchte Geld für sein neues Schloss in Versailles, für die Beamten, das Heer und die Kriegszüge. Deshalb suchte er Hilfe bei einem seiner Berater, Jean-Baptiste Colbert (1619–1683). Ihn beauftragte Ludwig im Jahr 1665, die Finanz- und Wirtschaftspolitik zu übernehmen, um die Staatseinnahmen zu erhöhen.

Colbert versuchte einerseits, dieses Ziel durch Steuererhöhungen zu erreichen, andererseits wollte er aber auch neue Geldquellen für den Staat erschließen. Zu Anfang ließ er über Einnahmen und Ausgaben des Staates streng Buch führen. Dann entwickelte er ein Programm zur Wirtschaftsförderung und eine neue Handelspolitik. Colbert plante, dass Frankreich viele hochwertige Güter ins Ausland exportieren (verkaufen) und dabei einen Gewinn machen sollte. Zugleich sollte aus dem Ausland aber nur wenig Ware importiert (eingeführt) werden, damit möglichst wenig Geld in ausländische Kassen floss. Diese Wirtschaftsweise wurde als ↗„Merkantilismus" bezeichnet. Ihre Nutznießer waren vor allem Kaufleute und Produzenten von Handelsgütern.

■ Die Wirtschaft wird gefördert

Einer der ersten Schritte, die Colbert unternahm, war es, Frankreich zu einem einheitlichen Wirtschaftsraum zu machen: Die Zollgrenzen innerhalb des französischen Staates sollten fallen. Darüber hinaus sollten Straßen und Kanäle ausgebaut werden, um die Transportwege zu verbessern. So konnten mehr Waren über größere Entfernungen zu günstigeren Preisen transportiert werden und der Handel innerhalb Frankreichs würde größere Gewinne einbringen.

Auch die Produktionsverfahren wurden verändert: Um viele Waren für den Export zu erhalten – z. B. Glas, Waffen, Teppiche und Tuche – wurden staatliche Manufakturen errichtet. Manufakturen sind Großbetriebe, in denen arbeitsteilig produziert wurde: Ein Herstellungsprozess wird in verschiedene Arbeitsschritte aufgeteilt, die spezialisierte Arbeitskräfte ausführen. So konnten größere Stückzahlen produziert werden als in der Werkstatt eines einzelnen Handwerkers. In Manufakturen schrieb der Staat Arbeitszeiten und Löhne, Qualität und Preise vor. Auch durften einheimische Facharbeiter das Land nicht verlassen, aber ausländische Spezialisten wurden angeworben und mit ↗Privilegien ausgestattet.

20.1 Arbeiten in einer Stecknadelmanufaktur: ① Richten des Drahtes, ② Zuschneiden des Drahtes, ③ Zuspitzen und Polieren.

Absolutismus und Aufklärung

Gleichzeitig wurden ausländische Luxusgüter mit hohen Zöllen belegt, sodass sie für die meisten Franzosen kaum erschwinglich waren. Rohstoffe, die es in Frankreich nicht gab, also zum Beispiel Zucker oder Tabak, mussten aus Übersee eingeführt werden. Um nicht von den Handelskonkurrenten England oder Holland abhängig zu sein, gründete Frankreich daher eigene Kolonien in Amerika (Louisiana) und Indien.

■ Fachkräfte fliehen

Neue wirtschaftliche Probleme ergaben sich, nachdem Ludwig XIV. beschlossen hatte, keine andere Religion als den Katholizismus zu dulden. Seit er 1685 den protestantischen Glauben in Frankreich verboten hatte (↗ S. 17), flohen Tausende von Hugenotten ins protestantische Ausland; auch in deutschen Staaten fanden sie Asyl. In Celle und Hannover, in Berlin und Kassel wie an vielen anderen Orten entstanden Hugenottengemeinden. Viele der Glaubensflüchtlinge waren Handwerker, z. B. Wollspinner, Weber, Tuchmacher, Tapetenmacher oder Handschuhmacher; es gab aber auch Rechtsanwälte und Ärzte unter ihnen. Mit ihrem Wissen und Können förderten sie in ihrer neuen Heimat Handel, Handwerk, Kunst und

21.2 Hugenotten bitten um Aufnahme in einer deutschen Stadt. Ausschnitt aus einem Kirchenfenster in Erlangen.

Wissenschaft. In Frankreich dagegen machte sich das Fehlen von Fachkräften bald bemerkbar: Viele Arbeitsplätze blieben unbesetzt und die Ausbildung neuer Facharbeiter benötigte Zeit. So entwickelten sich Produktion und Handel rückläufig.

Trotzdem stiegen die Ausgaben des Staates immer weiter an, sodass der französische Staat am Ende der Regierungszeit Ludwigs mit etwa 3,5 Milliarden Livres verschuldet war.

21.1 Arbeiten in einer Stecknadelmanufaktur: ④ *Herstellen von Nadelköpfen,* ⑤ *Aufsetzen der Nadelköpfe,* ⑥ *Verpacken der Nadeln.*

  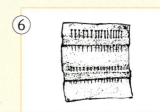

3. Wirtschaft und Finanzen im Dienste des Staates

Französische Einfuhr aus Europa pro Jahr durchschnittlicher Gesamtwert in Millionen Livres: (u. a. Holz, Teer, Metalle, Hanf, Baumwolle, Leder, Talg)	**71**
Französische Ausfuhr pro Jahr durchschnittlicher Gesamtwert in Millionen Livres:	**105**
u. a.: in Frankreich gefertigte Manufakturwaren (z. B. Seidenstoffe, Spitzen, Brokat)	45
u. a.: Bodenprodukte aus den französischen Antillen (z. B. Zucker, Tabak, Baumwolle)	15
u. a.: wiederausgeführte Waren aus Europa, der Türkei und Ostindien	9

22.1 Gegenüberstellung von Einnahmen und Ausgaben im Handel (Handelsbilanz) am Ende der Regierungszeit Ludwigs XIV.

Q1 Reichtum begründet die Macht des Staates

Finanzminister Jean-Baptiste Colbert erklärte 1664 König Ludwig XIV. die Ziele seiner Wirtschaftspolitik:

Ich glaube, man wird ohne Weiteres in dem Grundsatz einig sein, dass es einzig und allein der Reichtum an Geld ist, der die Unterschiede an Größe und Macht der Staaten
5 begründet. ... Es ist sicher, dass jährlich aus dem Königreich einheimische Erzeugnisse (Wein, ... Obst, Papier, Leinwand, Eisenwaren, Seide, Kurzwaren) für den Verbrauch im Ausland im Wert von 12 bis 18
10 Millionen Livres hinausgehen. Das sind die Goldminen unseres Königreiches, um deren Erhaltung wir uns sorgfältig bemühen müssen. ... Je mehr wir ausführen und je weniger wir einführen, desto mehr vergrößern
15 wir die Menge des hereinströmenden Bargeldes und vermehren wir die Macht, Größe und Wohlhabenheit des Staates. ...
Außerdem wird sicherlich durch die Manufakturen eine Million zurzeit arbeitsloser
20 Menschen ihren Lebensunterhalt gewinnen.
... Dies sind die Ziele, nach denen der König aus guter Gesinnung und aus Liebe zu seinem Volk streben sollte. Als Mittel, diese Ziele zu erreichen, schlage ich vor: Es
25 sollte jährlich eine bedeutende Summe für die Einrichtung der Manufakturen und die Förderung des Handels ausgeworfen werden.
Geschichte in Quellen, Bd. 3, 1976, S. 448, bearbeitet.

*Taille: siehe Abbildung 22.2

Q2 Die Steuerlast

1698 beschrieb der Festungsbaumeister Sébastien Vauban (1633–1707) die Folgen des wirtschaftlichen Steuersystems:

Die Steuerlast führt dahin, dass jemand, der durch sein Talent in der Lage wäre, ein Handwerk oder ein Geschäft zu betreiben und damit sich und seiner Familie ein besseres
5 Leben zu ermöglichen, lieber gar nichts tut, um nicht stärker belastet zu werden.
Der, der eine oder zwei Kühe, einige Schafe oder Hammel zur Verbesserung seines Bodens halten könnte, ist gezwungen, sie zu
10 verkaufen, um nicht nächstes Jahr allzu sehr mit der Taille (direkte Steuer) belastet zu werden. Das würde unfehlbar eintreten, wenn seine Ernte etwas reicher als gewöhnlich ausfallen sollte. Deshalb lebt er mit sei-
15 ner Familie in größter Armut und geht fast nackt umher. Er lässt aber auch das bisschen Land, das er hat, verwahrlosen und bearbeitet es nur zur Hälfte. Er hat nämlich Angst, dass man seine Taille verdoppelt,
20 wenn er es gut düngt, kultiviert und dadurch gewinnt, was das Land hergeben kann. Es liegt also auf der Hand, dass die wichtigste Ursache für die Wertminderung der ländlichen Güter wiederum in der mangelnden
25 Bodenkultur liegt und dass dieser Mangel wiederum auf die Art der Veranlagung und Erhebung der Taille* zurückzuführen ist.
Geschichte in Quellen, Bd. 3, 1976, S. 462, bearbeitet.

direkte Steuern

la taille:
Steuern auf Personen und Besitz

indirekte Steuern

Verbrauchssteuer auf Getränke

Salzsteuer

Zölle, die an den Grenzen des Königreiches und zwischen einigen Provinzen erhoben werden

22.2 Königliche Steuern zur Zeit Colberts.

Absolutismus und Aufklärung

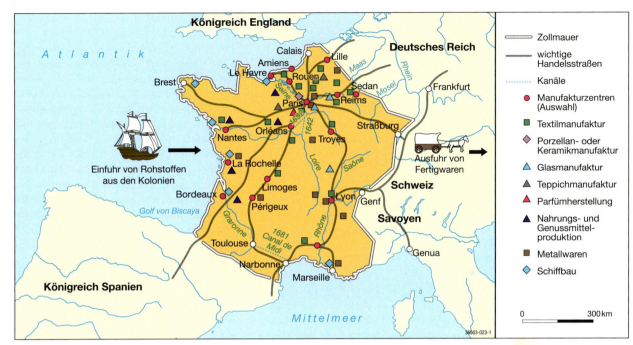

23.1 Die merkantilistische Wirtschaft in Frankreich.

Q3 Wirtschaftsförderung

Ludwig XIV. erteilte 1665 dem niederländischen Textilunternehmer van Robais ↗Privilegien. Solche Vorrechte waren als „Starthilfe" gedacht und galten für eine begrenzte Zeit:

Wir wollen van Robais unterstützen und mit seinem Beispiel allen Ausländern mit besten handwerklichen Fertigkeiten einen Anreiz geben. ... Daher weisen wir den Rat
5 der Stadt Abbéville an, ihm den nötigen Raum zur Verfügung zu stellen, um seine Webstühle aufzustellen und sich mit seinen Arbeitern niederzulassen. ...
Wir wünschen, dass er und seine in der Ma-
10 nufaktur tätigen Gesellschafter und Arbeiter als wahre Franzosen eingestuft und anerkannt werden. Sie werden von allen Steuern, Frondiensten und sonstigen öffentlichen Lasten befreit sein. ... Wir gestatten
15 van Robais, seinen Gesellschaftern und seinen Arbeitern, weiterhin ihren reformierten Glauben zu behalten....
Um ihre Versorgung zu erleichtern, erlauben wir ihnen, ihr Bier zu brauen, ohne dass
20 sie dafür Steuern zahlen sollen. Wir gewähren ihnen auch einen Erlass auf die Salzsteuer.
Wir verbieten, dass in der Stadt oder zehn Meilen von ihr entfernt eine Manufaktur er-
25 richtet werde, die ihre Tuchsorte nachahmt.
F. Lebrun, Le XVIIème siècle, 1969, S. 232, übersetzt.

---

1. Erkläre die Abbildungen 20.1 und 21.1.

2. a) Erstelle eine Liste der Maßnahmen, mit denen Colbert die Einnahmen Frankreichs erhöhen wollte. (VT, Q1, 22.2)
b) Erläutere, was durch die Wirtschaftspolitik Colberts erreicht und was nicht erreicht wurde. (VT, 22.1)

3. Benenne die Versprechungen, die ausländische Fachleute nach Frankreich locken sollten. Welche Vorteile brachten diese Maßnahmen der französischen Wirtschaft? (Q3)

4. Informiere dich im Internet über das Schicksal der Glaubensflüchtlinge in Deutschland (z. B. unter www.hugenottenmuseum.de).

4. Des Königs Untertanen

■ Die Gesellschaft im Absolutismus

Die Untertanen des französischen Königs waren seit dem Mittelalter in Ständen mit unterschiedlichen Rechten, Pflichten und Privilegien – besonderen Vorrechten – gegliedert. Doch auch wenn man jeden Stand für sich betrachtete, sah man keine einheitliche gesellschaftliche Gruppe vor sich: Denn innerhalb jedes Standes gab es soziale Unterschiede. Wie können wir uns die französische Gesellschaft zur Zeit Ludwigs XIV. vorstellen?

■ Erster Stand: der Klerus

Den ersten Stand bildete die Geistlichkeit, der Klerus. Er war vor allem für Seelsorge und Armenpflege zuständig. Die von den Geistlichen geführten Kirchbücher ersetzten damals die Standesamtsregister. Die Geistlichen unterstanden einer eigenen Gerichtsbarkeit und waren mit Ausnahme von „freiwilligen Abgaben" an den König von allen direkten Steuern befreit. Doch waren die Geistlichen gesellschaftlich unterschieden in einen hohen und einen niederen Klerus.

Die Mitglieder des hohen Klerus, Äbte und Bischöfe, entstammten meist adligen Familien. Die Ernennung in ihre Ämter erhielten sie vom König. Viele von ihnen schätzten das Leben bei Hofe und versuchten, selbst wie Höflinge zu leben. Ganz im Gegensatz dazu standen die Lebensverhältnisse der Priester und Mönche, die dem niederen Klerus angehörten: Ihre Einkünfte waren gering – die meisten von ihnen waren auch nur unzureichend theologisch ausgebildet.

■ Zweiter Stand: der Adel

Als Adliger wurde man entweder geboren – oder man wurde dazu gemacht, denn der König konnte Beamte in den Adelsstand erheben, sodass sich nach und nach ein „Amtsadel" herausbildete. Wer dem Geburtsadel angehörte, bezog sein Einkommen aus Grundbesitz. Betätigungen in Handel und Gewerbe galten als „nicht standesgemäß". Der einzig ehrenhafte Weg, ein Staatsamt zu übernehmen, bot einem gebürtigen Adeligen ein Offizierspatent.

In der Zeit Ludwigs XIV. lebten Adelige aus einflussreichen Familien am Hof in Versailles, wo viele in finanzielle Abhängigkeit vom König gerieten (S. 11 ff.). Daneben gab es aber auch gebürtige Adelige, die auf ihren Landgütern in der Provinz ein viel bescheideneres Leben führten. Da ihre Einkünfte aus Grundbesitz abhängig von den Ernten waren, musste mancher Angehörige des Provinzadels auf dem eigenen Landgut arbeiten. Um sich von Bauern zu unterscheiden, hielt man aber an alten ↗Privilegien fest, z. B. daran, Wildtiere jagen zu dürfen.

Wie der Klerus unterstand auch der Adel seiner eigenen Gerichtsbarkeit und war von allen direkten Steuern befreit.

24.1 Zum dritten Stand gehörten die Bauern, die die Bevölkerung mit Nahrungsmitteln versorgten ...

Die Abbildungen 24.1 und 25.1 zeigen Ausschnitte aus einem Kupferstich aus der Zeit um 1700, der die gesellschaftlichen Gruppen in Frankreich darstellt.

Dritter Stand: die Bauern ...

Wer nicht zum Adel oder zum Klerus gehörte, der zählte zum dritten Stand: Bankier wie Tagelöhner. In der Mehrheit lebte der dritte Stand nicht in den Städten, sondern auf dem Lande.

Die meisten seiner Angehörigen waren abhängige Bauern, die den adligen Grundherren Abgaben zahlen und Frondienste leisten mussten. Der Adel machte den Bauern überdies mit seinem Jagdprivileg das Leben schwer. Die Bauern hätten die Versorgung ihrer Familien in Notzeiten durch die Jagd deutlich verbessern können, doch wurden sie, wenn sie die Tiere des Waldes jagten, als Wilderer bestraft.

Die landwirtschaftlichen Erträge sicherten nur den reichen Bauern ein Auskommen. Bei vielen Kleinbauern machte die Zahl der Kinder den einzigen „Reichtum" aus, da diese schon früh auf dem Hof mitarbeiteten. Mancher Bauer besaß noch nicht einmal ein Zugtier.

Die Landbevölkerung war mit zahlreichen Steuern belastet. Als besonders drückend wurden die Personen- und Besitzsteuer (Taille) und die Salzsteuer empfunden – zumal Salz zum Haltbarmachen von Fleisch dringend gebraucht wurde. Im Kriegsfall erwartete der König sogar zusätzliche Abgaben. Es gehörte dann auch zu den Pflichten der Landbevölkerung, Soldaten zu ernähren oder bei sich einzuquartieren.

... und die Stadtbevölkerung

Auch die Bevölkerung in den Städten gehörte zum dritten Stand – ob arm oder reich. Hier hatten es vor allem die Kaufleute durch Handel und Gewerbe zu Geld und gesellschaftlichem Ansehen gebracht. Für ihre Söhne bevorzugten sie eine juristische Ausbildung. Denn als Juristen konnten sie ein Amt in der königlichen Verwaltung erhalten, das ihnen den Aufstieg in den Amtsadel ermöglichte.

Die Mehrheit der Stadtbevölkerung waren Handwerker, Lohnarbeiter in den Manufakturen und Dienstboten. Die Handwerksbetriebe litten unter der Konkurrenz der Manufakturen, denn sie konnten mit der Großproduktion nicht mithalten. Viele Meister gerieten daher in Abhängigkeit von Großhändlern. Und die Löhne der Manufakturarbeiter deckten selten ihre Lebenshaltungskosten.

Viele junge Mädchen und Frauen aus armen dörflichen Verhältnissen hofften, in der Stadt Arbeit zu finden – vielleicht als Dienstboten oder Gehilfinnen in Handwerksbetrieben. Da sie aber meist noch nicht einmal über Grundkenntnisse im Rechnen, Lesen und Schreiben verfügten, waren die Aussichten auf eine gesicherte Existenz in der Stadt gering. Nicht wenige von ihnen verdienten sich ihren Lebensunterhalt mit Prostitution. Die Anzahl von Kindern, die ausgesetzt wurden, wuchs so sehr, dass ganze Spitäler allein ihre Betreuung übernahmen.

25.1 ... wie auch gebildete Bürger. Als Juristen konnten sie vom König in den Amtsadel erhoben werden.

4. Des Königs Untertanen

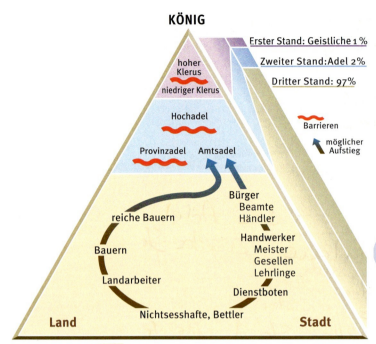

26.1 Die Gesellschaftsordnung im absolutistischen Frankreich. Mitglieder des Hochadels konnten dem hohen Klerus angehören. Bürgerliche, die aus dem dritten Stand kamen, konnten dem niederen Klerus angehören.

Q1 Das französische Volk

Der Festungsbaumeister Sebastien Vauban richtete 1698 eine Denkschrift an König Ludwig XIV.:

Ich bin zu der Feststellung gelangt, dass in der letzten Zeit fast ein Zehntel der Bevölkerung Frankreichs an den Bettelstab gelangt ist und sich tatsächlich durch Betteln
5 erhält. Von den übrigen neun Zehnteln sind fünf nicht in der Lage, das erste Zehntel durch Almosen zu unterstützen, weil sie selber diesem Elendszustand um Haaresbreite nahe sind. Von den verbleibenden vier
10 Zehnteln sind drei außerordentlich schlecht gestellt. In dem zehnten Zehntel, zu dem ich alle Angehörigen des Adels, die Inhaber militärischer und ziviler Ränge, die Großkaufleute, die wohlhabendsten und von
15 ihren Renten lebenden Bürger rechne, gibt es keine hunderttausend Familien. …
Ich fühle mich bei Ehre und Gewissen verpflichtet, Seiner Majestät vorzutragen, dass man nach meinem Eindruck in Frankreich
20 von jeher nicht genügend Rücksicht auf das niedere Volk genommen hat. …

Es ist die unterste Schicht des Volkes, die durch ihre Arbeit, ihren Handel und ihre Abgaben den König und das Königreich berei-
25 chert. Sie stellt Soldaten und Matrosen …, alle Kaufleute und die unteren Justizbeamten. Sie übt alle Künste und Gewerbe aus, betreibt den Handel und die Manufakturen, sie stellt die Arbeiter, Weingärtner, Tage-
30 löhner auf dem Lande … Durch ihre Zahl und ihre nützlichen Dienste für den Staat ist sie die bedeutendste Schicht, aber sie wird verachtet. Diese Schicht des Volkes trägt alle Last, hat gelitten und leidet noch …
Geschichte in Quellen, Bd. 3, 1976, S. 460 f., bearbeitet.

Q2 Scheue Tiere

Der Schriftsteller Jean de La Bruyère beschrieb eine Bevölkerungsgruppe:

Es gibt eine Art scheue Tiere, von männlichem und weiblichem Geschlecht, die man da und dort auf den Feldern sieht, dunkel, fahl und ganz von Sonne verbrannt, über
5 die Erde gebeugt, die sie mit zäher Beharrlichkeit durchwühlen und umgraben; sie scheinen etwas wie eine Sprache zu besitzen, und wenn sie sich aufrichten, zeigen sie ein Menschenantlitz, und es sind in der Tat
10 Menschen; nachts ziehen sie sich in ihre Höhlen zurück, wo sie sich von schwarzem Brot, Wasser und Wurzeln nähren, sie ersparen den anderen Menschen die Mühe zu pflügen, zu säen und zu ernten, damit sie le-
15 ben können, und haben wohl verdient, dass ihnen nicht das Brot mangle, das sie gesät haben.
J. de La Bruyère, Die Charaktere oder die Sitten des Jahrhunderts, o. J., S. 272.

Q3 Der Amtsadel

Über diejenigen, die aus dem dritten Stand in den zweiten Stand aufstiegen, schrieb Jean de La Bruyère 1689:

An die Stelle des alten Adels sind nun die Aufsteiger getreten, die ihren Titel Begünstigungen und Geld verdanken.
Diese Leute kaufen und besitzen die schöns-
5 ten Ländereien im Königreich. Und wenn sie aufs Land fahren, um dort einige Mona-

Absolutismus und Aufklärung

27.1 Die Pariser Stadtbevölkerung trifft sich auf dem Markt, Gemälde, 17. Jahrhundert.

te zu verbringen, kriecht der Adel vor ihnen. Und der Adlige, der aus einer Familie stammt, in der man vorher noch nicht einmal einen Dienstboten von solch niederer Herkunft wollte, schätzt sich glücklich, dort einen Platz bei Tisch und eine Mahlzeit zu ergattern.

Manuel Histoire, 1998, S. 40, übersetzt und bearbeitet.

Q4 Ämter gesucht

Noch viele Jahre später fanden sich in der Zeitung „Affiches de Paris" folgende Inserate:

„Es sucht jemand ein Amt mit 10–12000 Livres Einkünften, das keine Arbeit erfordert."

„Dreißigtausend Livres würde man für eine Stelle geben, bei der man, ohne sonderliche Beschäftigung, Gelegenheit hätte, an allen Lustpartien des Hofes beizuwohnen."

„Ein Herr vom Lande sucht ein Amt zu Paris, welches Ehre mit sich bringt. Es darf auch Geld eintragen. Je weniger Arbeit, desto besser."

Weltgeschichte im Aufriss 2, 1973, S. 229

1. Ordne die in Q1 genannten Personen dem Schaubild 26.1 zu. Überprüfe, ob die Aussagen Vaubans so richtig sind.

2. Gib Jean de La Bruyères Aussagen in eigenen Worten wieder. Achte auf seine Wortwahl und versuche zu bestimmen, was er erreichen möchte. (Q2, Q3)

3. a) Schreibe aus der Sicht einer ausgewählten Bevölkerungsgruppe eine Eingabe an den König, in der du deine Wünsche erklärst.
b) Diskutiert mögliche Reaktionen des Königs in der Klasse und bestimmt die Gewinner und die Verlierer von Ludwigs Politik.

4. Teilt euch in Dreiergruppen auf. Jeder übernimmt die Rolle eines Vertreters von einem der drei Stände. Sie treffen sich, um eine gerechte Besteuerung zu erarbeiten. Schreibt eure Vorschläge auf und diskutiert sie.

5. Versailles – Vorbild für Herrschaft und Lebensart in Europa

28.1 Die Tanzstunde. Die Eltern sehen den Kindern zu, während der Tanzmeister Flöte spielt. Gemälde aus dem 18. Jahrhundert.

■ Alles Französische wird Mode

Die Herrschaft und Lebensart des französischen Königs strahlte bald auf Europa aus. Um wie der französische König zu regieren und zu repräsentieren, ließen sich die europäischen Fürsten Wohnsitze und Jagdschlösser im französischen Stil bauen. Selbst wohlhabende Adelige und Bürger wollten durch prachtvolle Gebäude ihren Reichtum zeigen.

Mit ihren Aufträgen unterstützten sie das einheimische Handwerk und sorgten für Arbeit und Lohn. Andererseits brachte die Bautätigkeit aber auch enorme Steuerbelastungen mit sich.

Der Baustil, der sich nun an herrschaftlichen Bauwerken in ganz Europa zeigte, wird als „Barock" bezeichnet. Ursprünglich war das ein abfälliger Name, weil der Stil die klassischen Regeln der Antike missachtete. Goldschmiede nannten eine unregelmäßig gebildete Perle „barocco". Barocke Bauwerke haben aber durchaus regelmäßige Formen. Typisch für die Kunst des Barock sind vielfältig kombinierte Formen, reiche Dekoration sowie Licht- und Schatteneffekte.

Auch in Lebensstil und Mode versuchte man, die französischen Höflinge nachzuahmen: Wer es sich leisten konnte, möblierte seine Wohnung, kleidete und frisierte sich nach ihrem Vorbild. Alles Französische galt als elegant; auch das Verhaltensideal wurde übernommen. In Deutschland bezeichneten sich Vornehme als „Ehrenmann" oder „Kavalier", in England als „gentleman". Bei geselliger Unterhaltung, Tanz und Konversation „parlierten" sie gern französisch.

■ Neue Erziehungsvorstellungen

Dieses neue Vorbild erforderte eine veränderte Erziehung der jungen Adligen in ganz Europa. Würde, Haltung und Redekunst – das musste erlernt werden! Das Universitätsstudium verlor an Bedeutung, stattdessen lernte man, sich an Fürstenhöfen zu bewegen. Familien, die über genügend Geld verfügten, leisteten sich einen französischen Hofmeister oder eine „Mademoiselle" für die eigene Bildung und Unterhaltung oder für die Erziehung ihrer Kinder. „Kavalierstouren", Bildungsreisen, gehörten von nun an zur Ausbildung junger Adliger. Sie besuchten Fürstenhöfe in Italien und Frankreich, England und den Niederlanden.

Das adlige oder wohlhabende bürgerliche Fräulein lernte, auf Französisch Konversation zu treiben und zu singen, Aquarelle zu malen sowie mit hoher Frisur und ausladenden Kleidern anmutig zu „schweben".

Das Jagdschloss Clemenswerth wurde 1747 für den Kölner Kurfürsten Clemens August I. in der Nähe von Sögel im Emsland errichtet, der sich mit seinem Hofstaat hier von Zeit zu Zeit zur Jagd aufhielt.

28.2 Der Salon des Jagdschlosses Clemenswerth.

Absolutismus und Aufklärung

29.1 Junge Engländer auf Kavalierstour in Rom, Gemälde 1754.

Q1 Erweiterung des Geistes

Der deutsche Schriftsteller und Philosoph Friedrich Schlegel schrieb im 18. Jahrhundert über die Bildungsreisen junger Adliger:

Das Höchste und Letzte ist bei der Erziehung … le grand tour. Es muss durch alle drei oder vier Weltteile der Menschheit gewandert sein, nicht um die Ecken seiner Individualität abzuschleifen, sondern um seinen Blick zu erweitern und seinem Geist mehr Freiheit und innere Vielseitigkeit und dadurch mehr Selbstständigkeit und Selbstgenügsamkeit zu geben.

F. Schlegel, Athenäums-Fragmente und andere Schriften, ausgewählt von Andreas Huyssen, 2005, S. 215.

Q2 Aus einem zeitgenössischen Brief zitiert …

Ein junger Mann schrieb seinem Bruder:

Monsieur mon tres honore frere, hochgeehrter Patron. Seine hohen Meriten, dadurch er mich à l'extreme ihm veobligiert, causieren mich, denselben mit diesen Zeilen zu serviren. Mein Devoir hätte unlängsten mir adresse gegeben, solches zu effectuiren, aber aus manquement einiger occasion habe ich bis dato mein officium re ipsa nicht praestieren können. …

T. Steudel, Der Fürstenstaat, 1933, S. 23.

M1 „K …" – Lehnwörter aus dem Französischen

Kabinett, Kai, Kalkül, Kampagne, Kantine, Kapitän, kapriziös, Karabiner, Karambolage, Kavalier, Klavier, kokett, Kompagnon, kompakt, komplett, Kompliment, Komplize, Komplott, kompromittieren, Konfitüre, Kontrolle, Kontur, Konvoi, Korrespondenz, Kosmetik, Kotelett, Krawatte, Krepp, Krokant, Kroketten, Kulisse, Kusine

---

1. Beschreibe die Abbildungen 28.1 und 29.1. Erläutere, worin sich an ihnen die neue Lebensart zeigt.

2. Welchen Eindruck macht Q2 auf dich? Stelle Vermutungen an, welchen Eindruck der Brief bei dem Adressaten hervorrufen sollte.

3. Untersuche die ins Deutsche übernommenen französischen Wörter (Q2, M1). Versuche, sie Lebensbereichen zuzuordnen. Überlege, warum manche Wörter in der Sprache aufgegangen sind, andere nicht.

4. Vergleiche den Einfluss des Französischen damals mit dem Einfluss des Englischen heute.

Die Herrenhäuser Gärten

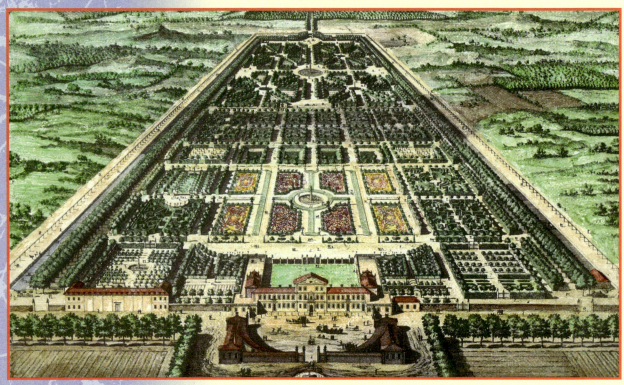

30.1 Der Große Garten in Herrenhausen, kolorierter Kupferstich, 1714.

30.2 Sophie, Prinzessin von der Pfalz (1630–1714), war die Tante der Liselotte von der Pfalz (→ S. 12). Sie heiratete Ernst August von Braunschweig-Lüneburg aus dem Adelsgeschlecht der Welfen, der später Kurfürst wurde. Als nächste protestantische Verwandte der englischen Königin galt Sophie als deren Thronfolgerin.

Der Große Garten

Absolute Herrscher zeigten ihre Macht und ihren Reichtum nicht nur mit Bauwerken, Gemälden, Mode oder Festlichkeiten, sondern auch mit den prachtvollen Gärten, die ihre Schlösser umgaben. Ein noch erhaltenes Beispiel für eine barocke Gartenanlage ist der „Große Garten" in Hannover-Herrenhausen. Vor allem unter der Obhut der Kurfürstin Sophie wurde er im 17. Jahrhundert gestaltet. „Der Garten ist mein Leben", soll sie gesagt haben. In Herrenhausen befand sich die Sommerresidenz der kurfürstlichen Familie. Ihr Schloss wurde 1943, während des Zweiten Weltkriegs, bei einem Bombenangriff auf Hannover allerdings zerstört.

Zur Zeit Sophies wurde Hannover zu einem Treffpunkt von Größen der europäischen Kultur. Der Garten spielte dabei eine wichtige Rolle, denn er bot viele Zerstreuungen. So fanden z. B. Opern- und Theateraufführungen in einem kleinen Gartentheater statt. Im Schutz von Hecken konnten sich die Schauspieler umziehen. Noch heute werden im Sommer Konzerte, Theateraufführungen und Feste in den Herrenhäuser Gärten veranstaltet.

Im Zentrum: die Fontäne

Ein besonders berühmter Gast am Hof der Kurfürstin war der Leipziger Philosoph Gottfried Wilhelm Leibniz (1646–1716), der lange in Hannover lebte und dort als Bibliothekar tätig war. Aber eigentlich war er ein Universalgenie. Zeitgleich mit Isaac Newton erfand er die Infinitesimalrechnung, die er auch versuchte, der Kurfürstin zu erklären. Sie aber wollte mit ihm lieber über den Garten reden. Für den Garten erfand Leibniz die „Wasserkunst", ein Pumpenwerk. Es sollte für die im Jahr 1700 erbaute Fontäne, den Mittelpunkt des Gartens, das Wasser bereitstellen. Doch der Wasserdruck reichte nicht aus. Viele Experten versuchten sich an ihr ohne Erfolg. Erst 1721 erreichten Techniker,

PLATZ

die der englische König Georg I., Sophies Sohn, aus London geschickt hatte, dass das Wasser 35 Meter in die Höhe schoss. 1956, als die Technik ein letztes Mal verbessert wurde, erreichte die Wassersäule 82 Meter. Damit ist sie die höchste in Europa. Die Pracht zu erhalten, ist allerdings nicht billig: Erst 2009 mussten 80 000 € aufgebracht werden, um eine Pumpe zu ersetzen. Heute bezahlt jedoch keine Kurfürstin mehr, sondern die „Freunde der Herrenhäuser Gärten".

Die Natur gestalten

Verschiedene Bereiche des „Großen Gartens" machen deutlich, dass im 17. Jahrhundert die Natur vor allem als Gestaltungsmaterial verstanden wurde: so z. B. der „Irrgarten" oder die „Broderien" (mit Blumen und kleinen Hecken „gezeichnete" Verzierungen). Der Kurfürstin lagen besonders Gestaltungen mit Wasser am Herzen. „Brunnen sind die vornehmste Zierde der Gärten. Denn sie beseelen gleichsam durch ihr liebliches Geräusch", sagte sie.

31.1 Kurfürstin Sophie ließ 1676 eine Echogrotte errichten, die später verfiel. Seit 2000 wurde sie nach Entwürfen der Künstlerin Niki de Saint-Phalle wiederhergestellt.

Von einer „Graft", einem Wassergraben, wurde die barocke Gartenanlage von den umgebenden Feldern exakt abgegrenzt. Im hinteren Teil des „Großen Gartens" wurde der Natur mehr Raum gelassen. Hier zogen die Gärtner Obst und Gemüse für den kurfürstlichen Hof, darunter Wein, Mittelmeerkräuter und Südfrüchte.

Q1 Ein Sommertag bei Hofe

Aus einem Bericht von 1710:

Die Kurfürstin übersah nichts, was ihrem kleinen Hof Vergnügen machen konnte. Sie verschaffte ihm die Ergötzlichkeiten des Spazierengehens, des Fischfangs und beson-
5 ders einer lebendigen Unterhaltung. Zuweilen fand man … kleine Vespermahlzeiten, mit Reinlichkeit und Delikatesse zubereitet, in den Lustgebüschen. Ein andermal ward man überrascht durch die Töne mehrerer
10 musikalischer Instrumente, die plötzlich sich zu einem angenehmen Konzert vereinigten. Prächtige Gondeln, von Fährleuten geführt, lagen auf dem großen Kanal, der den Garten begrenzt, zum Gebrauch für diejenigen be-
15 reit, welche etwa Lust hatten, eine Spazierfahrt auf dem Wasser zu machen. Kleine, schön angestrichene und vergoldete Wagen, die von zwei Pferden gezogen wurden, standen am Abend für diejenigen bereit, die lie-
20 ber im Park herumfahren wollten.

W. Salmen, Gartenmusik, 2006, S. 154.

Der Fürst zieht vor die Stadt

Von der Stadt Hannover aus führte eine zwei Kilometer lange Lindenallee nach Herrenhausen. Sie wirkt wie eine Verlängerung des Gartens in die Stadt hinein. Wie Ludwig XIV., der aus Paris nach Versailles zog, versuchten auch die deutschen Fürsten, die Trennung zwischen sich und ihren Untertanen durch räumliche Entfernung zu betonen. Die Herrenhäuser Lindenallee zeigt dies deutlich.

1. Beschreibe die Anlage des Gartens (30.1).

2. Erläutere das Verhältnis zwischen Mensch und Natur, das durch die Anlage des Parks zum Ausdruck kommt.

3. Vergleiche die Anlage der Herrenhäuser Gärten mit der von Versailles. Recherchiere im Internet andere Barockanlagen, z. B. unter www.blankenburg.de, www.clemenswerth.de, www.sanssouci.de.

6. Licht ins Dunkel bringen: Die Aufklärung

32.1 An einem Modell erklärt ein Mann den Lauf der Planeten. Der Vortragende im roten Mantel trägt die Gesichtszüge des Physikers Isaac Newton. Gemälde von Joseph Wright, um 1765.

■ Die Welt mit Vernunft betrachten

„Der König allein weiß, was gut und richtig ist. Die Kirche hat immer recht!" – Immer mehr Menschen gerieten bei solchen Aussagen ins Grübeln und waren mit der Ergebenheit ihrer Mitmenschen unzufrieden. Konnte nicht jeder Mensch selbst denken? „Habe Mut, dich deines eigenen Verstandes zu bedienen" – so forderte jedenfalls der Philosoph Immanuel Kant 1784. Dieser Satz kennzeichnet eine Zeit, die wir auf Deutsch „Aufklärung" nennen. In Frankreich wird sie als „Lumières" (Lichter) und in England als „Enlightenment" (Erleuchtung) bezeichnet.

Im 18. Jahrhundert begannen immer mehr Menschen, nach Erklärungen zu suchen – z. B. für Naturerscheinungen wie Blitz und Donner oder plötzliche Krankheiten und Todesfälle. Jahrhundertelang waren diese als Werke von Hexen oder Heiligen gedeutet worden. Mit den Mitteln der Vernunft wollten die „Aufklärer" nun die Naturgesetze erforschen. Erklärungen sollten durch naturwissenschaftliche Beobachtungen und Experimente untermauert werden. Und weil es sein kann, dass aus einer Beobachtung auch falsche Schlüsse gezogen werden, sollten nur solche Erkenntnisse Geltung erlangen, die sich durch sorgfältiges Denken und Überprüfen durch andere bewährten. Die Aufklärung war also auch eine Zeit der Kommunikation und der Diskussion.

Doch nicht nur die Phänomene der Natur wurden erforscht, auch die Beschaffenheit der menschlichen Gesellschaften wurde betrachtet und diskutiert. So waren einige nicht mehr bereit, gesellschaftliche Ungerechtigkeiten einfach hinzunehmen, und fragten danach, wie diese entstehen. Die Aufklärer vertrauten darauf, dass jeder Mensch vernünftig denken und handeln könne. Waren die Menschen nicht ursprünglich gleich und frei? Der Gedanke, dass jeder das Recht haben solle, frei seine Meinung zu sagen und seine Religion zu wählen, kam auf.

Viele meinten, dass die Vernunft das Zusammenleben der Menschen ordnen könne. Sie schlugen vor, den Staat nach neuen Regeln zu gestalten, die Unterdrückung und Not überwinden würden. Damit forderten die Aufklärer den Widerstand vieler Geistlicher und Fürsten heraus. Die meisten sorgten dafür, dass die Aufklärer ihre Ideen nicht veröffentlichen durften.

Absolutismus und Aufklärung

■ Wissen wird verbreitet

Schon seit der Renaissance hatten die Naturwissenschaften einen Aufschwung erlebt. Doch jetzt wurden wissenschaftliche Werke aus dem Lateinischen, der Gelehrtensprache, auch in die Nationalsprachen übersetzt. Viel mehr Menschen konnten sich mit den Erkenntnissen der Wissenschaften auseinandersetzen. Bildung und Wissen, so meinten die Aufklärer, sei die Voraussetzung für ein glückliches und tugendhaftes Leben. In Frankreich fassten die Philosophen Diderot (1713–1784) und d'Alembert (1717–1783), das gesamte Wissen ihrer Zeit in 35 Bänden einer „Encyclopédie" zusammen. Zwar versuchten königliche Beamte, das Werk zu verbieten, doch der französische König selbst hatte so viel Gefallen daran, in diesem Werk Antworten auf alle Fragen in der eigenen Sprache zu finden, dass das Verbot wieder aufgehoben wurde.

In ganz Europa bildeten sich Lesegesellschaften, in denen man Bücher und auch die zahlreichen neu entstandenen Zeitschriften ausleihen konnte. Um 1750 gab es allein in Deutschland ungefähr 500 Wochenzeitschriften, die ihre Leser auf unterhaltsame Art belehren wollten. In größeren Städten entstanden auch sogenannte Salons, Zusammenkünfte, in denen über Literatur, Philosophie und Wissenschaft diskutiert wurde. Das Neue daran war, dass sich hier Menschen trafen, die verschiedenen Ständen angehörten. Adlige und wohlhabende Bürger diskutierten miteinander, ohne dass Stand, Beruf oder Religion eine Rolle spielten. Viele Salons wurden von wohlhabenden Frauen geführt.

■ Frauen in der Aufklärung

Im 18. Jahrhundert traten zunehmend auch Frauen in der Öffentlichkeit auf, die Zugang zur Bildung hatten. Die meisten gehörten gehobeneren gesellschaftlichen Kreisen an. Sie setzten sich auch mit der gesellschaftlichen Stellung der Frauen auseinander und forderten deren Anerkennung. Einigen gelang es, ein emanzipiertes Leben vorzuleben, so der ersten deutschen Ärztin Dorothea von Erxleben (1715–1762).

33.1 Franz Anton Mai hält in einem Konzertsaal einen Vortrag über gesunde Ernährung. Der Mannheimer Arzt setzte sich für die Aufklärung in Fragen der Gesundheit ein. Gemälde von Sebastian Staasens von 1793.

An der Universität Halle durfte Dorothea von Erxleben nur deshalb ihr Examen ablegen, weil sich der preußische König persönlich für sie eingesetzt hatte. Ihre gute Arbeit hatte sich bis zu ihm herumgesprochen. Sie praktizierte in Quedlinburg und setzte sich in zahlreichen Schriften dafür ein, dass sich Mädchen und Frauen um Bildung bemühten. Ein weiteres Beispiel ist Sophie von La Roche (1731–1807), die 1783/84 die an Frauen gerichtete Zeitschrift „Pomona für Teutschlands Töchter" herausgab.

33.2 In einem Pariser Salon wird ein Text des Aufklärers Voltaire vorgelesen. Dessen Schriften durften in Frankreich nicht gedruckt verbreitet werden. Im Hintergrund findet sich eine Büste des Philosophen. Gemälde von A. C. Lemonnier, 1812.

Die Pflicht zur Bildung

In vielen deutschen Staaten wurde jetzt auch die Schulpflicht eingeführt. In Braunschweig-Wolfenbüttel gab es sie schon seit 1647, in Preußen seit 1717, in den katholischen Ländern erst später, so in Bayern seit 1806. Doch dauerte es noch ein halbes Jahrhundert, bis wirklich alle Kinder im Winter die Schule besuchten. In der Sommerzeit mussten sie nach wie vor auf dem Hof ihrer Eltern mitarbeiten und wurden nicht zur Schule geschickt. Immerhin aber konnten um 1800 etwa 25 Prozent der Menschen in Deutschland lesen, 50 Jahre vorher war es nur ein Prozent gewesen! Allerdings hofften einzelne Herrscher, so der preußische König, dass die bessere Ausbildung nicht nur den Wohlstand heben, sondern auch einsatzfähigere Soldaten und gehorsamere Untertanen hervorbringen würde.

Im Rückblick

Einige Gedanken der Aufklärung erscheinen uns heute problematisch. Dazu gehört die Vorstellung, dass technischer Fortschritt alles ermögliche. Aber die Leistungen der Aufklärer bleiben ungeschmälert: Sie bekämpften Irrtümer und Vorurteile und setzten sich für Toleranz und Menschenrechte ein.

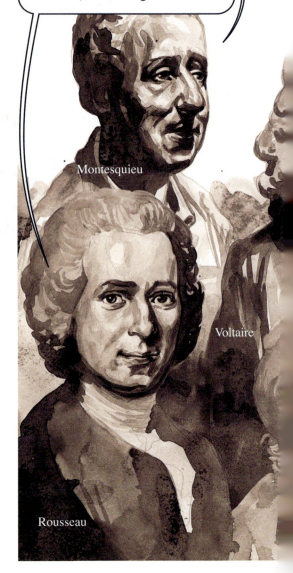

> Um unser Königtum zu erhalten, muss seine Macht geteilt werden. Wir müssen die gesetzgebende Macht von der Macht trennen, die die Gesetze ausführt. Und wir brauchen eine dritte Macht, die Recht spricht. Diese drei Gewalten müssen sich gegenseitig kontrollieren.
>
> — Montesquieu

> Vor allem muss die Macht vom Volke ausgehen. Auch für den König müssen Regeln gelten, und wenn er sich nicht daran hält, muss er abgesetzt werden.
>
> — Rousseau

(Voltaire)

---

1. Beschreibe die Abbildung 32.1. Beachte auch die Zuschauer. Erläutere, inwiefern der Maler ein Gemälde geschaffen hat, das der Zeit der Aufklärung zugeordnet werden kann.

2. Erstellt anhand des Verfassertextes in Gruppen eine Mindmap (→ S. 19) zum Begriff der Aufklärung.

3. Erkläre die Bedeutung der Salons.

4. Besprecht die verschiedenen Aussagen der Aufklärer in Abbildung 34.1. Verteilt Kurzreferate in der Klasse und recherchiert, für welche Theorien diese Aufklärer stehen.

Absolutismus und Aufklärung

34.1 *Ein aufklärerisches Gespräch. Ein solcher Austausch hat in Wirklichkeit nie stattgefunden, zumal die hier „beteiligten" Personen nicht zur selben Zeit lebten: Der älteste der hier abgebildeten Denker ist der Brite John Locke (1632–1704), der jüngste der Franzose Condorcet (1743–1794).*

6. Licht ins Dunkel bringen: Die Aufklärung

36.1 „Die Schulstunde" nannte der Maler Georg Melchior Kraus dieses im Jahr 1770 entstandene Gemälde.

Q1 Was ist Aufklärung?

Der Philosoph Immanuel Kant (1724–1804) formulierte im Jahr 1784:

Aufklärung ist die Befreiung des Menschen aus seiner selbst verschuldeten Unmündigkeit. Unmündigkeit ist das Unvermögen, sich seines Verstandes ohne Leitung eines
5 anderen zu bedienen.
Selbst verschuldet ist diese Unmündigkeit, wenn ihre Ursache nicht Mangel des Verstandes, sondern mangelhafte Entschlusskraft und mangelnder Mut sind, sich des
10 Verstandes ohne Leitung eines anderen zu bedienen.
Habe Mut, dich deines Verstandes zu bedienen!, ist also der Wahlspruch der Aufklärung.

I. Kant, Berlinische Monatsschrift, Dez. 1784, S. 1, vereinfacht.

Q2 Bildung und Unterricht

a) Der preußische Adlige Friedrich Eberhard von Rochow (1734–1805) richtete auf seinen Gütern Volksschulen ein. Vom König forderte er Staatsschulen:

Ich lebe unter Landleuten; mich jammert des Volkes. Neben den Mühseligkeiten ihres Standes werden sie von der schweren Last ihrer Vorurteile gedrückt. Sie wissen
5 weder das, was sie haben, gut zu nutzen, noch das, was sie nicht haben können, froh zu entbehren. Sie sind weder mit Gott noch mit der Obrigkeit zufrieden. ...
Die Ursachen dieser, den Staat in seinen
10 wichtigsten Teilen zerstörenden Übel liegt an der vernachlässigten Erziehung der ländlichen Jugend. Man sorgt nicht dafür, ihr die Sprache des Unterrichts, die von der ihrigen oft sehr verschieden ist, beizubringen. Man
15 bildet nicht ihre ganze Seele; man gewöhnt ihr Gewissen nicht, über ihre Urteile und ihre Handlungen zu richten.
Und so bleibt denn auch das Landvolk unfähig, einen moralischen Vortrag zu verste-
20 hen, gegebene Regeln anzuwenden, begangene Fehler zur Besserung zu nutzen.

F. E. von Rochow, Pädagogische Schriften, Bd. 1, 1907, S. 345, gekürzt.

b) Der Philosoph Jean-Jacques Rousseau (1712–1778) beschäftigte sich unter anderem mit der Frage, wie man Kinder so erzieht, dass sie zu selbstständigen Menschen werden. Er schrieb:

Macht euren Schüler auf die Naturerscheinungen aufmerksam, dann wird er neugierig. Aber um seine Neugier zu nähren, beeilt euch niemals, sie zu befriedigen. Stellt
5 ihm Fragen, die seiner Fassungskraft entsprechen, lasst sie ihn selber lösen. Er darf nichts wissen, weil ihr es ihm gesagt habt, sondern weil er es selbst verstanden hat. Er soll die Naturwissenschaften nicht lernen,
10 sondern erfinden.
Denkt auch an erster Stelle daran, dass ihr ihm nur selten vorschreiben solltet, was er lernen soll. Er selbst muss es wünschen, suchen, finden. An euch liegt es, geschickt den
15 Wunsch in ihm zu wecken und ihm die Mittel zu geben, ihn zu befriedigen. ...
Erklärungen in Form von Vorträgen liebe ich nicht. Junge Leute geben wenig darauf acht und behalten sie kaum. Er soll selbst
20 urteilen! Wird er dauernd durch das Urteil des Autors gelenkt, tut er nichts, als mit den Augen eines anderen sehen. Und wenn ihm dieses Auge einmal fehlt, dann sieht er gar nichts mehr.

J.-J. Rousseau, Emile oder Über die Erziehung, 1971, S. 159, 174, 244, gekürzt.

Absolutismus und Aufklärung

Q3 Veranlagung – oder doch Erziehung?

a) Der Schweizer Sprachwissenschaftler Johann Jacob Breitinger (1701–1776) veröffentlichte in einer Schriftenreihe 1723 die folgende Auffassung:

„Was die Menschen sämtlich sind, das sind sie durch die Erziehung geworden, die sie gehabt haben. ... Die Gewohnheit und Auferziehung ist allein die Stifterin von der so
5 großen Ungleichheit, welche unter den Menschen waltet in Ansehung ihrer Lebensgewohnheiten, Sitten, Vorurteile, Meinungen, Capricen (Launen) etc. Wer betrachtet, dass die Menschen in ihrer Geburt einander
10 überhaupt gleich sind, ... der wird ohne Mühe begreifen können, dass allein die ungleiche Auferziehung diese natürliche Gleichheit aufhebt."

J. J. Bodmer/J. J. Breitinger (Hg.), Die Discourse der Mahlern IV, 12. Stück, S. 77, bearbeitet.

b) Die deutsche Schriftstellerin Sophie von La Roche schrieb in einem Text, der 1783 in der Zeitschrift „Pomona für Teutschlands Töchter" in Form eines Leserbriefes abgedruckt wurde:

(Wir können) mit unseren Verstandeskräften tun, was wir wollen, wenn es uns nur recht ernst ist. ...
Muss es denn Schwäche sein, wenn ein Weib
5 sich lächelnd schmiegt dem Willen des Mannes? Ist's immer Schwäche, wenn die Frau sich in ihre kleine Sphäre bequemt, die Pflicht anerkennt, des Mannes Mühen zu erleichtern, die Gesetze der Ordnung be-
10 folgt, die dem Weibe die kleinern, oft seelenlosen Beschäftigungen zugeteilt haben (und das sehr weise, muss ich hinzusetzen) wegen des Körpers und seiner Bestimmung, Kinder zu gebären?
15 Werfen Sie auch einen Blick auf unsere Erziehung! Kann bei der sich entwickeln, was in uns liegt? ... Aber entzückend ist mir der Blick ins bessere Leben, wo kein Unterschied zwischen Mann und Weib sein wird,
20 wo einmütiges Bestreben nach höchstmöglicher Vervollkommnung unserer Bestimmung ... unser aller Arbeit sein wird.

S. von La Roche (Hg.): Pomona für Teutschlands Töchter I, 1783, S. 368, 380 f., bearbeitet.

37.1 Sophie von La Roche, Gemälde von Georg Oswald May, um 1776.

1. Entwirf in Gedanken eine Situation, in der Kants Aussage (Q1) für dich sinnvoll ist, und sprich anschließend mit deinem Nachbarn darüber. Danach wählt in Gruppen jeweils ein besonders gut passendes Beispiel aus und präsentiert es der Klasse.

2. Gib die Aussagen Rochows (Q2a) wieder. Welche Auswirkungen von Bildung erhofft er sich?

3. Stelle die Grundsätze zusammen, nach denen Rousseau Unterricht gestaltet sehen möchte (Q2b). Diskutiert in der Klasse darüber, welche ihr für sinnvoll erachtet. Sind seine Vorschläge heute noch von Interesse?

4. a) Benenne Sophie von La Roches Meinung (Q3b). Betrachte dann genauer ihre Wortwahl und erläutere, was sie mit dem „Leserbrief" erreichen will.
b) Vergleiche ihre Aussagen mit denen des Autors Johann Jacob Breitinger. (Q3a)

5. Begründe, warum Bildung und Erziehung in der Zeit der Aufklärung allgemein für wichtig erachtet wurden. (Q2–Q3)

7. Friedrich II. von Preußen – ein aufgeklärter Monarch

38.1 Friedrich II. spielt Querflöte bei einem Konzert auf Schloss Sanssouci. Der Monarch komponierte selbst 121 Flötensonaten. Das Gemälde schuf der Künstler Adolph von Menzel um 1850 – mehr als fünfzig Jahre nach Friedrichs Tod.

■ Ein Herrscher wird erzogen

Friedrich II. (1712–1786), der seit 1740 König von Preußen war, ist eine der bekanntesten Figuren der deutschen Geschichte. Schon zu Lebzeiten nannte man ihn „den Großen". Er gilt als ein aufgeklärter, aber auch sehr machtbewusster Monarch. Welches Bild können wir uns von ihm machen und warum war er so angesehen?

Friedrichs Vater war König Friedrich Wilhelm I., der auch „Soldatenkönig" genannt wurde. Er war überzeugt, Preußen mit seinen verstreut liegenden Landesteilen nur mithilfe einer straffen Verwaltung und eines starken Militärs regieren zu können. Auch sein Sohn Friedrich, der Thronfolger, sollte zunächst zu einem pflichtbewussten Berufssoldaten erzogen werden. So musste Friedrich nach militärischen Vorschriften leben. Sein Tagesablauf war streng geregelt, z. B. hatte er 7 Minuten fürs Frühstück, 15 Minuten für Gebet und Morgentoilette. Nicht selten wurde er in aller Öffentlichkeit geschlagen.

Der junge Thronfolger interessierte sich für Literatur, Philosophie und Musik – lauter Dinge, die sein Vater verachtete. Immer wieder kam es daher zu Zusammenstößen zwischen Vater und Sohn. Als Friedrich 18 Jahre alt war, versuchte er mit seinem Freund Hans-Herrmann von Katte nach England zu fliehen, doch sie wurden erwischt. König Friedrich Wilhelm I. setzte sich dafür ein, dass von Katte zum Tode verurteilt wurde, und zwang seinen Sohn, der Hinrichtung zuzusehen. Friedrich selbst wurde verhaftet und verlor seinen Anspruch als Thronfolger. Erst als er sich seinem Vater fügte und die von diesem ausgewählte Frau heiratete, wurde er wieder in die Thronfolge eingesetzt.

■ Ein Philosoph als König?

1740 starb Friedrich Wilhelm I. und Friedrich übernahm den Thron – als König Friedrich II. Die Denker und Forscher der Aufklärung jubelten, denn schon als Kronprinz hatte Friedrich als aufgeklärter Denker gegolten. Mit dem französischen Philosophen Voltaire hatte er Briefe gewechselt. Tatsächlich zeigten sich bald Einflüsse des aufgeklärten Denkens in seinen Entscheidungen: So förderte der König die Gründung von Schulen und versuchte, die seit 1717 geltende Schulpflicht durchzusetzen.

Absolutismus und Aufklärung

Auch schaffte er besonders grausame Hinrichtungsarten ab, lockerte die Zensur der Presse und führte die Religionsfreiheit ein. „Alle Religionen müssen toleriert werden, denn jeder muss nach seiner Fasson (Art) selig werden", sagte er. Katholiken, Reformierte und Protestanten hatten in Preußen nun die gleichen Rechte. Juden blieben allerdings weiterhin benachteiligt.

Ein Ziel Friedrichs war es, ein gut funktionierendes Rechts- und Verwaltungssystem aufzubauen. Die Staatsbeamten erhielten eine gründliche Ausbildung, Gesetze wurden vereinheitlicht: Friedrich II. ließ ein „Allgemeines Landrecht"* ausarbeiten, an das sich Justiz und Verwaltung halten mussten und das für jedermann im Staate galt, auch für den König selbst. König zu sein bedeutete für ihn, „erster Diener des Staates" zu sein. „Es ist nicht nötig, dass ich lebe, wohl aber, dass ich meine Pflicht tue", erklärte er. Von seinen Untertanen verlangte er dieselbe Pflichterfüllung, Unbestechlichkeit und auch unbedingten Gehorsam.

■ Das Land entwickeln

Eine weitere Aufgabe sah Friedrich darin, die Wirtschaft des armen, nicht sehr fruchtbaren Landes Preußen zu fördern. Er unterstützte die Gründung von Manufakturen nach französischem Vorbild, er ließ Verkehrswege bauen und lockte mit Steuerbefreiungen Fachleute aus ganz Europa ins Land. Zudem ließ er Sumpfgebiete trockenlegen, etwa im Oderbruch, und warb um Siedler.

Folgenreich war seine 1756 erlassene Anordnung, Kartoffeln anzubauen, um die Gefahr einer Hungersnot zu verringern. Die Bauern standen der unbekannten Feldfrucht so misstrauisch gegenüber, dass der König die neu angelegten Kartoffelfelder von Soldaten bewachen ließ, damit die Kartoffeln nicht vorzeitig aus der Erde gerissen werden konnten. Tatsächlich endete mit dem Siegeszug der Kartoffel die Zeit der Hungersnöte in Mitteleuropa. Noch heute spielen Kartoffelgerichte im ehemals preußischen Raum und in Norddeutschland eine größere Rolle auf der Speisekarte als etwa in Süddeutschland.

39.1 Friedrich II. lässt sich von Bauern geerntete Kartoffeln zeigen. Ausschnitt aus einem Gemälde von Robert Warthmüller, 1886.

*Allgemeines Landrecht: einheitlich geltendes Gesetzbuch für das gesamte Land Preußen

■ Militärische Macht

Seine wichtigste Aufgabe aber sah Friedrich II. – wie alle absolutistischen Monarchen des 18. Jahrhunderts – darin, den preußischen Staat zu stärken, wenn nötig auch mit militärischen Mitteln. Das Kriegswesen war ein Ankerpunkt seiner Regierung, und Friedrich war bereit, den Großteil des Staatshaushaltes für das Militär auszugeben. Friedrichs Vater hatte seine Außenpolitik allein auf die Abschreckungskraft seiner gewaltigen Armee gestützt; Kriege zu führen hatte er vermieden. Friedrich II. hingegen betrachtete die Kriegsführung als angemessenes Mittel, an der Machtstellung Preußens zu arbeiten. Schon 1740 fiel der junge König mit seinen Truppen in Schlesien ein, um seinen Machtbereich zu erweitern (→ S. 42 ff.).

Als Friedrich 1786 starb, war Preußen eine europäische Großmacht – militärisch und wirtschaftlich stark. Schlesien sowie auch polnische Gebiete waren in preußischen Besitz übergegangen. Friedrich selbst hatte sich aber von den Menschen völlig zurückgezogen. Vor seinem Tode äußerte er den Wunsch, bei seinen Hunden begraben zu werden, Menschen könne er nicht ertragen.

Den Staat Preußen gibt es heute nicht mehr. Er wurde nach dem Zweiten Weltkrieg aufgelöst, weil man meinte, dass sein Militarismus die Ursache für das Großmachtstreben des deutschen Staates im 20. Jahrhundert gewesen sei.

7. Friedrich II. von Preußen – ein aufgeklärter Monarch

40.1 Friedrich II. besichtigt sein Heer, Kupferstich von Daniel Chodowiecki, 1778.

40.2 Friedrich II. und Voltaire im Gespräch. Stich, 1805.

Q1 Verantwortung übernehmen

König Friedrich Wilhelm I. brachte bereits 1722 in einer eigenhändigen Niederschrift einige an seinen Nachfolger gerichtete Ratschläge zu Papier:

Ein Regent, der in Ehren in die Welt regieren will, muss seine Angelegenheiten alle selber tun ... Der liebe Gott hat Euch nicht auf den Thron gesetzt, um zu faulenzen,
5 sondern zum Arbeiten und um seine Länder gut zu regieren. Leider ... überlassen die meisten großen Herren ihren Ministern die Macht und beschäftigen sich mit ihren Mätressen (Geliebten) ... Ich aber habe das fes-
10 te Vertrauen in meinen Nachfolger, dass er meinem Beispiel folgen, ein beispielhaftes Leben führen und fleißig arbeiten wird ...
Über Eure Finanzen müsst Ihr selber und allein bestimmen und das Kommando der
15 Armee selber und allein führen und diese zwei Hauptsachen allein einteilen. Dadurch werdet Ihr Autorität in der Armee und die Liebe Eurer Offiziere und der Zivilbediensteten haben, weil Ihr allein den Knopf auf
20 dem Beutel habt. Von der ganzen Welt werdet ihr respektiert und angebetet werden, weil ihr so ein kluger und verständiger Herrscher seid. Dazu verhelfe Euch Gott der Allmächtige. Amen.

Geschichte in Quellen, Bd. 3, 1976 2, S. 574, bearbeitet.

Q2 Das Volk aufklären?

Friedrich II. schrieb an den französischen Aufklärer D'Alembert:

Fassen wir irgendeine Monarchie ins Auge; nehmen wir an, sie umfasse zehn Millionen Menschen. Ziehen wir von diesen zehn Millionen zunächst die Bauern, die Manufak-
5 turarbeiter, die Handwerker, die Soldaten ab; dann bleiben ungefähr fünfzigtausend Personen, Männer wie Frauen, übrig. Rechnen wir von diesen fünfundzwanzigtausend Frauen ab; den Rest bildet der Adel und das
10 gehobene Bürgertum. Dann wollen wir überprüfen, wie viel es unter diesen träge Denker, Schwachsinnige, kleinmütige Seelen und Liederjane gibt: Und aus diesem Überschlag ergibt sich ungefähr, dass man
15 in dem, was man ein zivilisiertes Volk von ungefähr zehn Millionen Köpfen nennt, kaum tausend gebildete Menschen vorfindet. Und wie unterschiedlich sind diese dann noch in geistiger Hinsicht. ...
20 Es wäre verlorenes Mühen, wollte man die Menschheit aufklären ... Man muss sich damit zufrieden geben, für sich weise zu sein, sofern man es sein kann, und soll das gemeine Volk im Irrtum belassen und nur versu-
25 chen, es von Verbrechen abzuhalten, die die Ordnung der Gesellschaft stören.

Friedrich II., Schriften und Briefe, 1985, S. 305 f.

Absolutismus und Aufklärung

Friedrich und sein nicht aufgeklärtes Volk

Die folgende Anekdote wird in einem alten Geschichtsbuch überliefert:

Im Jahre 1781 hatte der König die „Kaffee-Regie"* eingeführt. Das Volk war über diese Verteuerung seines Lieblingsgetränks höchst aufgebracht. Eines Tages ritt der König, nur von einem Reitknecht begleitet, durch die Jägerstraße in Berlin. Schon von Weitem sah er auf dem Werderschen Markte das Volk sich drängen. Er ritt hinzu und fand eine Karikatur seiner selbst angeschlagen, wie er kläglich auf einem Fußschemel hockt, eine Kaffeemühle zwischen den Knien haltend, mit der Rechten mahlend, mit der Linken gierig nach den herausfallenden Bohnen greifend. „Hängt es doch niedriger, dass die Leute sich nicht den Hals ausrecken!", ruft der König. Ungeheurer Jubel, die Karikatur wird in tausend Fetzen zerrissen, von lauten Hochrufen begleitet, reitet der König langsam von dannen.

T. Steudel, Der Fürstenstaat, 1933, S. 40.

1. Stelle Aussagen zu dem Verhältnis Friedrichs zu seinem Vater zusammen. Versuche, Aussagen über Friedrichs Charakter zu machen. (VT, Q1)

2. Erschließe aus Q2, wie Friedrich das Volk beurteilt. Ist es seiner Meinung nach möglich, das Volk aufzuklären?

3. Erläutere, wie der König in Q3 dargestellt wird. Begründe deine Auffassung.

4. Erläutere die Ziele Friedrich Wilhelms I. (Q1). Vergleiche seine Haltung mit der Ludwigs XIV. und der Friedrichs II.

5. Betrachte die Karte 41.1 und benenne die Zugewinne Preußens. Erkläre die Motive der preußischen Könige für die Ausdehnungen ihres Machtbereichs.

*„Kaffee-Regie": Friedrich II. hatte das Rösten von Kaffee unter staatliche Kontrolle gestellt. Damit verbunden war eine Verteuerung des Kaffees für die Verbraucher.

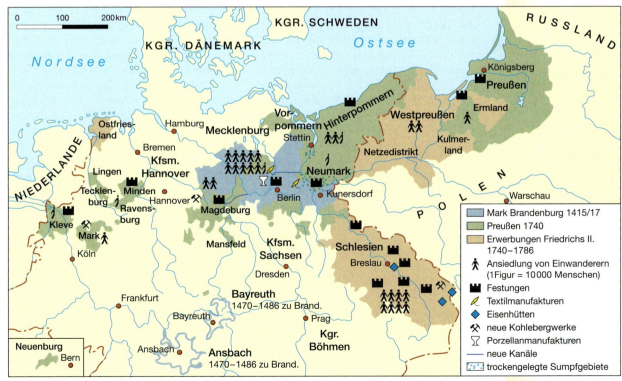

41.1 Die Entwicklung Preußens bis 1786.

8. Das Jahrhundert der Kriege

42.1 Die erste Teilung Polens, 1772. Die blassen Farben bezeichnen die von den Großmächten angeeigneten Gebiete.

42.2 Die zweite Teilung Polens, 1793.

42.3 Nach der dritten Teilung (1795) existiert der polnische Staat nicht mehr.

■ Kriege verändern das Machtgefüge in Europa

Viele aufgeklärte Denker waren entsetzt, als preußische Truppen auf Befehl König Friedrichs II. schon kurz nach dessen Krönung die Provinz Schlesien besetzten. Die Provinz, die zum Machtbereich der jungen österreichischen Königin Maria Theresia gehörte, war reich und strategisch günstig gelegen. Erfolglos versuchten die Truppen Maria Theresias, die Preußen wieder aus Schlesien zu vertreiben. Bald entwickelte sich aus dem Konflikt zwischen Preußen und Österreich eine ganze Folge von Kriegen, in die nach und nach andere europäische Nationen einbezogen wurden: Sachsen und Russland, England und Frankreich. Während des „Dritten Schlesischen Krieges", dem sogenannten Siebenjährigen Krieg (1756–1763), kämpfte England sogar gleichzeitig in Nordamerika und Indien gegen Frankreich um Kolonialgebiete. Insgesamt dauerten die Kämpfe um Schlesien 23 Jahre an. Am Ende ging die Provinz in preußischen Besitz über.

Friedrichs Erfolg im Kampf um Schlesien veränderte das Machtgefüge in Europa, denn Preußen stieg zur europäischen Großmacht auf und machte Österreich den ersten Rang streitig. Zugleich gewann England im Kampf um die Kolonien an Macht; Frankreich musste große Gebiete an England abtreten.

Aber auch innerhalb Europas ging das Machtstreben der Großmächte weiter – auf Kosten der Bevölkerung. Es führte dazu, dass schwache Staaten Opfer ihrer stärkeren Nachbarn wurden, so der militärisch wehrlose Staat Polen, der immer wieder von Bürgerkriegen belastet war. Nun wurde er auch von den umliegenden Großmächten hart bedrängt und schließlich aufgeteilt (42.1–42.3). Russland und Preußen spielten dabei eine besonders aktive Rolle, während Österreich sich nur zögernd beteiligte.

Die Polen fügten sich jedoch nicht in ihr Schicksal. In mehreren Aufständen gegen die Fremdherrscher versuchten sie im 19. Jahrhundert, einen Nationalstaat durchzusetzen. Doch erst im Jahr 1918 stimmten die europäischen Großmächte der Gründung eines unabhängigen Polens zu.

Absolutismus und Aufklärung

Q1 Die Teilungen Polens

a) Friedrich II. schrieb 1771:

(Es) handelt sich nicht mehr darum, Polen unversehrt zu erhalten, da ja die Österreicher davon ein Stück abtrennen, sondern zu verhindern, dass diese Abtrennung nicht das Gleichgewicht zwischen der Macht des Hauses Österreich und der meinen berührt, dessen Aufrechterhaltung für mich so bedeutsam und auch für den russischen Hof so wichtig ist. Ich sehe kein anderes Mittel, das zu erreichen, als das Beispiel nachzuahmen, das der Wiener Hof mir gibt, und auch meinerseits, wie er das tut, alte Rechte geltend zu machen, die meine Archive mir im Überfluss liefern werden, und mich in den Besitz irgendeiner kleinen polnischen Provinz zu bringen, um sie wieder herauszugeben, falls die Österreicher von ihrem Unternehmen absehen, oder sie behalten, wenn jene ihre vorgeschützten Rechtstitel geltend machen wollen.

Geschichte in Quellen, Bd. 3, 1976 2, S. 694.

b) Die österreichische Kaiserin Maria Theresia schrieb 1772:

Was Polen angeht, so werden wir den preußischen König nicht mehr daran hindern, einen Teil davon an sich zu reißen. Russland wird den seinen nehmen, und uns bietet man einen gleichen an. Unter Privatleuten würde ein solches Anerbieten eine Beschimpfung und seine Annahme eine Ungerechtigkeit sein. Sollen die Gesetze des natürlichen Rechtes nicht auch für die Handlungen der Herrscher gelten?

Geschichte in Quellen, Bd. 3, 1976 2, S. 697.

Q2 Die Not der preußischen Bevölkerung

Ein Zeitgenosse berichtete:

(Es) stiegen die Preise der Lebensmittel zu einer außerordentlichen Höhe und zugleich fing eine drückende Teuerung an einzureißen. Dies konnte nicht fehlen, da bei der Fortdauer des Krieges der Ackerbau sehr leiden musste und zur Ergänzung der Armee die Landleute scharenweise weggeholt wurden. Es war damit schon so weit gekommen, dass man auch die wehrpflichtigen jungen Männer aus der Landbevölkerung von 14 bis 15 Jahren nicht schonte, sondern sie zu den Regimentern, welche unaufhörlich Abgang hatten, einzog. Dadurch musste es natürlich geschehen, dass in vielen Gegenden die Felder aus Mangel der zur Bearbeitung nötigen Hände nicht bestellt werden konnten, und wo es geschah, wurden diese Geschäfte mehrenteils von alten Leuten und Weibsbildern betrieben. Es war schon gewöhnlich geworden, auf den Märkten zu Berlin Bauernweiber und Mägde mit beladenen Wagen erscheinen zu sehen …

A. B. König, Versuch einer historischen Schilderung der Hauptveränderungen, 5.1, 1798, 240 f.

43.1 „Der Kuchen des Königs" heißt diese Karikatur aus dem Jahr 1773. Sie zeigt (von links): Katharina II. (Kaiserin von Russland), Stanislaus II. August (König von Polen), Joseph II. von Österreich (Sohn Maria Theresias) und Friedrich II. von Preußen über der Landkarte Polens.

	Preußen	Österreich	Russland
Bevölkerung	6 Millionen	19 Millionen	24 Millionen
Stärke des Heeres	190 000	297 000	224 500
von den Männern dienten ca.	8 %	4 %	2,5 %

43.2 Bevölkerungszahlen und Heeresstärken, 1788. Zahlen: nach B. R. Kroener, Europa im Zeitalter Friedrichs des Großen, 1989, S. 49.

Q3 Preußisches Soldatenlied

1. O König von Preußen, du großer Potentat[1],
   wie sind wir deiner Dienste so überdrüssig satt.
   Was fangen wir jetzt an in diesem Jammertal,
   allwo ist nichts zu finden als Not und lauter Qual.

2. Und kommt das Frühjahr an, dann kommt die große Hitz',
   dann heißt es Exerzieren[2], dass der Buckel schwitzt.
   Dann heißt es Exerzieren von Morgen bis Mittag,
   und das verfluchte Leben, das währt den ganzen Tag.

3. Ihr Herren nehmt's nicht Wunder, wenn einer desertiert[3].
   Wir werden wie die Hunde mit Schlägen strapaziert,
   und bringen sie uns wieder, sie henken uns nicht auf,
   das Kriegsrecht wird gesprochen: Der Kerl muss gassenlaufn[4].

4. Und wenn wir gassenlaufen, dann spielet man uns auf
   mit Waldhorn und Trompeten, dann geht es wacker drauf.
   Dann werden wir gehauen von manchem Musketier[5],
   der eine hat's Bedauern, der andre gönnt es dir.

5. Und werden wir dann alt, wo wenden wir uns hin?
   Die Gesundheit ist verloren, die Kräfte sind dahin.
   Und endlich wird es heißen: Ein Vogel und kein Nest.
   Geh, Alter, nimm den Bettelsack, bist auch Soldat gewest!

überliefert
[1]Machthaber; [2]militärische Übungen machen; [3]dem Kriegsdienst entfliehen;
[4]s. Abbildung 44.1; [5]Fußsoldat; von „Muskete": alte Handfeuerwaffe.

44.1 *Die militärische Strafe des „Gassenlaufens" oder „Spießrutenlaufens", Kupferstich von Daniel Chodowiecki, 1783/84. Der Bestrafte läuft dabei mit nacktem Oberkörper durch eine „Gasse" von Soldaten, die ihn schlagen müssen.*

44.2 *Bettelnde Soldatenfrau, Radierung von Daniel Chodowiecki, 1764.*

1. Gib die in Q3 geäußerte Kritik mit eigenen Worten wieder. Füge die in Q2 genannten Aspekte hinzu.

2. Bearbeite Q2 und erläutere die Folgen der beschriebenen Entwicklung für Preußen, indem du mit deinem Nachbarn ein Textdiagramm erstellst. Bedenke die Punkte: militärische Macht Preußens, Staatshaushalt, Steuern, Leben der Untertanen und Familien.

3. a) Betrachte die Karten 42.1–3 genau und benenne die Veränderungen der polnischen Grenzen bzw. der umliegenden Großmächte.
b) Diskutiert die Motive der Herrscher Preußens, Russlands und Österreichs (VT, Q1).

4. Die polnischen Teilungen werden mit der „Schwäche" Polens begründet. Bewerte das Vorgehen der Großmächte gegenüber Polen. (Q1)

5. Untersucht in Kleingruppen heutige politische Möglichkeiten, ein solches Unrecht zu verhindern.

KOMPAKT

Absolutismus und Aufklärung

Der französische König **Ludwig XIV.**, der von 1643 bis 1715 regierte, beanspruchte alle staatliche Gewalt für sich. Er regierte als „absoluter Herrscher", über den Gesetzen stehend. Diese Herrschaftsform nennt man ↗**„Absolutismus"**.

Den Hof in **Versailles** entwickelte Ludwig zum prächtigen Mittelpunkt seines Staates. Der König und seine Minister organisierten eine leistungsfähige **Verwaltung**. Beamte wurden damit beauftragt, Steuern einzutreiben und die königlichen Befehle durchzusetzen. Anstelle des bisherigen Söldnerheeres wurde von nun an ein **stehendes Heer** eingerichtet. Es unterstand direkt dem König als oberstem Feldherrn. Die Adligen verloren dadurch zunehmend an politischem und militärischem Einfluss.

Die Hofhaltung, das Heer, der Bau von Schlössern, Geschenke und Pensionen vergrößerten ständig den Geldbedarf. Hohe **Steuern** und eine neue Wirtschaftsform, der ↗**Merkantilismus**, sollten der Staatskasse ausreichende Einnahmen sichern. Der Merkantilismus zeichnete sich dadurch aus, dass er die preisgünstige Produktion von Waren förderte, deren Ausfuhr Gewinn versprach. Zugleich wurde versucht, Einfuhren von Fertigwaren durch hohe Zölle zu verhindern.

Die Fertigung von Waren wurde gezielt mehr und mehr in **Manufakturen** verlagert, große Handwerksbetriebe, in denen arbeitsteilig produziert wurde. Das **Bürgertum** profitierte vom wirtschaftlichen Aufschwung, erhielt aber keine politischen Rechte.

Die Herrschaftsform Ludwigs XIV. wurde damals **Vorbild** für andere europäische Staaten. Sie war ein Schritt auf dem Weg zum zentralisierten Verwaltungsstaat, wie wir ihn heute kennen. Doch auch Herrscher, die den bedingungslosen Gehorsam ihrer Untertanen verlangten, konnten nicht verhindern, dass sich die Forderungen nach selbstständigem Denken verbreiteten: ↗**Aufklärer**, Philosophen und Wissenschaftler, erklärten die Vernunft zum Maßstab: Mit ihr müsse geprüft werden, ob eine Behauptung richtig oder ein Gesetz gerecht sei. Im Staat forderten sie ↗**Gewaltenteilung** und kritisierten den absoluten Machtanspruch der Herrscher.

Einige Herrscher, unter ihnen Friedrich II. von Preußen, setzten sich mit aufgeklärtem Denken ernsthaft auseinander. So versuchte Friedrich, einen **aufgeklärten Absolutismus** zu verwirklichen: Er wollte als absoluter Herrscher das Wohlergehen seiner Untertanen erreichen. Zugleich führte er viele Kriege, durch die er seinen Machtbereich erweiterte.

1643	König Ludwig XIII. stirbt; sein damals vierjähriger Sohn Ludwig wird neuer französischer König. Dessen Amtsgeschäfte leitet der Premierminister, Kardinal Mazarin.
1661–1715	Nach dem Tod Kardinal Mazarins übernimmt der 22-jährige Ludwig XIV. die Regierungsgeschäfte. Bis zu seinem Tod bleibt er Alleinherrscher. Er stützt seine Herrschaft auf eine zentrale Verwaltung und ein stehendes Heer.
1740	In Preußen übernimmt Friedrich II. den Thron. Sein Vater, Friedrich Wilhelm I., hatte aus dem Land einen Militärstaat gemacht.
1748	Der aufklärerische Philosoph Montesquieu fordert: Zum Schutz der Untertanen sollen die drei Staatsgewalten (Gesetzgebung, Rechtsprechung und Verwaltung) von drei voneinander getrennten Staatsorganen ausgeübt werden.
1740–1786	Der preußische Herrscher Friedrich II. versucht, im aufgeklärten Absolutismus die Regierung des absoluten Herrschers mit dem Ziel zu verbinden, für das Wohlergehen des Volkes zu sorgen. Friedrich II. führt mehrere Eroberungskriege; Preußen wird Großmacht.

Die Entstehung der USA

„Amerikanischer Fortschritt" nannte der Künstler John Gast sein Gemälde aus dem Jahr 1872. Es zeigt die Figur Columbia, die amerikanische Siedler nach Westen führt. Columbia symbolisiert die USA. Ihr Name weist sie als weibliches Ebenbild des Kolumbus aus.

So stellte sich der Maler John Trumbull um 1818 die Erklärung der amerikanischen Unabhängigkeit vom Mutterland England vor. Die am Tisch stehenden Männer hatten 1776 den Wortlaut der Erklärung bearbeitet. Zu erkennen sind: der Politiker und Philosoph Benjamin Franklin (rechts, schwarz gekleidet) sowie die späteren US-Präsidenten Thomas Jefferson (rote Weste) und John Adams (links, mit weißen Strümpfen).

Inserat in einer amerikanischen Zeitung aus dem Jahr 1805.

Die Flagge der USA aus den Jahren 1776 und 1960 als Briefmarkenmotiv.

Barack Obama, der 44. Präsident der USA, am 27. März 2009 bei einer Rede in Washington. Im Hintergrund links: Außenministerin Hillary Clinton, rechts: Verteidigungsminister Robert Gates.

Der Amerikafahrer

48.1 Blick in das Zwischendeck eines Auswandererschiffes. Foto von Alfred Stieglitz, 1907.

Jürnjakob Swehn ist keine reale Figur. Der Schriftsteller Johannes Gillhoff (1861–1930) hat ihn erfunden. In seinem 1917 veröffentlichten Roman „Jürnjakob Swehn, der Amerikafahrer" lässt er ihn in Briefen aus seiner neuen Heimat Amerika berichten. Doch nicht alles, was in diesen Briefen steht, hat sich der Autor, der auch Lehrer in einer Kleinstadt in Mecklenburg war, ausgedacht. Denn viele seiner ehemaligen Schüler sind nach Amerika ausgewandert und haben ihm aus ihrer neuen Heimat geschrieben.

Die Romanfigur Jürnjakob Swehn ist der Sohn eines Tagelöhners. Als 19-Jähriger entscheidet er sich dafür, nach Amerika auszuwandern. Das Geld für die Überfahrt muss er sich hart erarbeiten – und als sein Schiff New York erreicht, besitzt er gerade noch einen Dollar. Doch ein anderer Auswanderer leiht ihm Geld, und so kauft er schließlich ein Stück Land in Iowa. Über seine Anfänge als Farmer ist Folgendes zu lesen:

Der Anfang dauerte viele Jahre. Ich wollte meine Füße unter meinen eigenen Tisch stecken. Dazu war ich rübergekommen. Die Füße hatte ich dazu. Der Tisch fehlte. Wo er
5 stehen sollte, das fehlte auch. Aber meine Knechtschaft sollte ein Ende haben. Wieschen, meine Frau, dachte wie ich.
So haben wir erst einen kleinen Platz gerennt [gepachtet], um das Land auszukund-
10 schaften und inwendig zu besehen. Dann wieder anderswo. Das dauerte im Ganzen fünf Jahre. Da kannte ich das Land. Da griff ich zu. Aber mit Vorsicht, und für den Anfang war es man eine kleine Farm. Nicht zu
15 trocken und nicht zu nass. Mitten im Busch und meilenweit vom nächsten Nachbarn. Das Land war auch noch billig zu haben.
Das Erste, was wir taten, das war, wir bauten uns ein Blockhaus. Holz war genug da. ...
20 An die vier Ecken des Hauses stellte ich vier mächtige Baumstämme; die konnten schon einen Sturm aushalten. Die andern legte ich quer. Da waren die vier Wände fertig. Die Ritzen machte ich mit Lehm dicht.
25 Etwas Kalk kam auch noch drüber. Das sah besser aus und hielt sich auch besser.
Dann noch einen kleinen Stall für sich. Oben ein kleiner Bodenraum, unten ein kleiner Keller ausgeschachtet. Das Haus
30 hatte zwei Räume: einen zum Wohnen, das war zugleich auch die Küche. Einen zum Schlafen, darin standen zwei Betten. Einen Schrank machte ich selbst. ... Tisch und Stühle glückten mir auch, bloß dass sie ein
35 bisschen wackelig standen. Die beiden Fenster waren auch man klein, aber jedes hatte doch zwei Scheiben. In der Ecke stand ein kleiner eiserner Ofen. ... Als das Haus fertig war, da war ich froh, denn der Anfang
40 war da, und es war meist eigene Arbeit. Aber Wieschen fand ich mennigmal, dass sie in der Ecke oder draußen stand und ihre Hantierung mit dem Schürzenzipfel hatte (sie weinte). Die musst du ein bisschen aufmuntern,
45 Jürnjakob Swehn. Sonst sitzt ihr

gleich von Anfang an im Dreck, und das Unvergnügtsein zieht mit euch rein ins neue Haus. …

Nun bekuck dir bloß mal die vier Stämme in
50 den Ecken, (sagte ich). Da ist Verlass drauf, und sie zeigen genau nach den vier Winden. … Und nun erst die Fenster. Zwei Stück! Zu dem da guckt die Sonne morgens rein und sagt: Guten Morgen! … Dass so viele
55 Ritzen da sind, das ist auch gut. – Na, warum ist das gut?, sagt sie und hat den Schürzenzipfel nicht mehr in der Hand. – Ja, sage ich, da kommt frische Luft rein und geht der Rauch raus. Das ist billiger und besser als
60 mit den neumodischen Luftklappen, die sie sich in den Städten ausgegrübelt haben. – Wenn's aber regnen tut?, sagt sie. – Dann freuen wir uns auch, sage ich; dann lassen wir's uns auf den Kopf regnen. Das ist ech-
65 tes Haarwasser und ganz umsonst. … Auch ist der Regen gut für das Land, sage ich. So sagt sie auch gleich: Ja, für das Land, aber nicht für die Betten! Und dabei lacht sie mich aus … und ich freue mich darüber,
70 denn Lachen ist besser als Weinen.

J. Gillhoff, Jürnjakob Swehn, der Amerikafahrer, 2008 (6. Auflage), gekürzt und bearbeitet.

1. Stelle zusammen, welche seiner Eigenschaften Jürnjakob Swehn halfen, um in Amerika Fuß zu fassen.

2. Überlege, warum er seine Entscheidung, in ein fremdes Land auszuwandern, offenbar nicht bereut hat.

49.1 Eine „Baumstumpffarm" um 1900. Ähnlich können wir uns auch die Farm des Jürnjakob Swehn vorstellen, die er auf seinem Grundstück in Iowa errichtete.

1. Neubeginn in einem fernen Land

50.1 Ein amerikanischer Maler stellte Anfang des 20. Jahrhunderts eine Szene dar, die sich 1621 in der Siedlung Plymouth abgespielt haben soll: Die puritanischen Siedler dankten Gott und den hilfsbereiten Indianern mit einem dreitägigen gemeinsamen Erntedankfest. Hieran erinnert das heutige Thanksgiving-Fest.

■ Die Motive der Auswanderer

„Gerüche, Dünste, Schrecken, Würgen, Erbrechen, verschiedene Arten von Seekrankheit", dies sind nur einige der Begleiterscheinungen, die Auswanderer nach Amerika bei der Überfahrt in Kauf nehmen mussten. Mit den Segelschiffen des 18. Jahrhunderts dauerte die Fahrt über den Atlantik auch bei günstigsten Wind- und Wetterverhältnissen etwa zwölf Wochen. Angesichts der fürchterlichen Bedingungen auf den Schiffen war es nicht verwunderlich, dass oft fast die Hälfte der Auswanderungswilligen bereits bei der Überfahrt starb. Warum nahmen trotzdem so viele Menschen die Strapazen auf sich und verließen ihre Heimat in Europa?

In England z. B. gab es religiöse Gruppen, die die Ordnung der Staatskirche mit dem König als religiösem Oberhaupt nicht anerkannten, wie die „Puritaner". Sie folgten der Lehre Calvins und wollten ihre Gemeinde eigenständig organisieren. Doch wurde ihnen das nicht erlaubt. Um ihren Glauben frei ausüben zu können, entschlossen sich viele Puritaner, nach Amerika auszuwandern. Eine Gruppe von ihnen gelangte im Jahr 1620 mit dem Schiff „Mayflower" nach Massachusetts und gründete dort Plymouth. In dieser Siedlung konnten sie den ersten Winter aber nur mit der Unterstützung der Urbevölkerung überstehen.

Auch wirtschaftliche Not und die Zwänge der Grundherrschaft sowie manchmal sicher Abenteuerlust trieben Menschen aus allen europäischen Ländern in die Ferne. Vorwiegend waren es junge Menschen, die ihre Zukunft in der „Neuen Welt" gestalten wollten. Bis 1700 traten etwa 200 000 Europäer die Überfahrt an. Um 1750 lebte über eine Million Weiße an der nordamerikanischen Ostküste. Aus den anfangs verstreut liegenden Siedlungen waren inzwischen 13 Kolonien geworden!

■ Lebensbedingungen in den Kolonien

Harte Arbeit erwartete die Ankömmlinge in der neuen Heimat, ganz gleich, ob sie als Siedler, Handwerker oder Kaufleute kamen und ob sie sich in den kleinen Städten, den Dörfern an der Küste oder in den Grenzgebieten in Nachbarschaft der Indianer niederließen. Dabei gab es unter den Kolonisten große Unterschiede: Die meisten besaßen nichts als ihre Arbeitskraft. In ihrer neuen Heimat mussten viele jahrelang als Knechte arbeiten, um mit dem Lohn die Überfahrt abzahlen und als Siedler neu anfangen zu können. Andere waren vermögend und konnten es sich leisten, in Virginia oder Carolina Grundbesitz für eine Baumwoll- oder Tabakplantage zu erwerben. Für deren Bewirtschaftung holten sie Tausende von versklavten Afrikanern als Landarbeiter in die im Süden gelegenen Kolonien. Sie ertrugen die klimatischen Bedingungen besser als die Europäer und konnten mehr leisten als diese.

Das gemeinsame Leben in den Kolonien bestimmten die Siedler weitgehend selbst. Die Kolonien waren zwar dem englischen König unterstellt, doch ließen die vom König eingesetzten Gouverneure den Siedlern bei den meisten Entscheidungen freie Hand. Alle Grundbesitzer, etwa 50–60% der weißen Männer, durften Abgeordnete wählen. Diese legten in ↗Parlamenten Regeln für das Zusammenleben fest. Die entscheidende Grundlage für den wirtschaftlichen und sozialen Aufstieg in Amerika war die Leistungsbereitschaft eines jeden Siedlers; die Herkunft war dagegen weniger wichtig.

Die Entstehung der USA

Q1 Stimmen zur Auswanderung

a) Ein Deutscher

Christoph Sauer forderte in der deutschsprachigen Zeitung von Germantown in Pennsylvania die Siedler zur Dankbarkeit gegenüber dem Gouverneur Penn auf:

Bedenket, dass wir meistens in Europa teils weder Haus, Hof noch Güter besessen, und manche in großem Mangel und Armut gelebt (haben), … und die noch Güter gehabt haben, so viel beschweret waren mit Geld-Geben und Soldaten-Halten, dass es manche nicht alles haben aufbringen können. Auch sind die meisten mit vielen oft wöchentlichen, ja täglichen Frondiensten, Wachen oder Jagen geplagt worden und das Wild durfte unser Korn abweiden. … So bedenket hergegen, was für eine gelinde und milde Regierung wir allhier gefunden und noch haben, wo ein jeder das Seinige, das ihm der Schöpfer … zufallen lässt, zu seinem Nutzen auf die beste Weise, wie er's gut findet … unbehelligt gebrauchen darf.

Pen[n]sylvanische Berichte, 1. März 1749, übersetzt und bearbeitet.

b) Ein Schwede

Der Naturforscher Pehr Kalm bereiste Amerika in den 1750er-Jahren. Er berichtete:

Die Menschen vermehren sich hier schneller als in Europa. … Sobald man alt genug ist, kann man ohne Furcht vor Armut heiraten. Es gibt so viel gutes Land, das noch unbestellt ist, dass ein jung verheirateter Mann ohne Schwierigkeit ein Stück Grund und Boden erwerben kann, auf dem er mit Frau und Kindern ein zufriedenstellendes Auskommen hat. Die Steuern sind so niedrig, dass er sich darum keine Sorgen machen muss. … Jeder, der Gott als den Schöpfer aller Dinge anerkennt und nichts gegen den Staat oder gegen den allgemeinen Frieden lehrt oder unternimmt, kann sich hier frei niederlassen, kann bleiben und seinem Gewerbe nachgehen. … Und er wird durch die Gesetze so in seiner Person und seinem Eigentum geschützt und genießt solche Freiheiten, dass man von einem Bürger hier geradezu sagen kann, er lebe in seinem Haus wie ein König.

W. P. Adams u. a. (Hg.), Die Amerikanische Revolution in Augenzeugenberichten, 1976, S. 19 f.

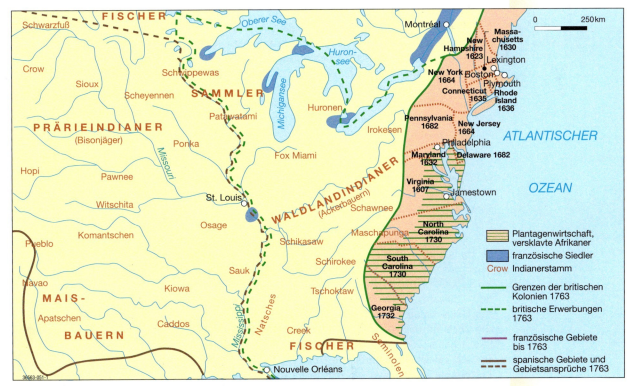

51.1 Nordamerika mit den 13 Kolonien, genannt „Neuengland", im Jahr 1776.

52.1 „Here and There or: Emigration – a Remedy" („remedy": Heilmittel). Zeichnungen wie diese sollten Auswanderungswillige anlocken. Maritime Museum, Liverpool.

c) Ein Franzose:
De Crèvecoeur, ein französischer Reisender, schrieb um 1750 über die Siedler:

Im Haus zur Rechten lebt ein Katholik, der zu Gott betet, wie es ihm gelehrt wurde … er arbeitet hart, baut Weizen an, er hat eine große Familienschar. Seine Gebete beleidi-
5 gen niemanden.
Etwa eine Meile entfernt an derselben Straße mag sein nächster Nachbar ein guter, ehrlicher, hart arbeitender deutscher Lutheraner sein.
10 Wie betrifft es das … Land, … was die religiösen Gefühle eines Menschen sind? Hauptsache, er ist ein guter Farmer, er ist ein friedlicher Bürger.
E. Wardle, Britain and the American Revolution, 1993, S. 14, bearbeitet.

Q2 Eine Verfassung für Pennsylvania

Der Gouverneur William Penn erließ folgende Regeln für seine Kolonie (1701):

Erstens: Ich ordne hiermit an, … dass keine Person oder Personengruppe irgendwie belästigt wird oder Schaden erleiden soll we-
5 gen ihrer Glaubensüberzeugung oder Glaubensausübung. …
Zweitens: Um diese Kolonie und ihr Gebiet gut zu regieren, soll jährlich von den freien Grundbesitzern eine Versammlung gewählt werden, bestehend aus vier Vertretern je-
10 des County (Verwaltungsbezirk), die sich besonders durch Tugend, Weisheit und Fähigkeit auszeichnen. … Diese Versammlung soll das Recht haben, einen Sprecher sowie andere Amtspersonen zu wählen; und sie
15 soll die Befähigung und die Wahl ihrer Mitglieder überwachen, … Ausschüsse ernennen, Gesetzesvorlagen erstellen und verabschieden, Verbrecher bestrafen und Beschwerden abstellen können. …
20 Viertens: Die Gesetze dieser Regierung sollen wie folgt eingeleitet werden: „Gegeben vom Gouverneur mit Zustimmung und Billigung der freien Bewohner, die in der Generalversammlung vertreten sind"; und die
25 Gesetze sollen nach Bestätigung durch den Gouverneur sogleich im Archiv schriftlich niedergelegt werden.
G. Moltmann, Die Vereinigten Staaten von Amerika, 1980, S. 9 f., bearbeitet.

1. a) Aus welchen Gründen verließen die Auswanderer ihre Heimat? b) Welche Chancen erhofften sich die Auswanderer in der neuen Welt? (Q1, VT, 52.1)

2. Wie werden Indianer und Kolonisten in Abbildung 50.1 dargestellt? Beschreibe das Bild und arbeite heraus, welche Aussage es vermittelt.

3. a) Erarbeite an Q2 die Rechte, die Siedler in Pennsylvania erhielten. b) Erörtere, was sich William Penn wohl von der Verfassung versprach.

4. Schreibe einen Brief aus der Sicht eines Kolonisten an einen europäischen Verwandten, in dem er entweder zum Nachkommen auffordert oder davon abrät und seine Haltung begründet.

2. Kampf um Unabhängigkeit

53.1 Die „Boston Tea Party", 1773. Farbdruck aus dem Jahr 1846.

■ „No taxation without representation"

Im Jahr 1773 hallte der Ruf „Der Bostoner Hafen – heute eine Teekanne" durch die Stadt. Mitglieder der Geheimorganisation „Söhne der Freiheit" („Sons of Liberty") warfen, als Indianer verkleidet, 342 Teekisten von drei englischen Handelsschiffen, die im Bostoner Hafen lagen, ins Meer. Ihre Aktion ging als „Boston Tea Party" in die Geschichtsbücher ein. Warum fand sie statt?

1765 hatte das britische ⤳Parlament in London ein Steuermarkengesetz – „Stamp Act" – für die Kolonien beschlossen. Schließlich waren die Verwaltung und der militärische Schutz für diese entlegenen Regionen keineswegs billig. Das Gesetz sah vor, dass Kauf- oder Arbeitsverträge, die geschlossen wurden, nur rechtskräftig wurden, wenn sie auf Papier mit einer Steuermarke verfasst waren. Auch Zeitungen, Kalender und Kartenspiele sollten diese Steuermarken bekommen und daher teurer werden.

Mit dem Ruf „No taxation without representation!" protestierten die Kolonisten gegen die Steuergesetze. Nach ihrer Auffassung hätten sie nur dann Steuern zahlen müssen, wenn sie den Gesetzen durch ihre Repräsentanten (Abgeordneten) auch zugestimmt hätten. Im Londoner Parlament saß aber kein gewählter Repräsentant der Kolonisten. Bei vielen Kolonisten kam die Furcht auf, dass die Steuergesetze womöglich nur ein Anfang sein könnten: Was wäre, wenn England auf längere Sicht sogar die Selbstverwaltung der Kolonien beseitigen wollte? Einzelne Organisationen – wie die „Sons of Liberty" – riefen zum Boykott* auf: Kein Kolonist sollte mehr englische Waren kaufen! Sie hatten Erfolg: Schon im Jahr 1766 wurde das Steuermarkengesetz zurückgenommen.

Seinen Anspruch auf Besteuerung der Kolonien wollte das britische Parlament aber nicht aufgeben. In einem zweiten Anlauf erließ es 1767 neue Importsteuern, zum Beispiel auf Tee, Glas, Farben, Blei und Papier.

„No taxation without representation": Keine Besteuerung ohne Vertretung im Parlament

*Boykott: Streikmaßnahme, benannt nach dem Gutsverwalter Charles Boycott, der keine arbeitswilligen Pächter mehr fand

53.2 Letzte Ausgabe des Pennsylvania Journal, 1765. Die untere Zeile lautet: „Sterbend (Aufgebend): In der Hoffnung auf Wiederauferstehung". Die Herausgeber stellten lieber den Betrieb ein, als dass sie die verhassten Stempelmarken verwendet hätten. Mit Totenkopf und Knochen warnten sie andere davor, die Steuermarken zu benutzen.

2. Kampf um Unabhängigkeit

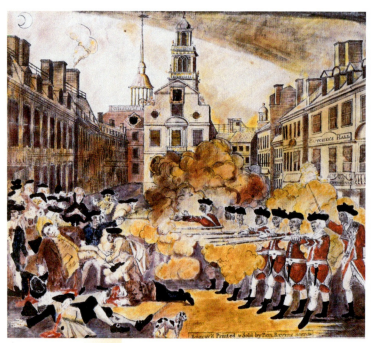

54.1 Das „Massaker von Boston", Kupferstich aus dem Jahr 1775, der in großer Auflage verbreitet wurde.

■ Tote in Boston

Die Siedler boykottierten britische Güter, begannen Kleidung aus selbst gewebten Stoffen zu tragen und schmuggelten Waren. Sie gingen sogar gewaltsam gegen die Steuereintreiber vor und plünderten die Häuser hoher Kolonialbeamter. Um im März 1770 eine Demonstration in Boston niederzuschlagen, setzte der Gouverneur Soldaten ein: Schüsse fielen, fünf Männer wurden getötet. Die Presse übte heftige Kritik an dem Vorgehen des Militärs. 10 000 der 16 000 Einwohner Bostons beteiligten sich an dem Trauerzug für die Opfer. Doch nach wie vor bestand England demonstrativ auf der Teesteuer, wenn diese auch geringfügig war. Hierauf antworteten die Kolonien schließlich im Jahr 1773 mit der „Boston Tea Party".

■ Der Kontinentalkongress

Die „Boston Tea Party" des Jahres 1773 führte zu Strafmaßnahmen durch die Engländer: Unter anderem wurde der Bostoner Hafen geschlossen. Widerstandsbereite Kolonisten beriefen daraufhin – entgegen einem ausdrücklichen Verbot – eine Versammlung von Vertretern aller Kolonien in Philadelphia ein, den Ersten Kontinentalkongress. Dort beschlossen die Delegierten die weitere Vorgehensweise, unter anderem einen Importstopp für britische Waren. Erstmals war ein Zusammengehörigkeitsgefühl der Kolonien spürbar.

Etwa zur selben Zeit bildeten die Kolonisten eine Bürgerwehr, die sogenannten Minutemen. Diese sollten die Rechte der Kolonisten gegen die englischen Truppen, die jetzt nach Amerika geschickt wurden, verteidigen. Als es bei Lexington in der Nähe von Boston 1775 zu einem ersten Schusswechsel zwischen britischen Truppen und etwa 60 Minutemen kam, begann der amerikanische Unabhängigkeitskrieg.

■ Die Unabhängigkeitserklärung

Nachdem viele zunächst noch auf ein versöhnliches Ende der Kampfhandlungen gehofft hatten, trug 1776 die Kampfschrift „Common Sense" des Journalisten Thomas Paine zu einem Umschlagen der Stimmung bei. Die Schrift bereitete den Boden für die von dem Politiker Thomas Jefferson verfasste Unabhängigkeitserklärung von 1776, mit der die Kolonisten – teilweise nach langem Zögern – ihre Trennung vom Mutterland begründeten.

Die Bedeutung der Unabhängigkeitserklärung liegt darin, dass sie wichtige Grundsätze enthält, die der amerikanischen Revolution zugrunde liegen: Bestimmte Rechte des Menschen seien naturgegeben, sie dürften ihm nicht weggenommen werden: Leben, Freiheit, Streben nach Glück. Gleichzeitig hob die Unabhängigkeitserklärung den Unabhängigkeitskrieg von einer bloßen Rebellion auf eine neue Stufe: Er sei ein Befreiungskrieg. Weil der englische König mehrfach seine Pflichten verletzt habe, sei seine Herrschaft nicht mehr legitim. Widerstand sei geboten, die Trennung vom Mutterland die einzig richtige Konsequenz.

Die Amerikaner folgten damit Ideen der englischen und französischen Aufklärer, die sich im Lauf des 18. Jahrhunderts immer weiter verbreiteten (➔ S. 32 ff.).

Die Entstehung der USA

■ Der Unabhängigkeitskrieg

Bereits 1775 hatten die aufständischen Kolonisten die Bürgerwehr der Minutemen durch ein reguläres Heer, die „Kontinentalarmee", ersetzt. Diese wurde unter das Kommando von George Washington gestellt. Doch die Chancen für die Kolonisten standen schlecht: Zahlenmäßig und materiell waren sie den Briten deutlich unterlegen.

Englands Flotte war die größte, die auf der Welt existierte. Das finanzkräftige England zahlte zudem hohe Summen dafür, dass deutsche Landesfürsten ihre Untertanen zum Kampf gegen die aufständischen Kolonisten verkauften – 4 300 Soldaten schickte z. B. Herzog Karl I. von Braunschweig-Wolfenbüttel. Außerdem kämpften viele Ureinwohner auf britischer Seite. Sie erhofften sich Unterstützung gegen landhungrige Siedler. Zeitweise standen daher 13 000 bewaffneten Siedlern 30 000 für England kämpfende Soldaten gegenüber. Noch dazu: Nicht sämtliche Siedler kämpften geschlossen für die Unabhängigkeit. Schätzungen gehen davon aus, dass ein Drittel von ihnen neutral blieb und ein weiteres Drittel sogar auf der Seite Englands stand. So ähnelten die Kämpfe zeitweise einem Bürgerkrieg.

■ Die Kolonisten siegen

Mehrere Faktoren wirkten sich für die Kolonisten günstig aus: Sie kämpften im eigenen Land, für die eigene Freiheit und deshalb mit höchster Motivation. Zudem war der Oberbefehlshaber der „Kontinentalarmee", General George Washington, ein umsichtiger Feldherr. Zwar mangelte es seinen Truppen an Munition und Ausrüstung, sodass er zunächst zu Ausweichmanövern und Rückzügen gezwungen war. In seinen Bemühungen wurde Washington aber durch europäische Offiziere unterstützt. Auch Frankreich, Spanien und die Niederlande mischten sich auf der Seite der 13 Kolonien in den Konflikt ein, da sie Großbritannien schwächen wollten. Den Kolonisten kam ferner zugute, dass jeder Siedler ein Gewehr hatte und damit umgehen konnte. Sicher spielte auch der hohe Bildungsgrad der Farmer eine Rolle: Schon um der Bibellektüre willen konnten sie in der Regel lesen und schreiben, sodass die Kommunikation funktionierte. Von großer Bedeutung war auch, dass die Presse frei war. So fanden Kampfschriften wie Thomas Paines „Common Sense" weite Verbreitung. All dies trug dazu bei, dass England 1783 im Frieden von Versailles die Unabhängigkeit der 13 Staaten anerkennen musste.

55.1 Einberufung eines Minuteman, wie ein Künstler es sich im Jahr 1876 vorstellte. Der Begriff „Minuteman" stand für das Ziel, binnen einer Minute einsatzbereit zu sein, wenn man gebraucht wurde.

56.1 „Haltet zusammen oder sterbt", Karikatur von Benjamin Franklin, einem der Gründungsväter der USA.

Die Karikatur ist in unterschiedlichen Fassungen erhalten. Hier ruft sie zum Widerstand gegen die britische Krone auf. Die amerikanischen Kolonien werden in Gestalt einer Schlange gezeigt. Das Bild basiert auf der Legende, dass eine zerstückelte Schlange wieder lebendig wird, wenn man ihre Einzelteile bis Sonnenuntergang zusammenlegt.

Die Abkürzung „NE" steht für „New England", alle weiteren für einzelne Staaten, die in Karte 51.1 bezeichnet sind.

Q1 Forderungen der Kolonisten

a) *Die Flugschrift „Common Sense" von Thomas Paine wurde 1776 in den amerikanischen Kolonien in nur drei Monaten 120 000 Mal verkauft. Ein Auszug:*

Einige sagen, Britannien sei doch das Mutterland. Dann sollte es sich über sein Verhalten umso mehr schämen. Selbst wilde Tiere fressen ihre Jungen nicht, und Wilde
5 führen keinen Krieg gegen ihre eigenen Familien ... Ich fordere die hitzigsten Verfechter der Aussöhnung auf, nur einen einzigen Vorteil zu zeigen, der diesem Kontinent aus der Verbindung mit England erwächst. Ich
10 wiederhole die Herausforderung; nicht ein einziger Vorteil kann daraus hergeleitet werden. Unser Getreide wird auf jedem europäischen Markt seinen Preis bringen, und für importierte Waren müssen wir be-
15 zahlen, wo immer wir sie kaufen. ...
Jede Unterwerfung oder Abhängigkeit von Großbritannien wird geradewegs darauf abzielen, diesen Kontinent in europäische Kriege und Zänkereien zu verwickeln, uns
20 in Gegensatz zu Nationen zu setzen, die sonst unsere Freundschaft suchen würden.
... Alles, was richtig oder vernünftig ist, spricht für eine Trennung. Das Blut der Erschlagenen, die jammernde Stimme der Na-
25 tur rufen überlaut: ES IST ZEIT, VONEINANDER ZU SCHEIDEN.

W. P. Adams u. a. (Hg.), Die Amerikanische Revolution in Augenzeugenberichten, 1976, S. 229 f.

b) *Aus der Unabhängigkeitserklärung vom 4. Juli 1776:*

Einstimmige Erklärung der dreizehn Vereinigten Staaten von Amerika ...
Folgende Wahrheiten halten wir für selbstverständlich:
5 dass alle Menschen gleich geschaffen sind; dass sie von ihrem Schöpfer mit unveräußerlichen Rechten ausgestattet sind; dass dazu Leben, Freiheit und das Streben nach Glück gehören;
10 dass zur Sicherung dieser Rechte Regierungen unter den Menschen eingesetzt werden, die ihre rechtmäßige Macht aus der Zustimmung der Regierten herleiten;
dass, wann immer irgendeine Regierungs-
15 form sich als diesen Zielen abträglich erweist, es das Recht des Volkes ist, sie zu ändern oder abzuschaffen und eine neue Regierung einzusetzen.
Er [der britische König Georg III.] hat ...
20 seine Zustimmung erteilt: ... um unseren Handel mit allen Teilen der Welt zu unterbinden; um uns ohne unsere Einwilligung Steuern aufzuerlegen; ... Er hat seinen Herrschaftsanspruch hier dadurch aufgege-
25 ben, dass er uns als außerhalb seines Schutzes stehend erklärte und Krieg gegen uns führte. ... Er hat [Sklaven-]Aufstände in unserer Mitte angezettelt und versucht, die indianischen Wilden gegen unsere Grenz-
30 bewohner aufzuhetzen. ...

W. P. Adams u. a. (Hg.), Die Amerikanische Revolution in Augenzeugenberichten, 1976, S. 262–265, bearbeitet.

Die Entstehung der USA

Q2 Der Standpunkt Großbritanniens

a) Ein britischer Minister stellte 1765 klar:

Das Recht des Parlaments von Großbritannien, jede Art von Steuern in den Kolonien zu erheben, ist bisher nie bestritten worden, … denn es ist in den Prinzipien unserer Verfassung begründet. … Es trifft zu, dass sie [die Kolonisten] die Mitglieder des Parlaments nicht mitwählen, aber auch neun Zehntel der Bewohner des Mutterlandes können nicht wählen; denn das Wahlrecht ist mit dem Besitz ganz bestimmter Arten von Eigentum … verknüpft. … Alle britischen Untertanen sind in der gleichen Lage; niemand ist wirklich, alle sind virtuell, dem Sinne nach, im Parlament vertreten; denn jedes Mitglied des Parlaments ist nicht nur Abgeordneter seiner Wähler, sondern Mitglied jener Versammlung, die alle Bürger Großbritanniens repräsentiert.

Ebd., S. 37 f.

b) Der britische König Georg III. äußerte im Jahr 1775:

Das Ziel ist zu wichtig, der Kampfgeist der britischen Nation so ausgeprägt, die Mittel, mit denen Gott sie gesegnet hat, zu zahlreich, als dass sie so viele Kolonien aufgeben könnte, die sie mit so viel Fleiß angelegt, mit großer Güte gehegt und gepflegt, die sie mit vielen Handelsbegünstigungen gefördert hat und die sie beschützt und unter großem Blutvergießen und hohen Ausgaben verteidigt hat.

H. T. Dickinson (Hg.), Britain and the American Revolution, London/New York 1998, S. 72; bearbeitet.

Q3 Warum die Siedler siegten

Ein anonymer amerikanischer Korrespondent schrieb im Juli 1775 in einem Londoner Zeitungsbericht:

Sie würden staunen, wenn Sie die Vorbereitungen für unsere Verteidigung sähen. Jeder versorgt sich mit Waffen, in jedem Verwaltungsbezirk Virginias werden unabhängige Kompanien von einhundert bis einhundertundfünfzig Mann gebildet, die gut ausgerüstet sind und sich täglich in der Kriegskunst üben, um jeglichen hierher entsandten Truppen entgegentreten zu können.

Als Sie noch mit Virginia Handel trieben, wussten Sie, dass es der Ehrgeiz der Bewohner dieses Landes war, miteinander darin zu wetteifern, wer die beste britische Kleidung trug. Jetzt sind sie in das andere Extrem verfallen. Jetzt liegt ihr ganzer Stolz darin, sich in Eigenproduktionen zu kleiden. Ich kann versichern, dass viele Leute, die vor einigen Jahren kein Hemd unter zwei Shilling und sechs Pence … kauften, jetzt ein selbst gemachtes Baumwollhemd tragen. Leute aus allen Schichten der Gesellschaft tun dies täglich. Daran können Sie erkennen, wie haarsträubend die Behauptung unseres Gouverneurs war, als er dem Ministerium mitteilte, wir könnten nicht länger als ein bis zwei Jahre ohne britische Güter auskommen. … Statt wie gewöhnlich Tabak anzubauen, pflanzen wir jetzt Baumwolle und Flachs. Unsere Weiden sind voller Schafe. Ich fürchte daher nicht im Geringsten, dass wir künftig unter Mangel an Kleidung leiden werden.

W. P. Adams u. a. (Hg.), Die Amerikanische Revolution in Augenzeugenberichten, 1976, S. 144 f.

---

1. Versetze dich in eine der Figuren auf Abbildung 53.1. Erkläre deinen Mitbürgern, warum du dich an dieser Aktion beteiligst und welche deine Forderungen sind.

2. Stelle die Argumente der beiden Textpositionen Q1 und Q2 stichwortartig in einer Tabelle gegenüber.

3. Schreibe einen Aufruf an die Kolonisten aus britischer Sicht. Versuche darin, die Kolonisten vom Kampf um die Unabhängigkeit abzubringen. (Q2; VT; auch S. 50)

4. Bereite mit einem Mitschüler/ einer Mitschülerin ein Gespräch vor, in dem George Washington den Erfolg im Unabhängigkeitskrieg erklärt. (Q3; VT)

3. Die USA und die erste freiheitliche Verfassung

■ Die amerikanische Verfassung

Im Krieg gegen Großbritannien hatten die verbündeten Kolonien gesiegt. Dadurch waren sie zu Staaten geworden. Doch wie sollte es nun mit ihnen weitergehen? Jeder Einzelstaat für sich? Schließlich waren die Lebensbedingungen und Interessen der Bewohner sehr unterschiedlich. Oder doch besser zusammen – als Staatenbund? Dann ließen sich die Probleme, die der Krieg hinterlassen hatte, vielleicht leichter lösen: der Abbau der Schulden, die Wiederbelebung des Handels mit Europa oder auch die Abwehr eines möglichen Angriffs des ehemaligen Mutterlandes.

Um die Möglichkeiten eines Zusammenschlusses zu ausloten, kamen 1787 in Philadelphia Vertreter der Einzelstaaten zusammen. In vielem waren sie sich einig:
- Künftig sollte die Macht vom Volk ausgehen: Es galt die Idee der „Volkssouveränität".
- Nie wieder sollte es einen König geben. Der Staat sollte eine Republik werden.
- Weder die Regierung (Exekutive) noch das Parlament (Legislative) noch die Rechtssprechung (Judikative) sollte zu große Macht haben: Montesquieus Forderung nach der ↗ Gewaltenteilung (S. 34 f.) sollte verwirklicht werden.

Für die Gestaltung des Bündnisses der Einzelstaaten gab es kein Vorbild: Zu regeln war, welche Aufgaben von den Einzelstaaten und welche übergeordnet, vom Bund, übernommen werden sollten. Hierzu gab es heftige Diskussionen. Die eine Seite wollte möglichst viel Macht bei den einzelnen Staaten belassen, die andere Seite sprach sich für eine starke gemeinsame Regierung aus. Besonders umstritten war, wie sich erreichen ließe, dass kleine Staaten (wie Maryland) nicht von Staaten mit vielen Einwohnern benachteiligt wurden. Am Ende der Diskussion stand ein Kompromiss: eine ↗ Verfassung* der nun so bezeichneten „United States of America". Einige Einzelstaaten stimmten ihr nur zögernd zu. Sie ist die älteste und mit 4 440 Wörtern auch die kürzeste Verfassung der Welt. Seit 1788 gilt sie, um Zusätze ergänzt, bis heute!

Die wichtigste Erweiterung der Verfassung erfolgte schon 1791, als die „Bill of Rights", der Katalog der ↗ Grundrechte, aufgenommen wurde. Trotz aller darin festgeschriebenen vorbildlichen Regelungen blieben Widersprüche zum Grundsatz der Unabhängigkeitserklärung, dass alle Menschen frei geboren sind: Die Sklaverei wurde nach wie vor geduldet – selbst die Präsidenten George Washington und Thomas Jefferson hielten Sklaven. Frauen, Männer ohne Grundbesitz sowie Indianer und Sklaven konnten sich nicht an Wahlen beteiligen. In dieser Hinsicht blieben die Zustände in den USA noch über Jahrzehnte genauso ungerecht wie in den europäischen Staaten.

*Verfassung: Urkunde über die Grundregeln eines Staates. Sie regelt z. B., wie die Regierung gewählt wird, wie Gesetze beschlossen werden, welche Rechte die Bürger haben.

58.1 Die Unterzeichnung der amerikanischen Verfassung in Philadelphia am 17. September 1787, Ausschnitt aus einem ca. 7 x 10 m großen Wandgemälde, 1940.

Die Entstehung der USA

Q1 Bill of Rights

Die „Bill of Rights", die erste Ergänzung der Verfassung der USA (1791), griff ältere Bestimmungen von Einzelstaaten, z. B. von Virginia, auf:

Artikel 1: Der Kongress soll kein Gesetz erlassen, das die Einführung einer (einzigen) Religion betrifft oder die freie Religionsausübung verbietet oder die Freiheit der
5 Rede oder der Presse einschränkt oder das Recht des Volkes, sich friedlich zu versammeln oder bei der Regierung um die Abstellung von Missständen zu bitten.
Artikel 2: Da eine gut eingerichtete Miliz
10 (Bürgerwehr) für die Sicherheit eines freien Staates notwendig ist, darf das Recht des Volkes, Waffen zu besitzen und zu tragen, nicht beeinträchtigt werden. ...
Artikel 4: Das Recht des Volkes auf Sicher-
15 heit der Person und der Wohnung, der Papiere und des Eigentums vor willkürlicher Durchsuchung und Beschlagnahme darf nicht verletzt werden. ...
Artikel 5: Niemand soll wegen eines Kapi-
20 talverbrechens oder sonstigen schimpflichen Verbrechens zur Verantwortung gezogen werden, es sei denn auf Antrag oder Anklage eines Großen Geschworenengerichts.

E. Angermann, Der Aufstieg der Vereinigten Staaten von Amerika 1607–1917, 3. Aufl. 1980, S. 11, gekürzt und bearbeitet.

59.1 *John Adams, der zweite Präsident der USA. Gemälde von John Trumbull, 1793.*

59.2 *Abigail Adams, Ehefrau von John Adams, auf einem Gemälde aus dem Jahr 1785.*

Q2 Wahlrecht – für wen?

a) Abigail Adams, die Frau des späteren amerikanischen Präsidenten John Adams (1797–1801), äußerte 1776 in einem Brief an ihren Mann:

Ich sehne mich danach zu hören, dass ihr die Unabhängigkeit erklärt habt. Und nebenbei: Im Hinblick auf das neue Gesetzbuch, das ihr wohl verfassen müsst, wünsche
5 ich, dass ihr an die Frauen denkt und ihnen gegenüber großzügiger seid als eure Vorfahren. Legt nicht so unbeschränkte Macht in die Hände der Ehemänner. Denkt daran, dass Männer gewöhnlich Tyrannen sind,
10 wenn sie es nur sein können. Wenn eure besondere Sorge und Aufmerksamkeit nicht den Frauen gilt, sind wir entschlossen, eine Rebellion vom Zaun zu brechen und werden uns nicht an die Gesetze gebunden füh-
15 len, in denen wir keine Stimme oder Mitsprache haben.

www.thelizlibrary.org/suffrage/abigail.htm, 22. 7. 2009, übersetzt und gekürzt.

b) John Adams selbst vertrat 1776 die folgende Meinung zum Wahlrecht:

Ist es nicht wahr, dass alle Menschen in allen Gesellschaften, die keinerlei Eigentum haben, ebenfalls zu wenig vertraut mit öffentlichen Angelegenheiten sind, um sich
5 ein Urteil bilden zu können? ...
Der menschliche Charakter ist so schwach, dass wenige Menschen ohne Eigentum eigene Urteilskraft besitzen. Sie reden und stimmen nach Anweisung eines Begüterten, der
10 ihre Gedanken seinen Interessen verpflichtet hat. ... Aber ich kann nicht dazu raten, im Augenblick irgendeine Änderung der Gesetze über die Qualifikation der Wähler vorzunehmen. ...
15 Glauben Sie mir, Sir, es ist gefährlich, einen so endlosen Streit zu beginnen, wie ihn die Änderung des Wahlrechts auslösen würde. Er wird kein Ende nehmen. Frauen werden das Wahlrecht verlangen. Und Männer, die
20 nicht einen Pfennig besitzen, werden bei allen Maßnahmen der Regierung gleiche Mitsprache verlangen.

W. P. Adams u. a. (Hg.), Die Amerikanische Revolution in Augenzeugenberichten, 1976, S. 318 f., gekürzt und bearbeitet.

Arbeitstechnik: Strukturlegetechnik – Entwickeln eines Verfassungsschemas

Um sich ein System, z. B. eine Verfassung, und die Beziehungen seiner Elemente untereinander, z. B. die Einrichtungen des Staates, klarzumachen, kann die Strukturlegetechnik hilfreich sein. Alle verfügbaren Informationen über das System werden dabei auf Karten geschrieben und anschließend so zusammengefügt, dass ein Schaubild entsteht. Stellt mithilfe der Strukturlegetechnik in Gruppenarbeit (Vierer- oder Fünfergruppen) je ein Schaubild zur Verfassung der USA (Verfassungsschema) zusammen. Die notwendigen Informationen liefert euch M1. Ihr braucht Tonpapier in mindestens fünf unterschiedlichen Farben, Scheren, Filzstifte und Kleber. Geht dabei in folgenden Schritten vor:

Schritt 1: Vorbereitung
Schneidet Papierformen aus. Ihr benötigt:
- je eine kleinere und mehrere größere Karten (z. B. Rechteckformen) in drei unterschiedlichen Farben,
- je zwei bis drei Streifen in denselben drei Farben,
- mindestens 10 Pfeile in zwei verschiedenen anderen Farben

Da in jedem Staat die Einwohner (wahlberechtigte Bürger – Menschen ohne Wahlrecht) wichtig sind, müsst ihr auch für sie Formen ausschneiden (z. B. mehrere Figuren in verschiedenen Farben oder Rechtecke mit entsprechender Aufschrift).

Schritt 2: Schreibarbeit
Übertragen der Verfassungsregeln auf die Papierformen
- Schreibt die Begriffe für die drei Gewalten im Staat: Exekutive (Regierung, ausführende Gewalt), Judikative (Rechtsprechung) und Legislative (gesetzgebende Gewalt) auf die kleineren Karten.
- Auf die größeren Karten (achtet auf die jeweils dazu passende Farbe!) übertragt ihr die Namen der politischen Einrichtungen (z. B. Präsident) und ordnet sie den drei Gewalten zu.
- Die Streifen (achtet wieder auf die Farbe!) beschriftet ihr mit den Aufgaben, welche die Einrichtungen haben (z. B. *Präsident: Oberbefehlshaber der Armee*).
- Auf die Pfeile schreibt entweder *Wahl/Ernennung* oder *Veto/Kontrolle*.

Schritt 3: Legen des Verfassungsschemas
- Ordnet die Institutionen den drei Gewalten zu.
- Sortiert die zusammengehörenden Karten, z. B. alle Streifen mit den Aufgaben des Präsidenten zu der Karte mit der Aufschrift „Präsident".
- Ordnet die Institutionen an, wie ihr es für richtig haltet, von oben nach unten, von links nach rechts. Dabei könnt ihr auch verdeutlichen, wie wichtig oder mächtig sie sind.
- Platziert die Wähler/Nichtwähler an die Stelle, die ihr für passend haltet.
- Nun zeigt mit den Pfeilen die Beziehungen zwischen den Institutionen auf. (z. B.: *Ernennung: Der Präsident ernennt die Richter.*)
- Fixiert nun eure Legestruktur mit Klebestreifen auf dem Tisch oder mit Klebestift auf einem großen Bogen Papier.

Schritt 4: Präsentieren und diskutieren der Ergebnisse
- Beim Herumgehen von Tisch zu Tisch könnt ihr die unterschiedlichen Ergebnisse vergleichen, begutachten und anschließend diskutieren.

60.1 Schon Vorschülerinnen und -schüler leisten in einem täglichen Morgenritual einen Eid auf die amerikanische Flagge, den „pledge of allegiance": „Ich schwöre Treue auf die Fahne der Vereinigten Staaten von Amerika und die Republik, für die sie steht, eine Nation unter Gott, unteilbar, mit Freiheit und Gerechtigkeit für jeden." Foto aus einem „kindergarden" in Maryland, 2002.

Die Entstehung der USA

M1 Die wichtigsten Bestimmungen der Verfassung, 1787

- Der Präsident steht an der Spitze der Regierung.
- Die Wahlberechtigten (Männer mit Grundbesitz) wählen, vertreten durch Wahlmänner, alle vier Jahre den Präsidenten.
- Der Kongress besteht aus zwei Teilen, dem Senat und dem Repräsentantenhaus.
- Die Wahlberechtigten wählen die Mitglieder des Kongresses.
- Der Präsident ernennt die Minister.
- Die meisten Menschen (Frauen, besitzlose Männer, Sklaven) dürfen nicht wählen.
- Jeder Einzelstaat (auch die kleinsten!) wird im Senat von jeweils zwei Senatoren vertreten. Die Senatoren werden für sechs Jahre gewählt.
- Der Präsident ist Staatsoberhaupt.
- Der Präsident leitet die *Exekutive*, d. h., er führt die Gesetze aus.
- Der Kongress beschließt die Gesetze. Er ist die *Legislative*.
- Der Oberste Gerichtshof ist die Judikative, die höchste Rechtsprechung.
- Die neun Richter am Obersten Gerichtshof dürfen nicht abgesetzt werden. Sie bekleiden ihr Amt lebenslänglich.
- Der Präsident kann mit seinem Veto (Einspruch) Gesetze stoppen.
- Der Kongress muss alle Steuern und Staatsausgaben genehmigen (Budgetrecht).
- Der Gerichtshof prüft, ob die Gesetze der Verfassung entsprechen.
- Der Präsident ist Oberbefehlshaber der Armee.
- Der Präsident schließt Verträge mit anderen Staaten ab.
- Alle zwei Jahre wählen die Wahlberechtigten die Mitglieder des Repräsentantenhauses (anfangs wurden 30 000 Bürger von einem Abgeordneten vertreten).
- Der Senat muss der Ernennung von Ministern und Bundesrichtern zustimmen.
- Der Kongress kann ein Veto (Einspruch) des Präsidenten mit Zweidrittelmehrheit überstimmen.
- Der Senat muss Verträgen mit ausländischen Staaten zustimmen.

---

1. Beschreibe die dargestellten Personen und die Atmosphäre in Abbildung 58.1.

2. Erörtere, warum es den „Vätern der Verfassung" nach ihren Erfahrungen im Kampf um die Unabhängigkeit wichtig war, die aufgeführten Grundrechte zu sichern. (Q1)

3. a) Arbeitet in Partnerarbeit aus Q 2 a und b die Vorstellungen von Abigail und John Adams zur Wahlberechtigung heraus.
b) Diskutiert darüber in der Klasse.

4. Von der Verfassung der USA wird gesagt, dass sie die Gewaltenteilung besonders konsequent verwirklicht hat. Überprüft mithilfe eures Schaubildes diese Meinung.

5. Überlegt gemeinsam, warum es den „Verfassungsvätern" wohl wichtig war, dass Präsident und Abgeordnete auf Zeit gewählt wurden, die obersten Richter aber nicht?

6. Überprüft: Wie werden in den USA die Interessen der einzelnen Staaten, auch der kleinen, vertreten?

4. Die USA im 19. Jahrhundert: Ausdehnung und Probleme

62.1 Bevölkerungsgruppen und Sezessionskrieg in den USA.

■ Weiter westwärts!

Bis 1830 vervierfachte sich die Einwohnerzahl der USA auf über 13 Millionen. In den dreizehn Ostküstenstaaten reichten Land und Arbeit für so viele Menschen nicht aus. So brachen immer mehr Siedler auf, um sich im Westen eine neue Existenz aufzubauen. Jäger (Trapper), Goldsucher und Kundschafter machten den Anfang; Farmer mit Planwagen, in denen Vorräte, Arbeitsgeräte, Kleinvieh und Saatgut transportiert wurden, folgten ihnen in langen Trecks. Wenn sich erste Siedlungen gebildet hatten, sahen auch Handwerker, Kaufleute und andere Berufsgruppen, z. B. Ärzte, eine Zukunft im Westen. Die Regierung förderte diese Entwicklung: 1862 wurde es per Gesetz jedem Bürger ermöglicht, 65 Hektar im unerschlossenen Westen für wenig Geld zu erwerben. Der Zustrom der Neusiedler beschleunigte sich, als ab 1850 erste Eisenbahnen zwischen Ost- und Westküste gebaut wurden.

Der Bereich, der zwischen dem von den weißen Siedlern genutzten Land und den Indianergebieten lag, wurde „Frontier" (Grenze) genannt. In jedem Jahr verschob er sich um durchschnittlich 25 Kilometer weiter nach Westen. Hier bildete sich ein besonderer Pioniergeist heraus: Auf sich allein gestellt mussten die Siedler Land roden, Blockhütten bauen und sich gegen Indianer behaupten, mit Missernten und anderen Bedrohungen fertig werden. Die dabei entwickelten Fähigkeiten – Durchsetzungsvermögen, Härte, Fleiß und Eigenständigkeit – gelten bis heute als typisch amerikanische Tugenden.

Angesichts ihrer Überlegenheit gegenüber den Indianern sahen sich die weißen Siedler im Recht, das Land in Besitz zu nehmen: Es sei ihre gottgegebene „offenkundige Bestimmung" (manifest destiny), dass sie das Christentum verbreiten und das gemeinschaftliche Leben nach den Grundsätzen der amerikanischen Verfassung organisieren sollten. Im Jahr 1787 wurde durch einen Erlass geregelt, dass sich neue Bundesstaaten bilden und in die Union aufgenommen werden konnten, wenn die neu erschlossenen Territorien 60 000 Einwohner hatten. So wurden z. B. Kentucky 1792 und Ohio 1803 Bundesstaaten der USA.

Die Entstehung der USA

■ Begegnung und Vertreibung

Bevor weiße Siedler nach Nordamerika kamen, lebten dort etwa 5 Millionen Ureinwohner, genannt „Indianer". Anfangs begegneten sie den Neuankömmlingen aus Europa mit Neugier und Hilfsbereitschaft. Vom friedlichen Handel – z. B. Biberpelze gegen Gewehre – hatten beide Seiten Nutzen, und das Land schien groß genug für alle. Doch wenn Siedler oder Regierungsvertreter den Häuptlingen Land abkauften, trafen zwei völlig unterschiedliche Denkweisen aufeinander. Nach Sicht der Indianer war das Land zum Nutzen aller da, jeder konnte sich aus ihm das Lebensnotwendige nehmen; nach Meinung der neuen Besitzer gehörte es nur ihnen. Ohnehin waren Verträge über Landabtretungen für die Indianer meist unverständlich. Oft fanden die Siedler Vorwände, um gegen sie wegen angeblichen Vertragsbruchs vorzugehen. Es kam zu ständigen Konflikten, in denen die Indianer unterlegen waren und immer weiter vertrieben wurden.

Den Weißen kam dabei zugute, dass ihnen über 500 verschiedene Stämme mit unterschiedlichen Sprachen und Lebensweisen gegenüberstanden, die oft Krieg gegeneinander führten und sich selten zum gemeinsamen Widerstand gegen die Eindringlinge zusammenfanden. Da gab es z. B. Sioux, die als Prärieindianer von der Büffeljagd lebten, oder Hopi, die in Pueblos, Dörfern aus Lehmhütten, wohnten und Maisanbau betrieben; oder Irokesen, in Langhäusern lebende Waldindianer, die sogar einen Zusammenschluss unter einer Verfassung erreichten. Keinesfalls waren sie die unzivilisierten „Redskins"*, die die Weißen in ihnen sahen.

■ Abgedrängt in Reservate

Durch die Kriege, mehr noch durch eingeschleppte Krankheiten verringerte sich die Zahl der Indianer stark. Zudem erließ die Regierung der USA 1830 ein Gesetz, das sämtliche Indianerstämme zwang, in jenseits des Mississippi gelegene Gebiete umzusiedeln. Dabei starben Tausende von Menschen. Angehörige der Urbevölkerung bezeichneten die Zwangsumsiedlung später als „Trail of Tears" (Pfad der Tränen).

63.1 „Junger Omahaw, Kriegsadler, Kleiner Missouri und Pawnees". Gemälde des weißen Künstlers Charles Bird King.

Auch danach kam es immer wieder zu Umsiedlungen, etwa wenn in Indianergebieten Bodenschätze entdeckt wurden. Aufstände wurden blutig niedergeschlagen. So starb Häuptling Sitting Bull mit seinen Sioux im Massaker von Wounded Knee (1890).

Am Ende des 19. Jahrhunderts blieben den etwa 200 000 übrig gebliebenen Indianern nur noch enge Reservate* – etwa zwei Prozent der Fläche der USA – auf meist unfruchtbarem Land. Dort mussten sie sich folgenden Regeln beugen:
- Es war ihnen verboten, die Reservate zu verlassen.
- Ihre gewohnte Lebensweise, z. B. als Bisonjäger, mussten sie aufgeben. Sie waren daher auf Staatshilfe angewiesen.
- Stammesversammlungen wurden ihnen untersagt.
- Christliche Mission, Schulen und Wehrdienst sollten „die Wilden" zivilisieren.

Alkoholismus als Folge ihrer Ausgrenzung und Untätigkeit war unter den Indianern bald weit verbreitet. Erst nachdem sie 1930 das Staatsbürgerrecht erhalten hatten, fanden sie ansatzweise zu ihren Kulturen zurück: Sie belebten ihre Sprachen und Bräuche wieder. In manchen Gerichtsprozessen wurde das ihnen zugefügte Unrecht zugegeben. Sie bekamen größere rechtliche Selbstständigkeit, manchmal auch Entschädigungen für das geraubte Land. Heute leben wieder über 1,5 Millionen Indianer in den USA.

*Reservate (auch: Reservationen): Gebiete, die für die Indianer „reserviert" waren, in denen sie aber von Regierungsstellen kontrolliert wurden

*Redskins (Rothäute): Bezeichnung für Indianer, die sich nicht auf deren Hautfarbe bezog, sondern auf die rote Kriegsbemalung mancher Stämme

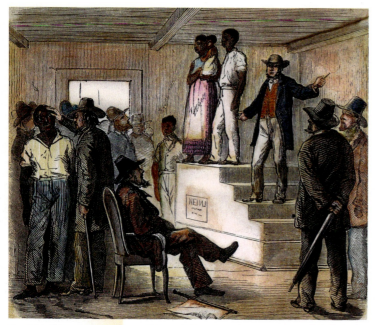

64.1 Eine Sklavenversteigerung in Richmond, Virginia, um 1856. Kolorierter Holzstich.

■ Die Sklavenfrage zerreißt die USA

Sklaven aus Afrika bildeten in den südlichen Bundesstaaten bis in die zweite Hälfte des 19. Jahrhunderts über ein Drittel der Bevölkerung. Als billige Arbeitskräfte in den riesigen Baumwoll-, Reis- oder Tabakplantagen wurden sie von der wohlhabenden weißen Oberschicht ausgebeutet.

Im Norden mit seiner Bevölkerung aus Farmern, Handwerkern und Kaufleuten wurde dagegen die Sklaverei ab 1800 nach und nach verboten. Das galt auch für alle Staaten nördlich einer festgelegten Linie, die neu in die Union aufgenommen wurden. Lange gab es etwa genauso viele Staaten mit Sklaverei wie Staaten mit Sklavereiverbot. Viele Sklaven aus dem Süden flüchteten nach Norden in die Freiheit.

■ Bürgerkrieg

Im Jahr 1860 wurde Abraham Lincoln Präsident der USA. Er war der Kandidat der neuen Republikanischen Partei, die entschieden gegen die Sklaverei war. Lincoln forderte als ersten Schritt, dass in keinem neu aufgenommenen Bundesstaat der USA die Sklaverei erlaubt sein solle. Die elf Südstaaten traten daraufhin aus der Union aus und bildeten eine neuen Staatenbund, die Konföderation. Dazu hatte sie auch die Wirtschaftspolitik des Kongresses bewegt, durch die sie sich benachteiligt sahen. Die Abspaltung – man bezeichnet sie als „Sezession" – akzeptierte Lincoln allerdings nicht. Um die Einheit der Union kam es zu einem verlustreichen Bürgerkrieg, dem „Sezessionskrieg" (1861 bis 1865). Gegenüber dem an Truppen und Waffen überlegenen Norden mussten die Südstaaten schließlich kapitulieren. Eine Woche nach Kriegsende wurde Lincoln von einem fanatischen Südstaatler ermordet. Doch die Südstaaten mussten sich wieder in die Union eingliedern und das Sklavereiverbot hinnehmen. Noch 20 Jahre später hatte sich die Wirtschaft im Süden nicht von den Kriegsfolgen erholt.

Die schwarzen Sklaven waren nun zwar freie US-Bürger, doch ihr Leben änderte sich wenig: Als schlecht bezahlte Plantagenarbeiter lebten sie in ärmlichen Verhältnissen, oft wurden sie daran gehindert, ihr Wahlrecht auszuüben. Die Weißen behandelten sie weiter wie Menschen zweiter Klasse und setzten durch, dass in Bereichen des öffentlichen Lebens Rassentrennung angewendet wurde. So mussten schwarze Kinder eigene Schulen besuchen, so durften Schwarze bestimmte Lokale nicht betreten. Erst 1964, also hundert Jahre später, konnte eine Bürgerrechtsbewegung erreichen, dass die rechtliche Gleichstellung der Afroamerikaner tatsächlich umgesetzt wurde.

64.2 Ausschnitt aus einer Anzeige in einer 1838 in Kentucky erschienenen Zeitung.

Q1 Warum die Indianer weichen müssen

Auszug aus einer Botschaft des amerikanischen Präsidenten Andrew Jackson (1829 bis 1837) an den Kongress, 6.12.1830. In seiner Regierungszeit wurden die Indianer hinter den Mississippi verdrängt.

Die Menschheit hat oft das Schicksal der Ureinwohner dieses Landes beweint, … aber … [sie] könnte nicht wünschen, diesen Kontinent wieder in den Zustand zurück-
5 versetzt zu sehen, in dem er von unseren Vorfahren vorgefunden wurde. Welcher brave Mann würde ein mit Wäldern bedecktes und von ein paar Tausend Wilden durchstreiftes Land unserer ausgedehnten
10 Republik vorziehen, die mit Städten, Kleinstädten und Farmen übersät ist … und angefüllt mit all den Segnungen der Freiheit, Zivilisation und Religion?
… Und wird etwa angenommen, dass der
15 umherziehende Wilde eine stärkere Bindung an seine Heimat hat als der sesshafte, zivilisierte Christ? Ist es für ihn belastender, die Gräber seiner Väter zu verlassen, als es für unsere Brüder und Kinder ist? Wenn
20 man es wohl bedenkt, ist die Politik der Zentralregierung gegenüber dem roten Mann nicht nur freigebig, sondern großzügig. Er ist nicht willens, sich den Gesetzen der Staaten zu unterwerfen und sich mit de-
25 ren Bevölkerung zu vermischen. Um ihn vor dieser Alternative zu bewahren – oder vielleicht vor der völligen Vernichtung –, bietet ihm die Zentralregierung freundlich eine neue Heimat.

F. L. Israel (Hg.), The State of the Union Messages of the Presidents 1790–1966, 1966, S. 335–336.

Q2 „Offenkundige Bestimmung"?

Die Zeitung „Cheyenne Daily Leader" schrieb am 2. März 1870 über die „offenkundige Bestimmung" (manifest destiny) der weißen US-Amerikaner:

Die reichen und schönen Täler … sind dazu bestimmt, von der angelsächsischen Rasse in Besitz genommen zu werden. Die Reichtümer, die seit unzähligen Jahrhunderten
5 unter den schneebedeckten Gipfeln unserer Berge verborgen liegen, sind von der Vorsehung als Belohnung für die tapferen Männer gedacht, welche die Vorhut der Zivilisation bilden.
10 Die Indianer müssen der immer vorrückenden und immer mehr anschwellenden Flut der Einwanderer weichen oder sie wird sie hinwegspülen. … Der gleiche unerforschliche Gebieter (Gott), der Rom zum Unter-
15 gang verurteilte, hat die Vernichtung der roten Menschen in Amerika beschlossen.

D. Brown, Begrabt mein Herz an der Biegung des Flusses, 1976, S. 189.

65.1 Der US-amerikanische Schauspieler Marlon Brando lehnte 1973 den ihm verliehenen „Oscar" aus Protest gegen den Umgang mit der indianischen Urbevölkerung in US-amerikanischen Film- und Fernsehproduktionen ab. Das Foto zeigt die Indianerin Sacheen Littlefeather, von der Brando seine Ablehnung bei der „Oscar"-Verleihung verlesen ließ.

65.2 Die älteste, bis heute von Indianern bewohnte Siedlung auf dem Gebiet der USA ist Taos Pueblo. Wegen seiner Lehmarchitektur gilt es seit 1992 als Weltkulturerbe.

4. Die USA im 19. Jahrhundert: Ausdehnung und Probleme

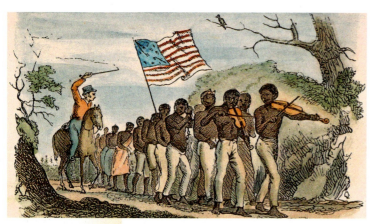

66.1 Unter der US-Flagge und mit Musik: Sklaven marschieren zum Verkauf auf dem Sklavenmarkt. Holzschnitt, 1835.

Q4 Sklavenmarkt in New Orleans

Aus den Erinnerungen des ehemaligen Sklaven Solomon Northop, aufgezeichnet im Jahr 1853:

Am nächsten Tag trafen die Kunden ein, um Freemans [Name des Sklavenhändlers] „neuen Warenposten" zu besichtigen. Freeman sprang geschwätzig umher und pries
5 langatmig unsere Qualitäten und guten Seiten an. Er ließ uns den Kopf heben, schnell vor- und zurückmarschieren, während die Kunden unsere Hände, Arme und Köpfe abtasteten, uns herumdrehten, uns nach
10 unseren Fähigkeiten fragten und sich unsere Zähne zeigen ließen, genau wie sich ein Jockey vor seinem Pferdekauf benimmt. ... Narben auf dem Rücken eines Sklaven wurden als Ergebnis eines rebellischen und un-
15 ruhigen Geistes gewertet und erschwerten seinen Verkauf. ...
Die Sklavin Eliza bat einen Mann, ihren Sohn Randall nicht zu kaufen, wenn er nicht auch sie selbst und ihre Tochter Emily kau-
20 fen würde. Aber alles Flehen nützte nichts.

Geschichte in Quellen, Bd. 5, 1980, S. 510 f., bearbeitet.

Q3 Lebe wohl, mein Volk

Häuptling Black Hawk von den Sac- und Fox-Indianern wurde 1832 gefangen genommen. Bei seiner Kapitulation sagte er:

Ihr kennt den Grund, warum wir Krieg führen. Alle weißen Männer kennen ihn. Sie sollten sich dafür schämen. ... Die weißen Männer sprechen schlecht von einem India-
5 ner und schauen ihn voll Bosheit an. Aber die Indianer lügen nicht. Indianer stehlen nicht. Ein Indianer, der so schlecht ist wie ein Weißer, ...würde getötet und von den Wölfen verspeist werden.
10 Die Weißen sind schlechte Lehrer; sie tragen falsche Bücher und handeln mit falschen Taten; sie lächeln in die Gesichter der Indianer, um sie zu betrügen; sie schütteln ihre Hände, um ihr Vertrauen zu gewinnen,
15 sie betrunken zu machen, sie zu täuschen und ihre Frauen zu verderben.
Wir sagten ihnen, sie sollten uns in Ruhe lassen und sich von uns fernhalten, sie folgten uns, suchten unsere Wege heim, und sie
20 wanden sich zwischen uns wie eine Schlange. Sie vergifteten uns durch ihre Berührung. Wir waren nicht sicher. Wir lebten in Gefahr. Wir wurden wie sie, Heuchler und Lügner, ehebrecherische faule Drohnen*,
25 ganz Schwätzer und nicht länger Arbeiter. Die Weißen skalpieren nicht; aber sie tun Schlimmeres – sie vergiften das Herz. ... Lebe wohl, mein Volk!

H. Zinn, A People's History of the United States: 1492 to Present, 1995, S. 12.

*Drohne: männliche Honigbiene, die allein der Begattung der jungen Königinnenbienen dient

---

1. Erläutere mithilfe der Abbildung auf Seite 46, der Karte 62.1 und des Verfassertextes die allmähliche Verschiebung der Grenze der USA auf dem amerikanischen Kontinent.

2. a) Arbeite aus Q1 die Argumente heraus, mit denen die weißen Siedler die Vertreibung der Indianer rechtfertigten.
b) Nimm Stellung dazu.

3. Untersucht arbeitsteilig an der Abbildung 63.1 sowie an Q1–Q3 das Indianerbild der Weißen und das Weißenbild der Indianer.

4. Überlege, welche Gedanken und Gefühle einen schwarzen Sklaven auf einem Sklavenmarkt (64.1 und Q4) bewegt haben könnten.

KOMPAKT

Die Entstehung der USA

Aus wirtschaftlicher Not oder auf der Flucht vor Verfolgungen wanderten viele Menschen aus Europa nach **Nordamerika** aus. Sie hofften, sich dort ein besseres Leben aufbauen zu können. An der Ostküste Nordamerikas entstanden so bis 1732 **dreizehn britische Kolonien**. Die Siedler unterstanden zwar dem englischen König und den von ihm eingesetzten Gouverneuren, doch konnten sie sich in vielen Bereichen selbst verwalten. Ins englische Parlament konnten sie allerdings keine Abgeordneten entsenden.

Als die britische Regierung die Steuern erhöhte, protestierten die Siedler und verlangten, im Gegenzug im englischen Parlament persönlich durch Abgeordnete vertreten zu sein. Widerstandsbereite Kolonisten riefen einen Kongress in Philadelphia zusammen, der das weitere gemeinsame Vorgehen der 13 Kolonien organisieren sollte: den **Kontinentalkongress**.

1775 brach der **Unabhängigkeitskrieg** zwischen Großbritannien und den 13 Kolonien aus. Der Kontinentalkongress stellte ein gemeinsames Heer zum Kampf gegen die Engländer auf, dessen Leitung **George Washington** übernahm. 1776, als ein versöhnliches Ende des Konfliktes unmöglich erschien, erklärten die Kolonien ihre Unabhängigkeit und gründeten die **Vereinigten Staaten von Amerika, die USA** (Unabhängigkeitserklärung 1776). Im Jahr 1783 musste England die Unabhängigkeit der USA anerkennen.

Abgeordnete aller Bundesstaaten erarbeiteten eine **Verfassung,** die 1787 verabschiedet wurde. Erstmalig wurde hier in einem großen Staat die Idee der **Gewaltenteilung** umgesetzt. Die Staatsbürger erhielten das Recht auf politische Mitbestimmung, eine Reihe von Grundrechten wurde ihnen garantiert **(Bill of Rights)**. Das Verfassungsprinzip der Gleichheit aller Menschen wurde aber nicht von Anfang an in die Wirklichkeit umgesetzt: Als Staatsbürger wurden **Frauen, schwarze Sklaven und Indianer** nicht anerkannt. Sie hatten kein Wahlrecht.

Während des 19. Jahrhunderts wuchsen die USA schnell. Leidtragende dieser Entwicklung waren die Indianer. Sie wurden bekämpft und nach Westen abgedrängt. Die Überlebenden verbrachte man schließlich in **Reservate**. Die Plantagenwirtschaft im Süden der USA beutete die Arbeitskraft schwarzer Sklaven aus Afrika rücksichtslos aus. Unter Berufung auf die amerikanische Verfassung konnten sich diese Gruppen aber im Laufe der letzten 200 Jahre die **rechtliche Gleichstellung** erkämpfen.

1607	Die erste dauerhafte Siedlung in Nordamerika, Jamestown im heutigen Staat Virginia, wird gegründet.
1620	Aus England stammende Puritaner erreichen mit ihrem Schiff, der „Mayflower", Amerika und gründen die Siedlung Plymouth im heutigen Massachusetts.
1773	Bei der „Boston Tea Party" werfen als Indianer verkleidete Kolonisten Tee in das Hafenbecken, um gegen die Steuerpolitik des britischen Mutterlandes zu protestieren.
1775–1783	Im amerikanischen Unabhängigkeitskrieg setzen sich die Kolonisten gegen Großbritannien durch und erringen damit die Freiheit der Kolonien. Sie sind ab jetzt unabhängige Staaten.
4. Juli 1776	Die von Thomas Jefferson verfasste Unabhängigkeitserklärung wird vom Kontinentalkongress, den Vertretern der 13 Kolonien, angenommen.
1787	Die Verfassung der „United States of America" (USA) wird verabschiedet.
1791	Der Verfassung wird ein Grundrechtekatalog (Bill of Rights) angefügt.

Die Französische Revolution und

Die 1789 verkündete „Erklärung der Menschen- und Bürgerrechte" als Motiv eines zeitgenössischen Gemäldes: Über einer Platte mit der Aufschrift „An die Vertreter des französischen Volkes" ist ihr Text auf zwei großen Tafeln in goldenen Buchstaben wiedergegeben. Der Gesetzestext ist wie ein Denkmal gestaltet. Die beiden Figuren im oberen Bildbereich verkörpern Frankreich (links), das seine Ketten sprengt, und einen Engel, der auf ein strahlendes gleichseitiges Dreieck – als Zeichen für den göttlichen Ursprung des Textes – zeigt.

Europa

Erster Aufruhr in der Pariser Vorstadt St. Antoine am 28. April 1789. In diesem Viertel lebten vor allem Arbeiter und Tagelöhner. Kolorierter Stich, Ende 18. Jahrhundert.

Der Schwur im Ballhaus: Die Abgeordneten des dritten Standes schwören am 20. Juni 1789, sich nicht zu trennen, bis Frankreich eine neue Verfassung habe. Kolorierte Zeichnung um 1791.

DÉCLARATION DES DROITS DE L'HOMME

Der Bürgerliche Napoleon Bonaparte, seit 1799 an der Spitze der französischen Regierung, krönt im Jahr 1804 seine Frau Josephine, nachdem er sich vorher selbst zum Kaiser gekrönt hat. Hinter Napoleon sitzt Papst Pius VII. Gemälde des französischen Künstlers Jacques-Louis David, 1806.

Ein Deutscher in Paris

70.1 Porträt des Schriftstellers und Pädagogen Joachim Heinrich Campe von Johann Heinrich Tischbein, 1787.

Der deutsche Schriftsteller und Pädagoge Joachim Heinrich Campe reiste im August 1789 nach Paris. Die Nachricht, dass dort Angehörige des dritten Standes für mehr Rechte protestierten, lockte ihn an. Während eines Bummels durch das Stadtzentrum fielen ihm die vielen öffentlichen Anschläge auf. In einem Brief berichtete er darüber:

Vor jedem mit dergleichen Zetteln beklebten Hause, sieht man ein unendlich buntes und vermischtes Publikum von
5 Lastträgern und feinen Herren, von Fischweibern und artigen Damen, von Soldaten und Priestern in dicken, aber immer friedlichen und fast vertraulichen Haufen versammelt,
10 alle mit emporgerichteten Häuptern, alle mit gierigen Blicken den Inhalt der Zettel verschlingend, bald leise, bald mit lauter Stimme lesend, darüber urteilend und debattierend.

15 Auffallend und befremdend für den Ausländer ist hier der Anblick ganz gemeiner Menschen aus der allerniedrigsten Volksklasse, […] auffallend ist es zu sehen, welchen warmen Anteil sogar auch diese
20 Leute, die größtenteils weder lesen noch schreiben können, jetzt an den öffentlichen Angelegenheiten nehmen.

H. Günther (Hg.), Die Französische Revolution, Bd. 1: Die Augenzeugen, 1985, S. 22 f.

Für diejenigen, die nicht lesen konnten, ersetzten Karikaturen die Bücher oder die Flugschriften. Die Betrachter der Bilder sahen sich als Zeitzeugen, vielleicht sogar als Akteure einer Revolution. Karikaturen wurden an Hauswänden angeschlagen, aber auch auf den Straßen und in Geschäften verkauft. Dafür stellte man sie auf großen Bilderbögen zusammen. Die Auflagen gingen in die Zehntausende. Das war enorm hoch, wenn man bedenkt, dass Bilderbögen nur wenige Jahre vorher noch in Auflagen von 500 bis 1000 Stück gedruckt wurden! Besonders beliebt war das hier gezeigte Bilderpaar, das die Umkehrung der Verhältnisse auf dem Land zum Inhalt hat:

70.2 Die Last eines Mannes aus dem Volke vor der Aufhebung der Privilegien des Adels und des Klerus, Karikatur, um 1789.

70.3 „Ich wusste doch, dass wir an die Reihe kommen." Umverteilung der Lasten nach der Aufhebung der Privilegien für Klerus und Adel, Karikatur, um 1789.

71.1 „Massensturz" oder „Der elektrisierende Funke der Freiheit, der die gierigen Monarchen von ihren Thronen stürzen wird", anonyme Karikatur, 1793. Die rote Mütze auf der Maschine wurde von Anhängern der Revolution getragen.

Später, als die Frage aufkam, in welche Richtung sich die Gesellschaft verändern soll, änderte sich auch der Charakter der Karikaturen: Die Bilder wurden von Gruppierungen mit unterschiedlichen Zielen benutzt, um Anhänger zu gewinnen.

Joachim Heinrich Campe wollte herausfinden, ob die Nachrichten über die revolutionären Ereignisse in Paris sich bewahrheiten würden und was dort genau passierte. Wie es zu den Ereignissen gekommen war und wie sich die Verhältnisse weiterentwickelten, erfährst du auf den folgenden Seiten – im Unterschied zu Campe können wir heute auf eine abgeschlossene Entwicklung schauen.

71.2 Eine sogenannte Kippfigur. „Der Aristokrat glaubt an die Konterrevolution" heißt die obere Aufschrift. „Der Aristokrat verflucht die Revolution" die untere, Holzstich, 1790.

> **1.** Blättere das Kapitel durch und entwickle Vermutungen darüber, was sich alles durch die Revolution in Frankreich veränderte.
>
> **2.** Tausche deine Vermutungen mit einem Partner bzw. einer Partnerin aus. Belegt sie durch Hinweise auf die entsprechenden Seitenzahlen.
>
> **3.** Informiert euch in einem Lexikon oder über knappe Zusammenfassungen im Internet, wie die Revolution verlaufen ist (auch die Kompakt-Seite eignet sich hierfür), und tauscht eure Ergebnisse in Gruppen aus.

1. Die Krise des Ancien Régime

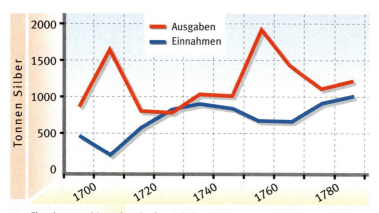

72.1 Einnahmen und Ausgaben des französischen Staates 1700–1785 in Tonnen Silber.

*Ancien Régime: französisch für „Altes Herrschaftssystem"

■ Krise ohne Ausweg?

Wer mehr ausgibt, als er einnimmt, der macht Schulden. Wenn das in heutiger Zeit passiert, kann man einen Kredit aufnehmen. Hält allerdings die Verschuldung an und kann auch der Kredit nicht zurückgezahlt werden, dann wird es schwer, weiteres Geld zu erhalten.

In einer ähnlichen Situation befand sich der französische Staat im 18. Jahrhundert. Wie die Grafik 72.1 zeigt, klafften Einnahmen und Ausgaben weit auseinander.

Anfangs erhielt der Staat noch Geld vom reichen Bürgertum, doch sank das Vertrauen der Bürger in ihren Staat immer mehr. Ohne tief greifende Reformen wollten sie keine Kredite mehr geben.

Im Jahr 1774 war Ludwig XVI. zum König gekrönt worden. Die Franzosen hatten mit seiner Thronübernahme große Hoffnungen auf Reformen und bessere Zeiten verbunden. Doch schnell wurde deutlich, dass Ludwig sie nicht erfüllen konnte. Reformen blieben aus. Im Wesentlichen waren Staat und Regierung in den 1780er-Jahren noch so, wie Ludwig XIV. sie geschaffen hatte. Im Rückblick bezeichnen wir diesen absolutistischen Staat als „Ancien Régime"*.

■ Der Plan des Finanzministers

1783 ernannte der König den Juristen Calonne zum Finanzminister. Doch auch unter seiner Verantwortung stiegen die Staatsschulden weiter, bis sie sich seit dem Jahr 1774 verdreifacht hatten. Dass es so nicht weitergehen konnte, war jedem klar. Calonne entschied sich deshalb zu einem kühnen Reformvorhaben. 1786 legte er dem König sein Programm vor: Im Zentrum stand der Plan, die Steuerlasten neu zu verteilen. Bisher waren Klerus und Adel von Steuerzahlungen ausgenommen. Nun aber sollte jeder, unabhängig von seinem Stand, eine Grundsteuer zahlen. Wer also über Grundstücke verfügte, sollte dafür Abgaben an den Staat zahlen, auch der Adel!

Nur noch die Qualität der Böden sollte dabei über die Höhe entscheiden: 5 % der Einkünfte sollten für gute Böden, 2,5 % für schlechte gezahlt werden. Daneben sollten die königlichen Landgüter verkauft und der Handel in Frankreich gefördert werden. War das nicht ein Plan, mit dem die Krise zu bewältigen wäre? Doch wie würden Adel und Klerus reagieren? Sie mussten dem Vorhaben zustimmen.

■ Calonne scheitert

Calonne berief eine Versammlung von Notabeln ein, also hohen kirchlichen Würdenträgern, Großgrundbesitzern, Intendanten,

72.2 „Der von den Steuern erdrückte Bauer" heißt dieser Farbdruck aus dem 18. Jahrhundert. Klerus und Adel blieben von der Steuerzahlung befreit, doch die Bauern trugen die schwere Last der Steuern und Abgaben.

Die Französische Revolution und Europa

Staatsräten und anderen einflussreichen Männern in Frankreich. Er selbst hatte sie ausgewählt und hoffte auf ihre Zustimmung. Doch hatte er sich getäuscht: Die Mitglieder der Versammlung verteidigten ihre ↗ Privilegien und lehnten den Plan ab, da er „gegen die Ordnung" gerichtet sei. Selbst das Bürgertum unterstützte Calonne nicht, sodass Ludwig ihn 1787 entließ. Am Ende hatte aber nicht nur der Finanzminister, sondern auch der König selbst gegen die Adligen verloren. Der Absolutismus funktionierte offenbar nicht mehr wie gewohnt. Aus der Finanzkrise war damit eine politische Krise geworden. Offen wurden nun Alternativen diskutiert. Bürgerliche und aufgeklärte Adlige trafen sich dazu in Clubs und Salons. War nicht in Amerika ein ganz neues politisches System entstanden, das den Vorstellungen der Aufklärung entsprach? Warum sollte es nicht auch in Frankreich eingeführt werden? Im Bürgertum gärte es. Wer zahlt, der will auch mit darüber bestimmen, wofür das Geld ausgegeben wird. Das aber war in Frankreich bislang nicht möglich.

■ Die Generalstände sind gefragt

In dieser gespannten Situation berief Ludwig XVI. die Generalstände ein: Diese Versammlung von Vertretern des Adels, des Klerus und des dritten Standes hatte traditionell die Aufgabe, den König zu beraten.

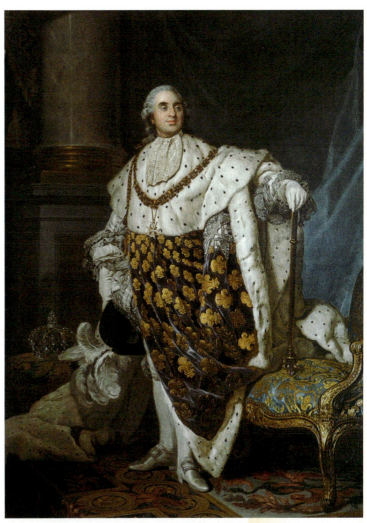

73.2 Ludwig XVI. (1754–1793) auf einem Gemälde aus dem Jahr 1775.

Bei Abstimmungen verfügte allerdings jeder Stand nur über eine gemeinsame Stimme. Daher konnten Adlige und Geistliche zusammen immer den dritten Stand überstimmen, etwa wenn es um den Erhalt ihrer eigenen Privilegien ging. Doch schon seit 1614 hatten die französischen Könige ganz darauf verzichtet, die Generalstände einzuberufen!

König Ludwig XVI. aber rief nun alle männlichen Untertanen über 25 Jahre dazu auf, Vertreter für die Generalstände zu wählen. Gleichzeitig sollten sogenannte Beschwerdehefte angelegt werden. Darin sollten dem König die Klagen, Forderungen und Verbesserungsvorschläge seiner Untertanen in den Städten und auf dem Lande zur Kenntnis gebracht werden.

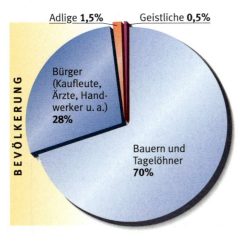

73.1 Bevölkerungsverteilung um 1789: Den etwa 500 000 Personen, die die 2 % des ersten und zweiten Standes (Geistliche und Adlige) ausmachten, standen mit den 98 % des dritten Standes (Bürger, Bauern) etwa 25 Mio. Personen gegenüber.

1. Die Krise des Ancien Régime

Der Staatshaushalt 1788	
Einnahmen insgesamt	**503**
direkte Steuern	158
indirekte Steuern	208
Lotterie	10
Sonstiges	127
Ausgaben insgesamt	**624**
Heer/Diplomatie	165
Hofhaltung	36
öffentliche Ausgaben	15
Bildung	1
Verwaltung	97
Zinsen für Staatsschulden	310

74.1 Der Haushalt ist in Millionen Livres angegeben. Zahlen nach: Histoire Géographie 4ème, 1998, S. 61.

Q1 Was ist der dritte Stand?

Im Jahr 1789 wurde in Frankreich eine gleichnamige Schrift verbreitet, die ein Pfarrer, Abbé Sieyes, verfasst hatte. Darin heißt es über die Bedeutung des dritten Standes:

Der Plan dieser Schrift ist ganz einfach. Wir haben uns drei Fragen vorzulegen.
Was ist der dritte Stand? Alles.
Was ist er bis jetzt in der staatlichen Ord-
5 nung gewesen? Nichts.
Was verlangt er? Etwas darin zu werden.
Der dritte Stand ist eine vollständige Nation.
Was ist nötig, damit eine Nation bestehen
10 kann und gedeiht? Arbeiten im Privatinteresse und im öffentlichen Dienste.
Die dem Privatinteresse dienenden Arbeiten kann man in vier Kategorien einteilen:
1. Landwirtschaft,
15 2. Handwerk,
3. Handel.
4. Außer diesen drei Kategorien arbeitsamer und nützlicher Bürger, die sich mit den zum Verbrauch oder Gebrauch von be-
20 stimmten Waren befassen, müssen in der Gesellschaft noch eine Vielzahl von Arbeiten und Besorgungen verrichtet werden, die für den Menschen unmittelbar nützlich oder angenehm sind. Die Kategorie reicht von
25 den wichtigsten wissenschaftlichen und freien Berufen bis hinab zu den am wenigsten beachteten häuslichen Arbeiten. Das sind die Arbeiten, die die Gesellschaft erhalten. Wer verrichtet sie? Der dritte Stand.

W. Grab (Hg.), Die Französische Revolution. Eine Dokumentation, 1973. S. 24 ff.

74.2 Politische Diskussion in einem Café, das der reformwillige Herzog Louis Philippe von Orléans in seinem Pariser Stadtschloss (Palais Royal) einrichten ließ. Seine Aufgeschlossenheit für liberale Ideen und seine Unterstützung der Armen während der Hungersnot im Winter 1788/89 verhinderten allerdings nicht, dass der Herzog später während der Französischen Revolution geköpft wurde.

Die Französische Revolution und Europa

Q2 Flugschrift des „vierten Standes"

Unter den vielen politischen Druckschriften, die im Jahre 1789 während und nach den Wahlen zu den Generalständen in Frankreich erschienen, gehörten auch die „Cahiers du Quatrième Ordre", deren erste Nummer am 25. April 1789 erschien. Darin heißt es:

Warum hat die Klasse der Tagelöhner, der Lohnarbeiter, der Arbeitslosen keine eigenen Repräsentanten? Warum ist dieser Stand in den Augen der Mächtigen und
5 Reichen nur der letzte, der vierte Stand, während er in den Augen der Menschlichkeit, in den Augen der Tugend und denen der Religion der erste Stand ist, der heilige Stand der Unglücklichen? Warum ist dieser
10 Stand, der nichts hat, der relativ mehr zahlt als alle anderen, der einzige, der – nach alten tyrannischen Bräuchen aus unwissenden und barbarischen Jahrhunderten – nicht in die Nationalversammlung berufen wird? …
15 Die Beschwerdehefte des dritten Standes oder ihre Programme, die ich kenne, geben die Hauptpunkte mit Klugheit, Edelmut, Freimütigkeit und Achtung an, auf die die grundlegenden Gesetze gegründet werden
20 müssen, von denen man die Wiederherstellung und die Beständigkeit des allgemeinen Glücks erwartet. Aber keins davon hat mir den ausdrücklichen Auftrag dargelegt, eine unerschütterliche Basis für das allgemeine
25 Glück zu bilden: dem Gesellschaftskampf entsprechende Gesetze, Schutz, Fürsorge für die Schwachen der letzten Klasse!

M. Dufourny de Villiers, Cahiers du Quatrieme Ordre … Nº I, Nachdruck Paris 1973, bearbeitet.

75.1 Notleidende in Paris. Eine Missernte und ein darauf folgender strenger Winter führten 1788/89 zu einer Hungersnot in ganz Frankreich, die für politische Unruhe sorgte und durch die öffentliche Verteilung von Brot nur notdürftig aufgefangen werden konnte.

---

1. Untersuche den Staatshaushalt von 1788 (74.1). Arbeite das Problem heraus, das sich dem Staat stellt. Erörtert dann in Partnerarbeit, welche Wirkung Calonnes Reformplan gehabt haben könnte.

2. a) Stellt in einem Standbild die Situation und Position des Königs angesichts der Finanzkrise dar. Stützt eure Interpretation dabei auf die Informationen des Verfassertextes.
b) Vergleicht den Ausdruck eures Standbildes mit dem von dem Gemälde Ludwigs XVI. (Abb. 73.2).

3. Lies den Verfassertext und schreibe heraus, welche der genannten Personengruppen zu welchem Stand gehörten.

4. Ordne jeder Gruppe ihre wirtschaftlichen, steuerlichen und politischen Forderungen zu. (VT, Q1, Q2)
Welche Gruppen könnten sich bei der Durchsetzung ihrer Forderungen unterstützen? Berücksichtige dabei auch das Diagramm zum Bevölkerungsaufbau.

5. Arbeite aus Q1 heraus, wie der dritte Stand definiert wird und welche politische Forderung in dieser Definition enthalten ist.

6. Stellt in einer kleinen Rollenszene nach, wie ein Gespräch zwischen Abbé Sieyes und einem Vertreter des „vierten Standes" verlaufen könnte. Bezieht euch dabei auf die Bildmaterialien und Q2.

WERK

···· Die Untertanen beschweren sich ····

Jeder kennt Situationen aus dem privaten oder politischen Bereich, in denen verschiedene Interessen aufeinanderstoßen. Auch aus dem 18. Jahrhundert sind uns Quellen überliefert, die uns dies vor Augen führen: Vor der Einberufung der Generalstände durch Ludwig XVI. wurden in ganz Frankreich Beschwerdehefte angelegt. Darin wurde notiert, was Bewohner von Stadt und Land störte und welche Verbesserungen sie forderten. Zugleich liegen uns Forderungen des Adels aus dem Jahr 1776 vor.

Um die Erwartungen von Angehörigen unterschiedlicher Bevölkerungsgruppen an ihren Staat zu erkennen, ist es sinnvoll, ein **Simulationsspiel** durchzuführen: Vertreter der Stände tauschen ihre Standpunkte aus.

Wenn auch Konferenzen dieser Art nicht wirklich stattgefunden haben, macht ein solches Spiel doch deutlich, wo Gegensätze in den Auffassungen bestanden und wo es Übereinstimmungen gab.

Arbeitstechnik: Ein Simulationsspiel durchführen

Ein Simulationsspiel kann verdeutlichen, wie in einer historischen Situation verschiedene Positionen gegeneinanderstanden, welche Bündnisse möglich erschienen und welche Entscheidungen wahrscheinlich waren.

Zu den Forderungen der verschiedenen Gruppierungen sind im Folgenden Quellen abgedruckt. Zugleich erhaltet ihr jeweils einen Hinweis darauf, in welchen Zusammenhängen die Argumente vorgetragen werden könnten und wie die Positionen der anderen Diskussionsteilnehmer aussehen könnten.

1. Bereitet euch in Gruppen darauf vor, eine der vorgegebenen Positionen zu vertreten.

2. Schickt dann je zwei Teilnehmerinnen oder Teilnehmer in die Konferenz, die unter Leitung des Königs stattfindet. In der Diskussion müssen sie versuchen, möglichst viele eurer Anliegen durchzusetzen.

3. Bewertet gemeinsam:
   – Wie tragfähig waren die Argumente?
   – War die Situation historisch angemessen?
   – Welche Entscheidung des Königs ist jetzt zu erwarten?
   – Vergleicht die historische Entscheidung mit der, die ihr erwartet habt.

Beschwerden von Dorfbewohnern

Ein Beschwerdebrief aus La Chapelle Craonnaise, einer Kirchengemeinde auf dem Lande in der Nähe der Stadt Tours:

1. Es kann keine Steuer ohne die Einwilligung der versammelten Generalstände erhoben werden.
2. Die Versammlung der Generalstände solle alle fünf Jahre stattfinden. ...
4. Die Deputierten fordern die Abschaffung aller Privilegien des Adels und des Klerus.
5. Die Salzsteuer und die Taille (Steuer auf Personen und Besitz) sind abzuschaffen.
6. Um diese Steuern zu ersetzen, sei eine Kopfsteuer beschlossen, eine Grundsteuer, die ohne Unterschied den Bürgern der drei Stände auferlegt wird. ...
8. Die Frondienste sind in vollem Umfang abzuschaffen.
9. Es sollen abgeschafft werden die grundherrliche Rechtsprechung und Polizei, Jagd- und Fischerei-Privilegien sowie grundherrliche Privilegien.
10. Stellen und Ämter sollten nach Leistung und Verdienst vergeben werden. ...
13. Man möge den Zehnten abschaffen. ...
17. Bei der Versammlung der Generalstände soll nach Köpfen und nicht nach Ständen abgestimmt werden.

Histoire Economie 4ème, 1998, S. 62, übersetzt und bearbeitet.

Hinweis: In der Auseinandersetzung wird es dem Bürgertum um eine Abstimmung nach Köpfen gehen, während der Adel dagegen ist und auf seiner Steuerfreiheit bestehen wird.

Beschwerden von Handwerkern aus Quimper, einer Kleinstadt in der Bretagne

In dem Beschwerdeheft der Perückenmacher-, Schreiner-, Hufschmiede-, Schlosser-, Nagelschmiede-, Sattler-, Wagenschmiede-, Fleischer-, Schweinemetzger-, Schneider-, Schuhmacher- und Webermeister sowie der Bäcker, Gastwirte, Gärtner, Maurer, Dachdecker und Tagelöhner wird verlangt:

1. Dass die Person des Königs als geheiligt angesehen werde und das Erbrecht auf die Krone unveräußerlich bei seinem Hause liege.
2. Dass eine auf Grundgesetzen beruhende Verfassung geschaffen werde.
3. Dass gewährt werde, dass die Generalstände alle sechs Jahre oder in anderen Zeitabständen, die dem Wohl der Monarchen dienlich erscheinen, regelmäßig einberufen werden.
4. Dass bei den Generalständen nach Köpfen abgestimmt werde und dass, falls die anderen zwei Stände in diesem Punkt die geringsten Schwierigkeiten machen sollten, die Abgeordneten des dritten Standes, der die Nation ist, sich unter Protest zurückziehen sollen. …
7. Dass die Steuern ohne Unterschied von den Bürgern aller Stände erhoben werden. …
11. Dass Angehörige des dritten Standes, die Anstand, Talent und Tugenden gezeigt haben, Zugang zu den militärischen und zivilen Stellungen erlangen, deren sie sich würdig erwiesen haben. …
22. Dass es im ganzen Königreich gleiche Maße und Gewichte geben soll und künftig alle Gesetze von den Provinzständen geprüft werden sollen.

U. F. Müller, Die Französische Revolution. Ein Lesebuch, 1988, S. 34.

Hinweis: *In der Auseinandersetzung wird es dem Adel wahrscheinlich darum gehen, keine Steuern zahlen zu wollen, während es den Bauern vor allem um die Aufhebung der Grundherrschaft geht.*

77.1 Aus dem Jahr 1789 erhaltenes Beschwerdeheft.

Forderungen des Adels

Die hier wiedergegebene Position hatte der Adel schon im Jahr 1776 vertreten:

In der Gesamtheit, die aus diesen verschiedenen Ständen gebildet wird, sind alle Menschen Ihres Königreiches Untertanen; alle sind verpflichtet, zu den Bedürfnissen des Staates beizutragen. Aber gerade in diesen Beiträgen erkennt man immer wieder die Ordnung und die allgemeine Harmonie. Der besondere Dienst der Geistlichkeit besteht darin, alle Aufgaben zu erfüllen, die sich auf den Unterricht und den religiösen Kultus beziehen, und zur Tröstung der Unglücklichen durch ihre Almosen beizutragen. Der Adlige weiht sein Blut der Verteidigung des Staates und hilft dem Herrscher mit seinen Ratschlägen. Die letzte Klasse des Volkes, die dem Staat nicht so hervorragende Dienste erweisen kann, leistet ihren Beitrag durch die Abgaben, durch Arbeitsamkeit und durch körperliche Dienste. Das ist, Majestät, das uralte Gesetz der Verpflichtungen und Pflichten Ihrer Untertanen. Obgleich alle in gleicher Weise treu und gehorsam sind, hat man ihre verschiedenen Lebensbedingungen nie miteinander vermischt, und die Natur ihrer Dienstleistungen hängt wesentlich von der ihres Staates ab.

Remontrances du Parlement de Paris au XVIIIe siècle, 1898, S. 287 ff., übersetzt und bearbeitet.

Hinweis: *In der Auseinandersetzung werden die anderen gegen Steuerprivilegien sein und dagegen, dass nach Ständen abgestimmt wird.*

2. Von der Versammlung der Generalstände zur Erklärung der Menschenrechte

78.1 Die Eröffnung der Versammlung der Generalstände am 5. Mai 1789. Gemälde von Auguste Couder, 1840.

■ Die Revolution in Versailles

Es war ein feierlicher, spannungsgeladener Moment, als der König am 5. Mai 1789 die Versammlung der Generalstände eröffnete. Die Forderungen der Bevölkerung lagen in den Beschwerdeheften vor. Wie würden König und Regierung darauf eingehen? Je 300 Vertreter des Klerus und des Adels und 600 Abgeordnete des dritten Standes waren erschienen. Letztere forderten als Vertreter der Mehrheit der Bevölkerung die Abschaffung der Privilegien von Adel und Klerus, eine Verfassung und die Abstimmung nach Köpfen. Der König erwartete von ihnen jedoch nur Zustimmung für Steuererhöhungen. Wochenlang wurde ergebnislos verhandelt.

Die Hinhaltetaktik des Königs empörte den dritten Stand so sehr, dass er sich eigenmächtig und allein am 17. Juni zur Nationalversammlung erklärte. Als danach der Ständesaal auf königlichen Befehl verschlossen blieb, versammelten sich die Abgeordneten im Ballspielhaus von Versailles und schworen, sich nicht zu trennen, bis Frankreich eine Verfassung erhalten habe. Der König rief am 27. Juni Klerus und Adel dazu auf, sich mit dem dritten Stand zu vereinen. Er hatte kapituliert und sich dem Willen der Nationalversammlung unterworfen. Die erklärte sich am 9. Juli 1789 zur verfassunggebenden Versammlung. Damit war Frankreich keine absolute Monarchie mehr. Das Datum könnte als die Geburtsstunde einer neuen Zeit verstanden werden. Dennoch feiern die Franzosen nicht diesen Tag, sondern den 14. Juli als Nationalfeiertag in Erinnerung an die Revolution. Wie ist das zu erklären?

■ Sturm auf die Bastille

Die Abgeordneten nahmen die Arbeit auf, wichtige Entscheidungen wurden gefällt, die ↗Demokratie vorbereitet. Doch man tagte immer noch im Schloss von Versailles, über zwanzig Kilometer entfernt von Paris. Es gab keine schnelle Verbindung zwischen den beiden Orten und so wurden die Abgeordneten von einigen Vorfällen in Paris überrascht.

Denn während die Nationalversammlung in Versailles tagte, hatte der König ohne Wis-

Die Französische Revolution und Europa

sen der Abgeordneten Truppen um Paris zusammenziehen lassen. Dann wurde bekannt, dass der bürgerfreundliche Finanzminister Necker entlassen worden war. Stand also ein Gegenschlag des Königs bevor? Angst, Misstrauen und Unsicherheit machten sich breit und leiteten das Handeln der Menschen.

In dieser Situation wurde eine Bürgerwehr gegründet, Not leidende Kleinbürger aus den Pariser Vorstädten kamen hinzu. Man stürmte eine Kaserne, bewaffnete sich. Und dann zog eine große Menschenmenge am 14. Juli 1789 in Richtung der Bastille, jenes Gebäudes der Pariser Befestigungsanlagen, das seit dem 17. Jahrhundert als Staatsgefängnis diente. Für die Menschen war die Bastille das verhasste Symbol der absolutistischen Willkürherrschaft. Obwohl zu jenem Zeitpunkt nur sieben Gefangene dort waren, stürmte die aufgebrachte Menge das Gefängnis und tötete fast alle Offiziere, die sie dort antraf. Das Volk triumphierte. Es besaß nun Waffen – was die meisten Abgeordneten in Versailles äußerst beunruhigte. Für die Franzosen heute ist dieses Ereignis der eigentliche „Geburtstag" der Revolution.

■ Revolution auf dem Lande

Nur wenige Tage später, vom 16. Juli bis Anfang August, bekamen die Abgeordneten Berichte aus dem ganzen Land, aus denen hervorging, dass die Bauern gegen die Grundherren losgeschlagen hatten. Auch unter den Bauern herrschte Angst vor der Gegenrevolution. Das Signal aus der Hauptstadt griffen sie auf und stürmten Schlösser, Klöster und Rathäuser. Sie suchten nach den Urkunden, in denen ihre Dienste und Abgaben verzeichnet waren, und vernichteten sie.

Nun standen die Abgeordneten unter Handlungszwang. Wenn sie die weitere Entwicklung steuern wollten, dann mussten sie auch im Sinne der armen Bevölkerung handeln.

■ Der Feudalismus wird abgeschafft

Das geschah auch – und die politische Revolution wurde durch eine soziale Umwälzung

ergänzt. In der Nacht vom 4. auf den 5. August beseitigte die Nationalversammlung die Grundherrschaft samt allen ↗Privilegien, die für Adel und Kirche damit verbunden waren. Der ↗Feudalismus* war abgeschafft.

Doch damit nicht genug. Am 26. August verkündete die Nationalversammlung die ↗Menschen- und Bürgerrechte, in denen die Grundprinzipien des neuen Staates festgelegt wurden: Freiheit und Gleichheit vor dem Gesetz.

Diese Menschenrechte bilden auch den Anfang unserer Verfassung und werden heute durch die ↗UNO eingefordert. Sie schützen den einzelnen Menschen vor willkürlichen Zugriffen durch den Staat. Festgelegt ist z. B., dass alle Menschen gleiche Rechte haben, dass sie die Freiheit haben, alles zu tun, was einem anderen nicht schadet, oder dass jeder Mensch als unschuldig gilt, solange ihm keine Schuld nachgewiesen ist. Daneben wurden Bürgerrechte – etwa das Wahlrecht – festgelegt, die aber nur für Franzosen, also Bürger Frankreichs, galten.

79.1 Die Einnahme der Bastille am 14. Juli 1789. Ausschnitt aus einem zeitgenössischen Ölgemälde.

*Feudalismus (von lateinisch „feudum": Lehen): die vom Lehnswesen geprägte Gesellschaftsordnung des Mittelalters mit den von Adel und Klerus geführten Grundherrschaften. Zur Zeit der Französischen Revolution wurde „Feudalismus" abwertend gebraucht, um die bevorzugte Stellung von Adel und Klerus zu kritisieren.

2. Von der Versammlung der Generalstände zur Erklärung der Menschenrechte

Q1 La grande Peur – die Große Furcht in den Provinzen

Eine Zeitung berichtete Anfang August 1789 über Ereignisse in Burgund:

Unsere Provinz hat mehr als alle anderen Provinzen in Frankreich unter den Verwüstungen gelitten. Wir sind Tag und Nacht unter Waffen. Sollten wir nicht beunruhigt sein,
5 da Banditen 32 Schlösser geplündert und angezündet haben, darunter das wunderschöne Schloss von Senozan? Diese Unglückseligen, Bauern aus der Umgebung von Bresse, waren bewaffnet mit Sensen, Stöcken und
10 Eisenstangen. Ihr Anführer, ein Dorfadvokat, wurde verhaftet und drei Tage gefoltert. Er gestand nichts und endete geviertelt.
So hatten sie stets ihre Flugblätter selbst gedruckt: Im Namen des Königs, es ist wäh-
15 rend drei Monaten erlaubt, alle Schlösser, Häuser des Adels und Landgüter anzuzünden. Wenn dann die Bande in die Dörfer kam, befestigten sie ihre Anschläge an den Kirchentüren, ließen die Glocken läuten, um
20 die Dörfler zu versammeln, und forderten sie auf, ihnen zu folgen. Es gab kein Mittel, die Bande aufzuhalten. Daher wurden sie getötet wie die wilden Tiere. ... Um in Hospitälern oder anderen Häusern Ansteckungsge-
25 fahren zu vermeiden, hat man gleichermaßen Tote und Verwundete sofort beerdigt.

1789 au jour le jour, 1989, S. 135, bearbeitet.

* Feudalwesen: gemeint sind hier die alten, grundherrschaftlichen Strukturen der Gesellschaft

Q2 Die Grundlagen der neuen Gesellschaftsordnung

Am 4.8.1789 erließ die Nationalversammlung den „Entfeudalisierungsbeschluss":

Art. I. Die Nationalversammlung vernichtet das Feudalwesen* völlig. Sie schreibt fest, dass von den Feudal- wie Grundrechten und Grundpflichten sowohl jene entschädi-
5 gungslos aufgehoben werden, die aus unveräußerlichem Besitz an Sachen und Menschen und aus persönlicher Leibeigenschaft herleiten, als auch jene, die an ihre Stelle getreten sind; alle übrigen Lasten werden
10 für ablösbar erklärt, die Summe sowie die Art und Weise der Ablösung wird die Nationalversammlung festlegen.

W. Grab (Hg.), Die Französische Revolution. Eine Dokumentation, 1973, S. 33.

Q3 Menschen- und Bürgerrechte

Die Nationalversammlung verkündete am 26. 8. 1789 die Menschen- und Bürgerrechte. Vorangestellt ist ihnen eine Präambel, eine einleitende Erklärung:

a) Die Präaambel:
Da die Vertreter des französischen Volkes, als Nationalversammlung eingesetzt, erwogen haben, dass die Unkenntnis, das Vergessen oder die Verachtung der Menschen-
5 rechte die einzigen Ursachen des öffentlichen Unglücks und der Verderbtheit der Regierungen sind, haben sie beschlossen, die natürlichen, unveräußerlichen und heiligen Rechte der Menschen in einer feierli-
10 chen Erklärung darzulegen,
damit diese Erklärung allen Mitgliedern der Gesellschaft beständig vor Augen ist und sie unablässig an ihre Rechte und Pflichten erinnert;
15 damit die Handlungen der Gesetzgebenden wie der Ausübenden Gewalt in jedem Augenblick mit dem Endzweck jeder politischen Einrichtung verglichen werden können und dadurch mehr geachtet werden;
20 damit die Ansprüche der Bürger, fortan auf einfache und unbestreitbare Grundsätze begründet, sich immer auf die Erhaltung der Verfassung und das Allgemeinwohl richten mögen.

80.1 Die Zerschlagung des Feudalismus. Zeitgenössischer kolorierter Stich.

Die Französische Revolution und Europa

b) *Die Rechte:*
Infolgedessen erkennt und erklärt die Nationalversammlung in Gegenwart und unter dem Schutze des Allerhöchsten folgende Menschen- und Bürgerrechte:

Art. 1. Die Menschen sind und bleiben von Geburt frei und gleich an Rechten. Soziale Unterschiede dürfen nur im gemeinen Nutzen begründet sein.

Art. 2. Das Ziel jeder politischen Vereinigung ist die Erhaltung der natürlichen und unveräußerlichen Menschenrechte. Diese Rechte sind Freiheit, Eigentum, Sicherheit und Widerstand gegen Unterdrückung.

Art. 6. Das Gesetz ist der Ausdruck des allgemeinen Willens. Alle Bürger haben das Recht, persönlich oder durch ihre Vertreter an seiner Formung mitzuwirken.

Art. 11. Die freie Mitteilung der Gedanken und Meinungen ist eines der kostbarsten Menschenrechte. Jeder Bürger kann also frei schreiben, reden, drucken unter Vorbehalt der Verantwortlichkeit für den Missbrauch dieser Freiheit in den durch das Gesetz bestimmten Fällen.

W. Grab (Hg.), Die Französische Revolution. Eine Dokumentation, 1973, S. 37–39.

---

1. Betrachte das Gemälde von der Eröffnung der Generalstände (78.1) und bestimme die Haltung des Malers zum dritten Stand. Berücksichtige dabei, wie er den König darstellt (Wo befindet er sich überhaupt?) und welche Perspektive er wählt.

2. Entwickle auf Grundlage der Abbildungen (78.1, 79.1) und des Verfassertextes eine Reportage von den beiden Ereignissen.

3. Zeige mithilfe einer Zeitleiste, wie die Ereignisse in und außerhalb von Versailles ineinandergriffen.

4. Bestimme anhand der in Q1 verwendeten Formulierungen die Haltung des Autors zu den Ereignissen auf dem Land. Zeige, wie mit anderen Formulierungen ein anderes Bild von den Ereignissen hätte hergestellt werden können.

5. a) Erarbeitet eine der Quellen Q2 oder Q3, schreibt auf einem Placemat auf, welche Beschlüsse dort gefasst wurden und wie sie zur historischen Entwicklung seit dem Mittelalter stehen.
b) Begründet, warum mit diesen Beschlüssen eine lange historische Epoche beendet wird. Verwendet dabei auch die Abbildung 80.1.

Arbeitstechnik: Normative Textquellen erschließen

Gesetzestexte oder Urkunden werden in bestimmten historischen Situationen aufgestellt und bilden dann eine Rechtsgrundlage. Im Unterschied etwa zu Briefen oder Reden ist in diesen Quellen nur selten ein persönlicher Sprecher erkennbar. Da in ihnen Regeln oder Normen festgehalten werden, nach denen sich alle richten sollen, sprechen wir von **normativen Textquellen**. Die Erklärung der Menschen- und Bürgerrechte in der Französischen Revolution gehört zu diesem Quellentypus.

Auch diese Quellen müssen wir kritisch lesen:
- Wir können aus ihnen zwar entnehmen, was geschehen **soll**, doch wissen wir noch nicht, ob es auch geschehen **ist**. Über einen Vergleich mit Quellen, die uns die tatsächlichen Verhältnisse beschreiben, kommen wir der Wahrheit näher (→ S. 192).
- Weiter müssen wir genau hinschauen, welcher **Personenkreis** von den Regelungen betroffen ist. Auch das können wir über einen Quellenvergleich und genaues Lesen erkennen.
- Schließlich müssen wir die **Sprachgebung** untersuchen. Z. B.: Wo wird etwas vorausgesetzt, was vielleicht gar nicht so klar ist? Wo werden unscharfe Formulierungen verwendet, die verschiedene Deutungen ermöglichen?

1. Untersuche die Einleitung der Erklärung der Menschen- und Bürgerrechte von 1789 nach diesen Grundsätzen.
a) Bestimme den Tonfall, in dem die Quelle gehalten ist. Welche Begriffe stechen besonders hervor? Wie wirken sie?
b) Bestimme den Personenkreis, auf den sich die Quelle dem Wort nach und tatsächlich bezieht. Ziehe zum Vergleich die Quelle Q2 von Olympe de Gouges, S. 95, heran.

2. Bestimme die Differenz zwischen Absicht und Ausführung, indem du Q2 mit Q3b vergleichst.

3. Frauen greifen in die Revolution ein

82.1 „Nach Versailles!" – Aufbruch der Pariser Frauen nach Versailles am 5. Oktober 1789. Kupferstich, um 1790.

■ Frauen machen mobil

Es war nur eine kurze Ruhephase, die die Abgeordneten gewonnen hatten. Schon am 5. Oktober 1789, nur wenige Wochen nach den Beschlüssen vom August, kam die Revolution an einen neuen Wendepunkt. Das Volk erschien in Versailles bei König und Nationalversammlung. Diesmal waren es Frauen, die die Initiative ergriffen hatten: Sie hatten einen Aufstand organisiert, der als „Zug der Marktfrauen nach Versailles" in die Geschichte einging.

Durch ihre Arbeit trugen Frauen zum Familieneinkommen bei. Allerdings waren sie kaum ausgebildet und erhielten nur niedrige Löhne. Darüber hinaus waren sie in der Regel diejenigen, die für die Versorgung der Familie zuständig waren. Oft mussten sie stundenlang anstehen, um Lebensmittel zu kaufen. Das bedeutete, dass sie in dieser Zeit nicht arbeiten konnten. Der Familie fehlte es dann an Geld. 1789 wurde die Situation besonders hart: Im Vorjahr hatte es eine katastrophale Ernte gegeben, dazu waren Windstille und Niedrigwasser in den Flüssen schuld daran, dass die Mühlen nicht mehr arbeiten konnten. Es gab viel zu wenig Mehl. Das Brot verteuerte sich so sehr, dass arme Familien etwa 90% ihres Einkommens allein dafür ausgegeben haben sollen.

Viele suchten Trost in der Religion. So war es üblich, dass sich jeden Morgen die Pariser Marktfrauen in der Kirche ihrer Schutzheiligen trafen und diese später in einem Prozessionszug wieder verließen. Diese Prozessionen bekamen zunehmend den Charakter von Demonstrationen. Aus einer solchen Situation heraus bewaffneten sich die Frauen am 5. Oktober 1789 und zogen nach Versailles, um dem König ihre Not zu klagen.

Nach einem Marsch von gut 20 km kamen 15 000 Menschen, unter ihnen auch Männer, dort an. Sie setzten ihre Forderungen durch, ja erreichten noch mehr: Der König und seine Familie erklärten sich am folgenden Tag zum Umzug ins Pariser Schloss bereit, wohin ihnen alle Abgeordneten der Nationalversammlung folgten. Die politisch Verantwortlichen standen seitdem unter einer direkteren Kontrolle durch die aufgebrachte Pariser Stadtbevölkerung.

Beruf	Einkommen/Tag
Manufakturarbeiter	15 sous
Bauarbeiter	18 sous
Mauergeselle	24 sous
Schreinergeselle	30 sous
Bildhauer, Goldschmied	60 sous

Preise	
1 Laib Brot zu 4 Pfund	14,5 sous
0,5 Liter Wein	5 sous
½ Pfund Fleisch	5 sous
Miete täglich	3 sous

82.2 Tageseinkommen ausgewählter Berufszweige und Lebenshaltungskosten in Paris im Juni 1789.

Q1 Revolutionäre Frauen

Augenzeugen berichteten von den Aktionen der nach Versailles gezogenen Pariser Frauen, die mit ihrem Vorgehen während der Sitzungen der Nationalversammlung den Umzug des Königs nach Paris erzwangen.

a) *Ein aus der Schweiz stammender Redenschreiber für den Revolutionspolitiker Marquis de Mirabeau:*
Ich stand auf einer Galerie, wo ein Fischweib sich mit einer überlegenen Autorität betätigte und ungefähr hundert Weiber, vor allem junge Personen, dirigierte, die ihre
5 Befehle erwarteten, um zu schreien oder zu schweigen. Sie rief ungeniert die Deputierten an und fragte: „Wer redet denn da hinten? Lasst den Schwätzer den Mund halten! Darum handelt es sich gar nicht, es handelt
10 sich darum, Brot zu bekommen. Man soll unser Mütterchen Mirabeau sprechen lassen, wir wollen ihn hören …" Ihre ganze Gesellschaft schrie: „Unser Mütterchen Mirabeau!" (Das war damals bei den Leuten
15 jener Klasse ein Kosewort für Mirabeau.)

b) *Ein Mitglied der Nationalversammlung:*
Einige verlangen, der König solle in Paris wohnen. Die Menge wiederholt mit lautem Geschrei: „Der König nach Paris! Der König nach Paris!" Lafayette (führender Po-
5 litiker in der Anfangsphase der Französischen Revolution) erkennt, dass der Aufruhr nur zu besänftigen ist, wenn der König dem Wunsch des Volkes nachkommt und seinen festen Wohnsitz in der Hauptstadt
10 nimmt. Der König verspricht, sich noch am selben Tag nach Paris zu begeben, vorausgesetzt, dass die Königin und seine Familie ihm folgen. Er verlangt Schonung für die Leibgarde. Lafayette schließt sich den Bit-
15 ten des Königs an. Die Leibgardisten erscheinen inmitten von Grenadieren der Pariser Miliz auf dem Balkon; sie werfen dem Volk ihre Wehrgehänge zu, geben den Grenadieren ihre Hüte, nehmen die Mützen der
20 Grenadiere und setzen sie auf. Das Volk klatscht Beifall und schreit: „Es lebe die Leibgarde!" Trunkene Freude folgt der trunkenen Wut, der Friede ist feierlich geschlossen, zahlreiche Artillerie- und Muske-
25 tensalven verkünden den Sieg der Pariser und die Abreise des Königs.

83.1 Frauen beteiligen sich an der Sitzung der französischen Nationalversammlung, 5. Oktober 1789. Zeitgenössische Radierung.

c) *Thiebault, ein junger Offizier der Palastwachen:*
Auf dem ganzen Weg verkündete die Menge das Vorüberkommen oder die Ankunft des Königs, den sie den „Bäcker" nannten, womit sie auf den Überfluss anspielte, der nun in Paris herrschen würde. Die Köpfe von zwei unglücklichen Leibgardisten dienten als Feldzeichen …

G. Pernoud/S. Flaissier (Hg.), Die Französische Revolution in Augenzeugenberichten, München 1981, S. 64 ff.

---

1. Überlege, wofür in deiner Familie Geld ausgegeben wird. Wofür fehlte den in 82.2 genannten Berufsgruppen Geld?

2. Verfasse verschiedene Schlagzeilen einer Zeitung zu den Vorgängen am 5./6. Oktober 1789, in denen unterschiedliche Einstellungen deutlich werden.

3. Diskutiert: Haben sich die Frauen mit ihrer Aktion einen Anspruch auf politische Beteiligung erworben?

4. Die Verfassung und die gesetzgebende Nationalversammlung

■ Politische Gruppierungen

Im Artikel 11 der Menschen- und Bürgerrechte hieß es: „Die freie Mitteilung der Gedanken und Meinungen ist eines der kostbarsten Menschenrechte." Wie eine Befreiung wirkte dieses Grundrecht. Die Entstehung einer Vielzahl von Zeitungen war die Folge. Sie kommentierten die revolutionäre Entwicklung, z. B. die Diskussion um die bestmögliche Verfassung.

Einer der fähigsten Journalisten dieser Zeit war Camille Desmoulins. 1789 war er 29 Jahre alt. In seiner Jugend war er mit Maximilien Robespierre befreundet, der wie Georges Danton mittlerweile eine herausragende Stellung im Klub der Jakobiner einnahm. Dieser Klub war eine Art ↗Partei, die die Interessen des Bürgertums vertrat und nachdrücklich die Demokratie forderte. Auch Desmoulins unterstützte diese Forderung.

84.1 Porträt des Revolutionärs Camille Desmoulins, 1790.

Innerhalb der Jakobiner gab es zwei Untergruppierungen: die „Bergpartei", die für die Kleinbürger – die ärmere Stadtbevölkerung – eintrat, und die „Girondisten", die eher die Interessen des Großbürgertums vertraten. Ein weiterer wichtiger politischer Klub war der der Feuillants. Die Feuillants wollten eine Monarchie auf der Basis einer Verfassung, also eine ↗konstitutionelle Monarchie, erreichen.

■ Die Verfassung von 1791

Mit dem Ergebnis der Verfassungsdiskussion war Desmoulins überhaupt nicht zufrieden, denn Frankreich entwickelte sich zur konstitutionellen Monarchie. Was Desmoulins und die radikalen Demokraten am meisten daran störte, war das ↗Zensuswahlrecht*: Nur wer über eine festgelegte Einkommensgrenze hinauskam, galt als „Aktivbürger" und durfte wählen.

Hinzu kam, dass nicht Abgeordnete gewählt wurden, sondern nur Wahlmänner. Und um Wahlmann werden zu können, musste man 5 bis 10 Livres Steuern jährlich zahlen. Die Wahlmänner wählten dann die Abgeordneten aus der Gruppe derjenigen Franzosen, die mindestens 52 Livres Steuern zahlte. Das bedeutete, dass nur reiche Männer in die gesetzgebende Nationalversammlung gelangen konnten. Zwei Millionen Männer durften noch nicht einmal als Aktivbürger am ersten Wahlgang teilnehmen; Frauen waren ohnehin vom Wahlrecht ausgeschlossen.

Die Verfassung gab dem König die Möglichkeit, mit seinem Veto Beschlüsse der gesetzgebenden Nationalversammlung aufzuschieben. Desmoulins war empört. Der „Geldadel" habe den Geburtsadel abgelöst, meinte er. Die Feuillants waren demnach als Sieger aus dem Streit um die beste Verfassung für Frankreich hervorgegangen. Doch niemand ahnte zu dieser Zeit, dass diese Verfassung nur einen Zwischenschritt im revolutionären Prozess darstellte.

■ „Das Vaterland in Gefahr"

Den Anstoß für weitere Veränderungen gab letztlich der König. 1791 versuchte er aus Frankreich zu fliehen, wurde aber in der Nähe der Grenze erkannt und zurück nach Paris gebracht. Nun nutzte er die Möglichkeit seines aufschiebenden Vetos aus und lehnte alle Gesetzesentwürfe ab. Damit verhinderte er, dass die Regierung auf Notlagen reagieren konnte. Nur einmal gab er sofort seine Zustimmung, als es nämlich darum ging, Österreich den Krieg zu erklären. Wie war es dazu gekommen?

Nach den Wahlen waren viele französische Adlige ins Ausland geflohen und versuchten von dort aus, die alten Verhältnisse in ihrer Heimat wiederherzustellen. Das wollten sie durch einen Krieg der absolutistischen Mächte gegen Frankreich erreichen. Tatsächlich verbündeten sich Preußen und Österreich gegen Frankreich. Doch war ein solcher Krieg überhaupt nicht im Interesse der unteren französischen Bevölkerungsschichten. Denn wenn die Männer in den Krieg ziehen müssten, würde ihren Familien der „Ernährer" fehlen. In der Nationalversammlung stimmte aber die Mehrheit für den Krieg, auch Desmoulins befürwortete ihn. Nur sieben Abgeordnete waren dagegen, unter ihnen Maximilien Robespierre.

---

*Zensuswahlrecht: Wahlrecht, das die Stimmen der Wähler nach der Höhe ihrer Steuerzahlungen gewichtet

Die Französische Revolution und Europa

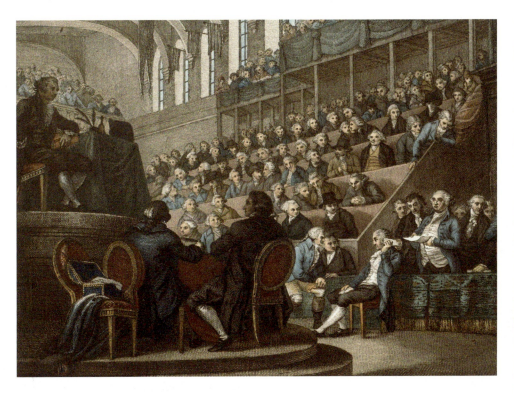

85.1 Prozess gegen Ludwig XVI. vor dem Nationalkonvent. Als Angeklagter „Louis Capet" hielt er am 26. Dezember 1792 seine Verteidigungsrede. Zeitgenössischer Farbdruck.

Der König unterschrieb die Kriegserklärung in der Hoffnung, nach einer Niederlage Frankreichs schneller wieder in seine alte Position eingesetzt zu werden. Der Krieg begann mit großen militärischen Erfolgen Österreichs und Preußens. Die Nationalversammlung erklärte daraufhin „Das Vaterland in Gefahr". Aus ganz Frankreich kamen Verbände mit Freiwilligen, um die Revolution zu verteidigen – sie konnten schließlich eine Kriegswende erzwingen!

■ Wahlrecht auch für Arme

Weil die „kleinen Leute" den Erfolg Frankreichs ermöglicht hatten, wurde ihnen nun auch in der Politik endlich ein größeres Gewicht gegeben: Im Rahmen einer Verfassungsänderung wurde die Unterscheidung zwischen Aktiv- und Passivbürger aufgehoben; auch die Ärmeren hatten damit das Recht zu wählen.

Die Nationalversammlung wurde aufgelöst und durch einen „Nationalkonvent" ersetzt, der auf der Grundlage der geänderten Verfassung gewählt worden war. Einer der Abgeordneten war Desmoulins. Er stand der Bergpartei nahe, achtete aber auch die Erfolge und Positionen der Gironde. Zusammen stellten die radikale Bergpartei und die gemäßigte Gironde den Großteil der Abgeordneten. Zwischen ihnen gab es Abgeordnete, die nicht eindeutig einer politischen Richtung zuzuordnen waren. Sie wurden „Ebene" oder „Sumpf" genannt. Ihr Votum hing häufig von der revolutionären Bewegung auf den Straßen von Paris ab. Die Feuillants waren nicht mehr vertreten.

■ Der König wird hingerichtet

Zwei Monate nach dem Zusammentreten des Nationalkonvents kam es zu einer ersten Debatte darüber, ob gegen den König ein Prozess geführt werden soll. Nach einem Sturm des Volkes auf das Stadtschloss, in dem der König lebte, wurde er abgesetzt und inhaftiert. Herabgestuft zum einfachen Bürger mit dem Namen „Louis Capet" und angeklagt wegen Landesverrats erklärte ihn der Nationalkonvent für schuldig. Das Parlament hatte damit die Rolle eines Gerichtes übernommen. Desmoulins stimmte dem Urteil zu. Ludwig XVI. wurde zum Tode verurteilt und hingerichtet.

4. Die Verfassung und die gesetzgebende Nationalversammlung

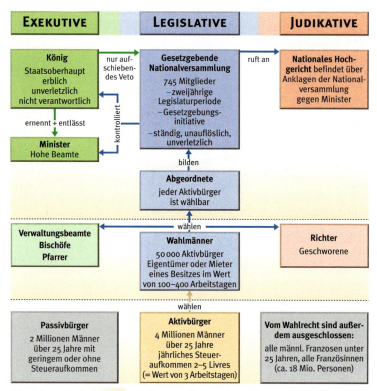

86.1 Schema der französischen Verfassung, die am 3. September 1791 verabschiedet wurde. Die Nationalversammlung legte mit ihr die erste schriftliche Verfassung in Europa vor.

Gesetzgebende Nationalversammlung (1791–1792)	
Jakobiner (Bergpartei und Gironde):	136
Unabhängige:	345
Feuillants:	264
Nationalkonvent (1792–1795)	
Bergpartei:	ca. 120
Unabhängige:	ca. 430
Girondisten:	ca. 200

86.2 Die Anzahl der Abgeordneten der verschiedenen Gruppierungen in der Nationalversammlung und im Nationalkonvent.

*Dekret: Verordnung mit gesetzlicher Wirkung

*Proletarier (von lateinisch „proles": Nachkommen): ursprünglich diejenigen, die nicht über Landbesitz verfügen, sondern nur ihre Nachkommen haben. Sie müssen ihre Arbeitskraft verkaufen, um ihren Lebensunterhalt zu sichern.

Q1 Das Wahlrecht in der Diskussion

a) Ein Rechtsanwalt beim Parlament, Orry de Mauperthuy, äußerte sich am 4.12.1789:

(Es) gibt ... eine Klasse von Menschen und Mitbrüdern, die infolge der schlechten Gestaltung unserer Gesellschaften zur Vertretung der Nation nicht berufen werden können. Das sind die heutigen ↗Proletarier*. Nicht weil sie arm und bloß sind, sondern weil sie nicht einmal die Sprache unserer Gesetze verstehen. Überdies ist ihre Aus-
schließung nicht ewig, sondern nur ganz
10 vorübergehend. Vielleicht wird sie ihren Wetteifer anstacheln, unseren Beistand herausfordern. In einigen Jahren werden sie an unserer Seite sitzen.

Geschichte in Quellen, Bd. 4, 1981, S. 214, übersetzt von F. von Oppeln-Bronikowski.

b) Ein Journalist und Rechtsanwalt im Parlament von Bordeaux, schrieb 1789 zum ↗Zensuswahlrecht:

Hiermit ist die Aristokratie der Reichen durch ein nationales Dekret* geheiligt worden. Mit einem Wort beraubt man ein Drittel der Nation der Fähigkeit, die Nation zu
5 vertreten, sodass die zwei restlichen Drittel sich für bevorzugt halten ... Eine öffentliche Meinung wird sich gar nicht bilden können, und der Patriotismus wird bereits in der Wiege sein Leben aushauchen.
10 Vielleicht wird man über meine Vorhersage lachen. Dennoch, hier ist sie: Binnen zehn Jahren wird dieser Artikel [der das Wahlrecht beschränkt] uns wieder unter das Joch des Despotismus beugen oder aber eine
15 neue Revolution verursachen.

Geschichte in Quellen, Bd. 4, 1981, S. 215, übersetzt von W. Lautemann/J. Cornelissen.

Q2 Diskussion um den Krieg

a) Der Journalist Jacques-Pierre Brissot äußerte sich am 16.12.1791 im Jakobinerklub wie folgt:

Seit Beginn der Revolution habe ich über die Politik, die ich verfolgen wollte, nachgedacht. Die Kraft der Überlegung und der Tatsachen hat mich davon überzeugt, dass
5 ein Volk, das nach zehn Jahrhunderten der Sklaverei die Freiheit errungen hat, des Krieges bedarf. Es braucht den Krieg, um die Freiheit zu befestigen; es braucht ihn, um die Freiheit von den Lastern des Despo-
10 tismus zu säubern; es braucht ihn, um aus seinem Schoß die Männer zu entfernen, die sie verderben könnten. ...

Die Französische Revolution und Europa

Seit zwei Jahren hat Frankreich alle gütlichen Mittel erschöpft, um die Rebellen in seinen Schoß zurückzuführen; alle Versuche, alle Aufforderungen sind fruchtlos gewesen, sie beharren auf ihrem Aufruhr; die fremden Fürsten bestehen auf ihrer Unterstützung; kann man zögern, sie anzugreifen?

Unsere Ehre, unser öffentliches Ansehen, die Notwendigkeit, unsere Revolution mit sittlichem Schwung zu erfüllen und sie zu festigen, das alles fordert uns dazu auf; wäre Frankreich nicht entehrt, wenn es nach Abschluss seiner Verfassung eine Hand voll Verschwörer duldete, die seiner Regierung Hohn sprechen?

Geschichte in Quellen, Bd. 4, 1981, S. 282, bearbeitet.

b) Am 2. Januar 1792 erklärte Maximilien de Robespierre im Jakobinerklub über den Krieg:

Die ausgefallenste Idee, die im Kopf eines Politikers entstehen kann, ist die Vorstellung, es würde für ein Volk genügen, mit Waffengewalt bei einem anderen Volk einzudringen, um es zur Annahme seiner Gesetze und seiner Verfassung zu bewegen. Niemand mag bewaffnete Missionare; und der erste Rat, den die Natur und die Vorsicht einem eingeben, besteht darin, die Eindringlinge wie die Feinde zurückzuschlagen. Ich habe gesagt, dass eine solche Invasion viel eher die Erinnerung an die Brandschatzung der Pfalz und an die letzten Kriege wiedererwecken könnte, als die konstitutionellen Gedanken entstehen zu lassen; denn die Masse der Bevölkerung jener Gebiete kennt diese Tatsachen besser als unsere Verfassung. Die Berichte von einsichtigen Leuten, die dort Bescheid wissen, dementieren alles, was man uns über den Eifer erzählt, mit dem man nach unserer Verfassung und nach unseren Armeen lechzt. Bevor sich die Wirkung unserer Revolution bei anderen Völkern bemerkbar macht, muss der Erfolg der Revolution erst gefestigt sein. Anderen die Freiheit geben zu wollen, bevor wir sie nicht selbst erworben haben, das hieße, unsere eigene Knechtschaft gleichzeitig mit der der ganzen Welt zu verankern.

W. Grab (Hg.), Die Französische Revolution. Eine Dokumentation, 1973, S. 98.

87.1 Soldaten der französischen Revolutionsarmee errichten in Zweibrücken (im heutigen Rheinland-Pfalz) nach der Eroberung der Stadt einen Freiheitsbaum mit der Aufschrift „Nehmt Freiheit und Gleichheit von uns – Mutter der Menschheit". Zeitgenössischer kolorierter Stich, um 1793.

1. Setze die Zahlen zu den Abgeordneten (86.2) in ein Diagramm um. Nutze dabei die Möglichkeiten, die Excel bietet, und begründe deine Entscheidung.

2. Führt in der Klasse eine Fishbowl-Diskussion (→ S. 194) zum Zensuswahlrecht in der französischen Verfassung. Nutzt dabei die Argumente in Q1a) und b) sowie Informationen aus dem VT.

3. Beschreibt das Verfassungsmodell (86.1) und experimentiert mit ihm; z. B.:
• Wie würde sich die Verfassung, verändern, wenn es kein Zensussystem gäbe?
• Was würde passieren, wenn der König kein Veto hätte?
Überlegt weitere Veränderungen und bestimmt die Folgen.

4. Maximilien Robespierre äußerte: „Niemand mag bewaffnete Missionare." Nimm Stellung zu dieser Ansicht Robespierres und beziehe dich dabei auch auf militärische Konfliktfelder in unserer Gegenwart.

5. Die Republik in Gefahr

88.1 Verhandlung vor einem Revolutionsgericht um 1793, kolorierter Stich. Nachdem Robespierre das Todesurteil als einzig mögliche Strafe der Revolutionsgerichte durchgesetzt hatte, fällte allein das Pariser Tribunal (Gericht) 2 596 Todesurteile.

■ Viele Probleme führen zur Krise

Die folgenden Ereignisse erlebte Desmoulins aus nächster Nähe mit. Er war Abgeordneter im Nationalkonvent, arbeitete einige Zeit an führender Stelle im Justizministerium und stand in engem Kontakt mit führenden Jakobinern wie Danton oder Robespierre. Die Revolution musste sich gegen eine Vielzahl von Problemen behaupten.

Nach der Hinrichtung des Königs hatte sich der Krieg ausgeweitet: 1793 befand sich Frankreich auch im Krieg mit Großbritannien, den Niederlanden, später kam Spanien hinzu. Fast zeitgleich war mitten in Frankreich, in der Vendée, ein Aufstand ausgebrochen – mit dem Ziel, die Monarchie wieder einzuführen, die alte Kirchenorganisation und die alten dörflichen Verhältnisse beizubehalten. Gefährlich für die gesamte Revolution war dieser Aufstand, weil die Vendée am Atlantik liegt und britischen Truppen einen leichten Zugang nach Frankreich hätte bieten können.

Gleichzeitig gab es in Paris Probleme. Die armen Bevölkerungsschichten forderten eine Verbesserung ihrer Lebensverhältnisse. Parallel dazu versuchte die Vertretung des Großbürgertums, die Gironde, Maßnahmen gegen die Bergpartei durchzusetzen.

Der Staat reagierte: Truppen wurden in die Vendée entsandt. Außerdem wurde festgesetzt, wie viel Lebensmittel kosten durften. Desmoulins unterstützte die Maßnahmen und war auch dafür, dass ein sogenannter Wohlfahrtsausschuss tätig wurde. Durch diesen Ausschuss von neun Konventsmitgliedern sollte schneller gehandelt werden können und die Landesverteidigung koordiniert werden. Eines der Mitglieder war Danton. Der Wohlfahrtsausschuss versuchte die Inflation einzudämmen und Gelder und Truppen für den Krieg einzutreiben, indem er reiche Bürger zu Zwangsabgaben verpflichtete.

In dieser Situation lösten sich die Girondisten – als Vertretung der reichen Bürger – von den Jakobinern und stellten sich gegen die Bergpartei, ja sie forderten sogar die Schließung der Jakobinerklubs. Es kam zu einem Aufstand der Pariser Bevölkerung.

Zwei Wochen später wurden 22 Führer der Gironde verhaftet. Danton und Desmoulins versuchten zwar, einen Ausgleich zwischen Bergpartei und Gironde herzustellen, konnten aber nicht verhindern, dass der Konflikt eskalierte. Daraufhin schied Danton aus dem Wohlfahrtsausschuss aus und Robespierre wurde hinzugewählt. Dieser konnte in den nächsten Monaten die Politik in Frankreich wesentlich bestimmen. Robespierre

Die Französische Revolution und Europa

war ein bescheiden lebender, aber radikal denkender und handelnder Politiker, der der Revolution nun seinen Stempel aufdrückte. Unter anderem sorgte er dafür, dass ein Gesetz geschaffen wurde, das die allgemeine Wehrpflicht einführte, was zu einer drastischen Erhöhung der Zahl der Soldaten führte. Daraufhin siegten die Heere Frankreichs endlich gegen die feindlichen Armeen.

■ Staatlicher Terror

Um die Situation im Innern unter Kontrolle zu bekommen, griff die Regierung zu harten Maßnahmen. Der Wohlfahrtausschuss erhielt im Oktober 1793 diktatorische Vollmachten, d. h. er konnte ohne Zustimmung des Nationalkonvents Beschlüsse durchsetzen. Ein „Gesetz über die Verdächtigen" ermöglichte es, Personen anzuklagen, die im Verdacht standen, die Revolution nicht zu unterstützen. Tausende von ihnen mussten vor den Revolutionstribunalen erscheinen, Tausende wurden schuldig gesprochen und Tausende wurden hingerichtet. Die Guillotine von Paris „arbeitete" gewissermaßen ohne Pause. Sie stand am Stadtrand; doch der Gestank des geronnenen Blutes soll noch im Zentrum unerträglich gewesen sein.

Eine der ersten Maßnahmen des Wohlfahrtsausschusses bestand darin, die verhafteten Girondisten hinrichten zu lassen. Das war ein Wendepunkt für Desmoulins. Er selbst hatte Jacques-Pierre Brissot, den Führer der Gironde, öffentlich angeschuldigt. Als er aber sah, wie ihm der Prozess gemacht wurde, plagten ihn Gewissensbisse und er brach bei der Urteilsverkündung weinend zusammen. Danton und Desmoulins wandten sich nun öffentlich gegen Robespierre. Sie überlebten diesen Machtkampf nicht.

Angst herrschte jetzt unter den Politikern in Paris. Jeder konnte das nächste Ziel Robespierres sein. In dieser Situation schlossen sie sich über Parteigrenzen hinweg zusammen und stürzten gemeinsam Robespierre, der mit seinen Anhängern schon am folgenden Tag ohne Prozess hingerichtet wurde. Die Jakobiner wurden zerschlagen und die Regierung wurde von einem „Direktorium" von fünf Männern übernommen. Dieses

89.1 Karikatur auf den Terror, 1794. Auf den Tafeln steht u. a.: Klerus, Adel, Hohes Gericht, Verfassunggebende Versammlung, Nationalkonvent, Volk.

setzte durch, dass eine Republik entstand, die die Interessen des Großbürgertums vertrat. Das Volk demonstrierte, doch Unterstützung erhielt das Direktorium von einem jungen General, Napoleon Bonaparte.

89.2 Danton (Gérard Depardieu) und Desmoulins (Patrice Chéreau) auf dem Weg zur Hinrichtung, die von Robespierre veranlasst worden war. Szene aus dem Spielfilm „Danton" (1983) des polnischen Regisseurs Andrzej Wajda.

Terrorherrschaft – Vollstreckung, Rechtfertigung und Kritik

Aufstände im ganzen Land, zunehmende Bedrohungen durch andere europäische Mächte – die Revolution drohte zu scheitern, wenn nicht die Gefahren gebannt werden konnten, denen sie von innen und außen ausgesetzt war.

Die abgebildete Karte zeigt den Kriegsverlauf, die Aufstandsgebiete und die Gebiete, in denen die meisten Todesurteile gefällt wurden. Doch war Terrorherrschaft der richtige Weg, das Erreichte zu sichern? Auch unter den Mitgliedern des Nationalkonvents war das umstritten. Die verschiedenen Zitate zeigen, wer auf welcher Seite stand:

„Die Revolution ist ein Krieg der Freiheit gegen ihre Feinde; die Konstitution ist die Regierung der siegreichen und friedlichen Freiheit."
Robespierre

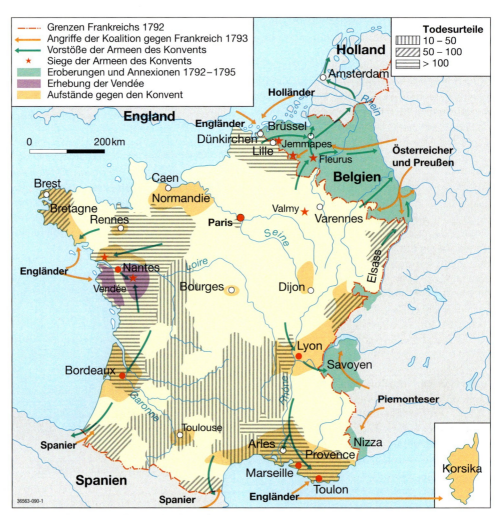

90.1 Die Revolution ist in Gefahr: Frankreich 1793/94.

Die Französische Revolution und Europa

„Wir müssen uns darüber bewusst sein, dass man mit der Pike wohl den Umsturz schafft, dass man aber das Gebäude der Gesellschaft nur mit dem Kompass der Vernunft und des Geistes errichten und fest verankern kann."

Danton

„Die Revolution ist im Volk und keineswegs in einigen Persönlichkeiten von Ruf. Diese wahre Idee ist die Quelle der Gerechtigkeit und Gleichheit in einem freien Staat; sie ist die Garantie des Volkes gegen verschmitzte Menschen, welche durch ihre Kühnheit und Straflosigkeit sich gewissermaßen zu Patriziern erheben."

Saint-Just, Mitglied des Wohlfahrtsausschusses

„Einige werden meinen, das Rad der Vernunft vorwärtszudrehen, während es sich aber als eine Konterrevolution herausstellen wird."

Desmoulins

„Robespierre, ich klage dich an, dich ständig wie ein Objekt der Selbstvergötterung aufgeführt zu haben!"

de Couvray, Mitglied des Nationalkonvents

„Als wir unsere Volksvertreter wählten, stellten wir sie unter den Schutz der Gesetze, der Tugend und all dessen, was auf Erden heilig ist. Wir glaubten sie unter Menschen, nun sind sie von blutrünstigen Tigern umgeben."

Duvigneau

„Die Furcht vor Robespierre war so groß, dass ein Mitglied des Konvents, sich vom Diktator beobachtet glaubend, als er nachdenklich die Stirn in die Hand stützte, schnell die Hand wegzog mit den Worten: „Er glaubt sonst, ich denke an etwas."

de Barras, Mitglied des Wohlfahrtsausschusses

1. a) Erarbeitet die Karte in Form eines Dreier-Placemats. Untersucht dabei den Kriegsverlauf, die Aufstandsgebiete und die Zahl der Todesurteile.
b) Formuliert anschließend ein gemeinsames Ergebnis der Karteninterpretation, berücksichtigt dabei auch allgemeine Kenntnisse hierzu, die ihr bereits erworben habt.

2. a) Ordnet die Zitate Befürwortern und Gegnern der Terrorherrschaft zu.
b) Entwickelt kurze Dialoge zwischen je zwei Vertretern und stellt sie der Klasse vor. Zieht dazu auch die Informationen aus dem Verfassertext heran.

3. Stellt Grundelemente der Abbildung des Revolutionstribunals (88.1) als Standbild dar. Sprecht aus der Rolle heraus über Gedanken und Gefühle der Person in dieser Situation.

6. In Frankreich bleibt nichts, wie es war …

92.1 Das Fest des Höchsten Wesens auf dem Marsfeld am 20. Prairial des Jahres II (8. Juni 1794). Gemälde von Pierre-Antoine Demachy, 1794.

■ Das Fest des Höchsten Wesens

Tausende Menschen strömten durch die Straßen von Paris. Sie zogen zum Nationalpark bei den Tuilerien. Dort sollte das „Fest des Höchsten Wesens" beginnen. Die Revolution hatte schon viele Feste hervorgebracht. Am schönsten waren die spontanen Feste, die auf den Straßen stattfanden, Maskenumzüge oder Essen unter freiem Himmel, organisiert von der Sektion*. Das Fest des Höchsten Wesens war ein neues Fest und man war gespannt darauf, wie es ablaufen würde.

Der Künstler Jacques-Louis David (→ S. 69) hatte die Feier minutiös vorbereitet. Es waren strenge Anordnungen ergangen, wie dieses Fest zu begehen sei: Die Häuser mussten mit Fahnen geschmückt und die Straßen mit Blumen bestreut werden, ja selbst die Frisur der Mädchen wurde festgelegt. Robespierre selbst hielt eine Rede, nicht sehr begeisternd, aber das Volk freute sich, den berühmten Mann aus der Nähe zu sehen. Anschließend entzündete der Vorsitzende des Wohlfahrtsausschusses einen Scheiterhaufen, durch den symbolisch Atheismus, Zwietracht und Ehrgeiz verbrannt werden sollten. In seinem Innern befand sich eine Statue, die die Weisheit darstellte. Allmählich wurde sie freigelegt, vom Ruß geschwärzt, aber erkennbar.

Danach setzten sich die Massen, geführt von Robespierre, in Bewegung. Man nahm nicht den Weg an der Guillotine vorbei, sondern bewegte sich über die Seine-Brücke auf die andere Seite des Flusses und dann zum Marsfeld. Dort war ein symbolischer Berg errichtet worden, gekrönt von einem Freiheitsbaum. Es wurde feierliche Musik gespielt, die Mütter mussten ihre kleinen Kinder zum Himmel heben und die jungen Männer leisteten einen Eid, dass sie der Revolution und Republik dienen würden. Dann war das Fest vorbei.

Langsam zerstreute sich die Menge. Das Fest war nicht so verlaufen, wie die Menschen es erhofft hatten. Es war ein Fest im Stil Robespierres gewesen – ohne Fröhlichkeit, dafür voller Symbole und Verpflichtungen. Dieses Fest schien sein Versuch zu sein, ein positives Zeichen für die Revolution zu schaffen. Mit dem Bekenntnis zum „Höchsten Wesen" sollte der Religiosität des Volkes entsprochen werden.

*Die Stadt Paris war im Zuge der politischen Neuordnung in 48 Sektionen eingeteilt worden. Sie sind vergleichbar mit den heutigen Wahlkreisen.

Die Französische Revolution und Europa

■ Kulturelle Veränderungen

Die vielen neuen Feste, ein veränderter Umgang mit Religion und Kirche, ein neuer Kalender – das alles waren Anzeichen dafür, dass die Revolution nicht nur die Verfassung änderte, sondern auch tief in das Alltagsleben der Einzelnen eingriff. Die alten, regional unterschiedlichen Maßsysteme wurden abgeschafft und durch das einheitliche Dezimalsystem ersetzt. Man musste sich an neue Straßennamen gewöhnen. Und auf der Straße grüßte man sich nun mit „Bürger" oder „Bürgerin". Ehen wurden jetzt vor Standesämtern geschlossen und Frauen verwalteten nach dem Gesetz mit ihrem Mann zusammen das Familienvermögen. Auch Ehescheidungen waren nun möglich.

93.2 Im Jahr 1795 wurde das Dezimalsystem in Frankreich eingeführt: Ab jetzt rechnete und maß man in Liter (links), Gramm (Mitte) und Meter (rechts).

Politische Entscheidungen wurden in den Zeitungen erklärt. Jeder sollte nach dem Gesetz seine Meinung sagen dürfen. Dass man dabei aber sehr vorsichtig sein musste, zeigt das Beispiel des Camille Desmoulins (→ S. 89).

Männer und Frauen organisierten sich in Klubs, wie dem „Klub der Jakobiner" oder der „Gesellschaft der republikanischen und revolutionären Bürgerinnen". Das waren die Anfänge eines Parteiensystems: Denn in den Klubs wurde die politische Entwicklung diskutiert und versucht, sie zu beeinflussen. Die Forderungen vieler Frauen fasste die Schriftstellerin Olympe de Gouges (ca. 1750–1793) in ihrer „Erklärung der Rechte der Frau und Bürgerin" 1791 zusammen. Die regierenden Männer werteten ihre – wie wir heute sagen würden – feministische Haltung allerdings als feindlich. 1793, in der Zeit des Terrors, wurde Olympe de Gouges vor einem Revolutionstribunal angeklagt, verurteilt und anschließend hingerichtet. Der kulturelle Wandel, für den sie kämpfte, setzte im 18. Jahrhundert noch nicht ein.

93.1 „Ein Familienausflug" lautet der Titel dieses Bildes von Pierre-Antoine Lesueur (um 1793). Die Familie ist nach der neuen Mode gekleidet, die sich seit der Revolution bei den Bürgern von Paris durchgesetzt hatte.

Anders als die traditionell von Adel und Klerus getragenen Kniebundhosen („Culottes") bevorzugten die Bürger nun lange, etwas weitere Hosen. Traditionell wurden sie von Arbeitern, Handwerkern oder Händlern getragen, den Bevölkerungsgruppen, die die Jakobiner unterstützt hatten. Nach ihren Hosen nannte man sie „Sansculotten" („ohne Kniebundhose").

6. In Frankreich bleibt nichts, wie es war …

94.1 Flugblatt vom Oktober 1792 mit dem Text und der Melodie der Marseillaise.

Q1 Die Marseillaise

Der Offizier Rouget de Lisle komponierte 1792 ein „Kriegslied für die Armee am Rhein", kurz nach der Kriegserklärung Frankreichs an Österreich. Es verbreitete sich und kam bei den Franzosen so gut an, dass es am 14. Juli 1795 zu einem nationalen Lied erklärt wurde. Heute ist es die französische Nationalhymne:

1. Strophe
Auf, Kinder des Vaterlands!
Der Tag des Ruhms ist da.
Gegen uns wurde der Tyrannei
blutiges Banner erhoben.
Hört ihr im Land
Das Brüllen der grausamen Krieger?
Sie rücken uns auf den Leib,
Eure Söhne, eure Frauen zu köpfen!

Refrain:
Zu den Waffen, Bürger!
Schließt die Reihen,
Vorwärts, marschieren wir!
Das unreine Blut
Tränke unserer Äcker Furchen!

2. Strophe
Was will diese Horde von Sklaven,
Von Verrätern, von verschwörerischen Königen?
Für wen diese gemeinen Fesseln,
Diese seit Langem vorbereiteten Eisen?
Franzosen, für uns, ach! welche Schmach,
Welchen Zorn muss dies hervorrufen!
Man wagt es, daran zu denken,
Uns in die alte Knechtschaft zu führen!
(Refrain)

4. Strophe
Zittert, Tyrannen und ihr Niederträchtigen
Schande aller Parteien,
Zittert! Eure verruchten Pläne
Werden euch endlich heimgezahlt!
Jeder ist Soldat, um euch zu bekämpfen,
Wenn Sie fallen, unsere jungen Helden,
Zeugt die Erde neue,
Die bereit sind, gegen euch zu kämpfen!
(Refrain)

6. Strophe
Heilige Liebe zum Vaterland,
Führe, stütze unsere rächenden Arme.
Freiheit, geliebte Freiheit,
Kämpfe mit deinen Verteidigern!
Damit der Sieg unter unseren Flaggen
Den Klängen der kräftigen Männer
zu Hilfe eilt,
Damit deine sterbenden Feinde
Deinen Sieg und unseren Ruhm sehen!

Die Französische Revolution und Europa

Q2 Menschenrechte – auch für Frauen

Aus der im Jahr 1791 veröffentlichten „Erklärung der Rechte der Frau und Bürgerin" von Olympe de Gouges:

a) Präambel
Die Mütter, die Töchter, die Schwestern, Vertreterinnen der Nation verlangen, als Nationalversammlung zusammentreten zu dürfen. ... (Sie) haben beschlossen, in einer feierlichen Erklärung die natürlichen, unveräußerlichen und heiligen Rechte der Frau darzulegen. Diese Erklärung möge alle Glieder der Gesellschaft ... beständig an ihre Rechte und Pflichten erinnern; auf dass die Ausübung von Macht bei Frauen wie bei Männern jederzeit am Zweck der politischen Ämter gemessen werden kann; auf dass Beschwerden und Forderungen von Bürgerinnen sich auf einfache, unanfechtbare Grundsätze stützen und zum Schutz der Verfassung, der guten Sitten und zum Glück aller beitragen mögen.

b) Artikel
Art. I. Die Frau wird frei geboren und bleibt dem Manne ebenbürtig in allen Rechten. Unterschiede im Bereich der Gesellschaft können nur im Gemeinwohl begründet sein.
Art. II. Ziel und Zweck jedes politischen Zusammenschlusses ist die Wahrung der natürlichen und unverjährbaren Rechte von Frau und Mann, als da sind: Freiheit, Eigentum, Sicherheit und insbesondere das Recht auf Widerstand gegen Unterdrückung. ...
Art. VI. Das Gesetz soll der Ausdruck des Willens aller sein; alle Bürgerinnen und Bürger sollen persönlich oder über ihre Vertreter zu seiner Entstehung beitragen, für alle sollen die gleichen Bedingungen Geltung haben. ...
Art. X. Niemand darf wegen seiner Meinung, selbst in Fragen grundsätzlicher Natur, Nachteile erleiden. Die Frau hat das Recht, das Schafott zu besteigen, gleichermaßen muss ihr das Recht zugestanden werden, eine Rednertribüne zu besteigen, sofern sie nicht in Wort und Tat die vom Gesetz garantierte öffentliche Ordnung stört.

O. de Gouges, Schriften, 1980, S. 40 f.

95.1 Patriotischer Frauenclub. Gouache von Jacques Philippe Lesueur, 1790.

1. Stelle eine Liste mit kulturellen Veränderungen zusammen, die es während der Revolution gegeben hat. Bestimme anschließend, wer davon am meisten Nutzen hatte.

2. a) Höre dir die französische Nationalhymne an. Die Melodie ist z. B. auf der Homepage der französischen Botschaft in Deutschland im Internet zu hören. Bestimme, welchen Charakter die Musik hat, und erkläre, wie sie zum Text passt.
b) Interpretiert den Text gemeinsam vor dem Hintergrund seiner Entstehungsgeschichte.
c) Diskutiert darüber, ob dieser Text in unserer Zeit geändert werden sollte.

3. Sammelt Symbole wie die Nationalhymne, mit denen Nationen sich ausstatten. Erklärt die Bedeutung, die sie für die Nation haben.

4. Vergleiche die „Rechte der Frau und Bürgerin" von Olympe de Gouges (Q2) mit der „Erklärung der Menschen- und Bürgerrechte" von 1789 (Q3, S. 80 f.).

7. Die Revolution greift über die Grenzen Frankreichs hinaus

96.1 Sitzung des Mainzer Jakobinerklubs. Zeichnung, 1792.

■ Mainz wird besetzt

Am Morgen des 19. Oktober 1792 trafen sich in Mainz auf dem Stephansturm einige Bürger. Ein Warnschuss hatte sie geweckt und nun konnten sie beobachten, wie sich französische Truppen der Stadt näherten. Unter ihnen war Georg Forster, ein Gelehrter, der schon an einer Weltumsegelung teilgenommen hatte. Er konnte sehen, wie die Stadt von Truppen eingeschlossen wurde.

Es folgten Verhandlungen zwischen dem französischen General und dem Bischof von Mainz, der als Kurfürst regierte. Am Morgen war die Übergabe der Stadt beschlossen. Die französischen Truppen rückten in die Stadt ein. Forster schrieb darüber: „Das Volk empfing sie mit einer Art von dumpfem Schweigen, ohne lebhafte Zeichen der Abneigung, aber auch ohne allen Beifall." Man erwartete Einquartierungen von Soldaten, Plünderungen, Gefahr für Leib und Leben. Doch die Truppen verhielten sich diszipliniert und auf die Leistung von Abgaben wurde verzichtet. Befreier, nicht Eroberer wollten sie sein. Man staunte im bisher absolutistisch regierten Mainz, blieb aber skeptisch.

■ Die „Mainzer Republik"

Schon vor dem Einmarsch hatte es in der Stadt eine kleine Gruppe von Bürgerlichen mit Sympathien für die Französische Revolution gegeben. Diese wurden nun zu Fürsprechern der Franzosen. Sie sahen in der Vertreibung des Kurfürsten eine Chance auf ↗Demokratie. Als Jakobinerclub betrieben sie Aufklärungsarbeit in der Bevölkerung. Auch Forster trat dieser „Gesellschaft der Freunde der Freiheit und Gleichheit", wie sich die Jakobiner nannten, bei. Später wurde er deren Präsident. Unter großer Anteilnahme der Bevölkerung organisierte der Club im November 1792 die Pflanzung eines Freiheitsbaums.

Enttäuschend waren dann die Abstimmungsergebnisse zur neu erarbeiteten Verfassung. 29 der 40 Umlandgemeinden stimmten zu, denn die Verfassung bedeutete das Ende der Grundherrschaft. In Mainz stimmte ihr aber nur ein kleiner Teil der Bürger zu. Und als im Februar Wahlen zum rheinisch-deutschen Nationalkonvent stattfanden, boykottierten 90 Prozent der Mainzer die Wahl. Das hatte verschiedene Gründe: Zum einen hatten die preußischen Truppen kurz zuvor das nahegelegene Frankfurt erobert. Zum anderen gab es kein ausreichendes Bewusstsein davon in der Bevölkerung, dass Demokratie die eigenen Lebensverhältnisse verbessern könnte. Am meisten hatte aber wohl die Forderung abgeschreckt, vor der Wahl einen Eid auf die Grundsätze von Freiheit und Gleichheit abzulegen. Diesem Zwangsbekenntnis widersetzten sich viele.

Georg Forster reiste nach Paris. In einer Rede vor dem Nationalkonvent am 30. März 1793 bat er um die Aufnahme der Mainzer Republik in den französischen Staat. Der Konvent beschloss diese Aufnahme, doch am gleichen Tag kapitulierte Mainz vor den Truppen des preußischen Königs. Forster blieb in Paris und starb dort 1794. Seine Frau zog mit den Kindern nach Straßburg.

Die Mainzer Republik hatte also nur eine kurze Lebensdauer. Dennoch ist sie in der deutschen Geschichte wichtig, denn es war der erste Versuch, eine Demokratie auf deutschem Boden zu schaffen. Sie hat ein Nachdenken über politische Verhältnisse jenseits des Absolutismus in Deutschland ausgelöst, das bis dahin noch nie so breite Bevölkerungskreise ergriffen hatte.

96.2 Emblem des Mainzer Jakobinerklubs.

Die Französische Revolution und Europa

97.1 Tanz um den Freiheitsbaum im Oktober 1792 an einem Ort im Rheinland. Gemälde 1792/93.

Q1 Beschluss des rheinisch-deutschen Nationalkonvents

Das Mainzer Parlament, der rheinisch-deutsche Nationalkonvent, veröffentlichte einen Tag nach der Gründung der Mainzer Republik, am 18. März 1793, die folgende Erklärung:

Art. 1: Der ganze Strich Landes von Landau bis Bingen, welcher Gesandte zu diesem Konvent schickt, soll von jetzt an einen freien, unabhängigen, unzertrennlichen Staat
5 ausmachen, der gemeinschaftlich auf Freiheit und Gleichheit gegründeten Gesetzen gehorcht.
Art. 2: Der einzige rechtmäßige Souverän (Herrscher) dieses Staates, nämlich das
10 freie Volk, erklärt durch die Stimme seiner Stellvertreter allen Zusammenhang mit dem deutschen Kaiser und Reich für aufgehoben.
Art. 3: Der Kurfürst von Mainz, der Fürst von Worms ... (es folgt eine lange Liste von
15 Fürsten, deren Herrschaften in dem genannten Gebiet lagen) werden ihrer Ansprüche auf diesen Staat oder dessen Teile für verlustig erklärt und sind alle ihre angemaßten Souveränitätsrechte auf ewig los.
20 *Art. 4:* Falls die im vorhergehenden Artikel benannten unrechtmäßigen Gewalthaber auf ihren vermeintlichen Rechten und Ansprüchen in den Gebieten, wo nur die Rechte freier und gleicher Bürger gelten, beharren, wird gegen sie die Todesstrafe erkannt.
25 Dies gilt auch für ihre Unterhändler und Helfershelfer.

Nur drei Tage später erklärte der rheinisch-deutsche Konvent:
„Die freien Deutschen und die freien Franken (Franzosen) sind nun ein unzertrennliches Volk."
Er wollte die Mainzer Republik an Frankreich anschließen.
Stadtarchiv Mainz, leicht gekürzt.

1. Erkläre, inwieweit sich in dem Beschluss Q1 die Ideen der Französischen Revolution widerspiegeln.

2. Schreibe als Mainzer Bürger oder Bürgerin einen Brief an Verwandte in Hannover, in dem du die Ereignisse zwischen Oktober 1792 und Juli 1793 schilderst. Überlege zuerst, welche Haltung du einnimmst.

8. Ein französisches Europa?

98.1 Napoleon überquert den Großen St.-Bernhard-Pass. Ölgemälde von Jacques-Louis David, 1801 (Ausschnitt).

■ Der Staatsmann Napoleon

Zwei Bilder veranschaulichen die Karriere eines faszinierenden Staatsmannes: Napoleon Bonaparte. Von dem Künstler Jacques-Louis David ist das Gemälde „Napoleon überquert den Großen St.-Bernhard-Pass" erhalten (98.1). Es zeigt Napoleon im Jahr 1799 als Oberbefehlshaber der französischen Armee während eines Italienfeldzuges. Reitend weist er nach vorn, sein Umhang ist wie ein Segel gebläht. Dabei blickt Napoleon den Betrachter an und scheint ihn aufzufordern, ihm zu folgen. Hinter ihm sehen wir Kriegsgerät, das über die Alpen transportiert wird; im Vordergrund erscheint der Name „Bonaparte" frisch aufgemalt neben den Namen Hannibals und Karls des Großen, die langsam verwittern. Napoleon wird gezeigt als Aufsteiger: Was könnte sich ihm schon in den Weg stellen?

15 Jahre später, 1814, entstand die Karikatur „Bonapartes Stufenjahre" von Johann Michael Voltz (99.1). Auch hier sehen wir den Aufstieg Napoleons, doch darauf folgt – auf der rechten Bildseite – sein Niedergang. Mittlerweile war Napoleon der neue Kaiser der Franzosen geworden und hatte versucht, ein europäisches Großreich zu errichten. Doch sein Plan war nicht aufgegangen: 1814 lebte er in der Verbannung auf der Insel Elba. Das Bild lässt ihn wie einen Kometen erscheinen – schnell aufgestiegen und ebenso schnell verglüht.

■ Napoleons Karriere

Napoleon wurde 1769 als Sohn eines Rechtsanwalts auf Korsika geboren. Als Berufssoldat trat er in die französische Armee ein und stieg hier durch sein beträchtliches militärisches Geschick in den Jahren der Revolution schnell auf. Das wäre ihm als Bürgerlichem im „Ancien Régime" nicht möglich gewesen. Dabei wechselte er karrierebewusst wiederholt die Seiten: 1793 schlug er im Auftrag des Nationalkonvents (S. 85) einen Aufstand von Königstreuen in Toulon nieder. 1795 ließ er, jetzt im Dienst des Direktoriums (S. 89), auf hungernde Demonstranten schießen. Vom Direktorium erhielt er 1796/97 den Oberbefehl über jene Armee, die 1799 in Italien kämpfte. Auch dort gelang Napoleon Eroberung auf Eroberung.

Seine Siege machten ihn in Frankreich so populär, dass er 1799 einen erfolgreichen Militärputsch gegen das Direktorium unternehmen konnte. Als „Erster Konsul" hielt er nun politisch alle Fäden in seiner Hand. 1802 ließ er sich zum Konsul auf Lebenszeit ernennen, 1804 krönte er sich sogar selbst zum neuen Kaiser der Franzosen. Volksabstimmungen, bei denen er fast alle Stimmen für sich gewann, bestätigten diese Rückkehr zur Monarchie und belegten Napoleons große Autorität bei seinen Soldaten und in der französischen Bevölkerung.

■ Ein Eroberungszug durch Europa

In den folgenden Jahren baute Napoleon seine Vorherrschaft in Europa aus. Nach einem Sieg über österreichische und russische Armeen in Austerlitz (im heutigen Tschechien) musste der österreichische Kaiser Frieden mit Frankreich schließen.

Die Französische Revolution und Europa

1806 wurde Preußen durch Napoleons Armeen bei Jena und Auerstedt vernichtend geschlagen, behielt aber unter Auflagen seine Selbstständigkeit. Die besiegten Staaten mussten für die weiteren französischen Kriegszüge Soldaten stellen. Seine Herrschaft sicherte sich Napoleon nicht nur mithilfe militärischer Mittel, sondern auch dadurch, dass er Reformen in den abhängigen Staaten veranlasste und dort z. T. Verwandte als Könige einsetzte. Er selbst heiratete 1810 die Tochter des österreichischen Kaisers.

Ein Versuch, Großbritannien die Herrschaft über die Meere streitig zu machen, scheiterte mit der Niederlage der französischen Flotte bei Trafalgar an der Küste Spaniens. Daraufhin versuchte Napoleon, Großbritannien wirtschaftlich zu schaden: Es wurde verboten, englische Waren über die Küsten und Häfen des europäischen Kontinents in die von Napoleon beherrschten Länder einzuführen; Händler durften keine englischen Produkte mehr verkaufen. Man sprach von einer „Kontinentalsperre". Der Plan scheiterte, denn England konnte neue Märkte in Südamerika erschließen. Zudem fehlten britische Waren – wie Stahl, Kaffee, Tee, Zucker, Gewürze und Baumwolle – in Europa. Die antifranzösische Stimmung wuchs.

Im Jahr 1811 erwog Napoleon, einen Feldzug gegen Russland zu führen, um auch den mächtigen Zar Alexander I. zu besiegen. Als ihn sein Polizeiminister Fouché 1811 vor dem geplanten Russlandfeldzug warnte, soll Napoleon entgegnet haben: „Ganz Europa werde ich hinter mir herschleifen." Tatsächlich endete der gewaltige Kriegszug gegen Russland, bei dem über 600 000 Soldaten aus halb Europa mitmarschieren mussten, in einer Katastrophe: Hunderttausende verhungerten oder fanden in Kämpfen den Tod.

■ Napoleons Ende

In Spanien, das 1808 von Truppen Napoleons besetzt worden war, konnte die französische Fremdherrschaft nur mit gewaltigen Anstrengungen gefestigt werden. Hier wie bald auch in anderen Staaten Europas kam es zum Befreiungskampf. Im Oktober 1813 wurde Napoleon von preußischen, österreichischen und russischen Truppen in der „Völkerschlacht bei Leipzig" besiegt und auf die Insel Elba im Mittelmeer verbannt. 1815 gelang ihm die Rückkehr zur Macht, aber bereits nach hundert Tagen wurde er bei Waterloo von englischen und preußischen Truppen geschlagen. Napoleon starb 1821 als Verbannter auf der Atlantikinsel St. Helena.

99.1 *„Bonapartes Stufenjahre", Karikatur von Johann Michael Voltz, 1814.*

Q1 „Die Revolution ist beendet"

Aus der Erklärung der Konsuln über die Beendigung der Revolution, 15.12.1799:

Franzosen, eine Verfassung wird euch vorgelegt. ... Sie beruht auf den wahren Prinzipien der repräsentativen Regierung und auf den geheiligten Rechten des Eigentums, der
5 Gleichheit und der Freiheit.
Die von ihr eingesetzten Gewalten werden stark und dauerhaft sein, wie sie es sein müssen, wenn sie die Rechte der Bürger und die Interessen des Staates garantieren sollen.
10 Bürger, die Revolution hält an den Grundsätzen, die an ihrem Beginn standen, fest. Sie ist beendet.

Geschichte in Quellen, Bd. 4, 1981, S. 538, gekürzt.

M1 Einheitliches Recht

Napoleon führte 1804 in dem von ihm beherrschten europäischen Raum ein einheitliches Recht ein, den „Code civil". Ein Historiker schrieb im Jahr 1955 darüber:

Napoleons wichtigste, bis in die Gegenwart hineinreichende Leistung ist der Code civil von 1804. In diesem bürgerlichen Gesetzbuch bestätigte er die Forderungen von
5 1789: die Abschaffung aller Privilegien, die Freiheit der Person, die Gleichheit vor dem Gesetz, die freie Verfügung über das unverletzbare Eigentum, die freie Wahl der Arbeit und die Befreiung aus der Grund-
10 herrschaft. Der Code civil legte überall, wo er eingeführt wurde, die Regeln einer modernen Gesellschaft fest.
In gewissen Bereichen fiel das Gesetzbuch aber auch hinter die Gesetze, die zwischen
15 1791 und 1795 beschlossen worden waren, zurück: Der Code civil entmündigte die Frau („Ein Geschlecht muss dem anderen untertan sein", heißt es darin.) Uneheliche Kinder wurden aus der Erbfolge ausge-
20 schlossen. Arbeitern verbot das Gesetzbuch, Arbeitsverträge und Dienstverhältnisse auf Lebenszeit abzuschließen. Sie waren damit der wirtschaftlichen Konkurrenz überlassen.

G. Lefebvre, Napoleon, 2003 (überarbeitete Neuausgabe der Ausgabe von 1955), bearbeitet.

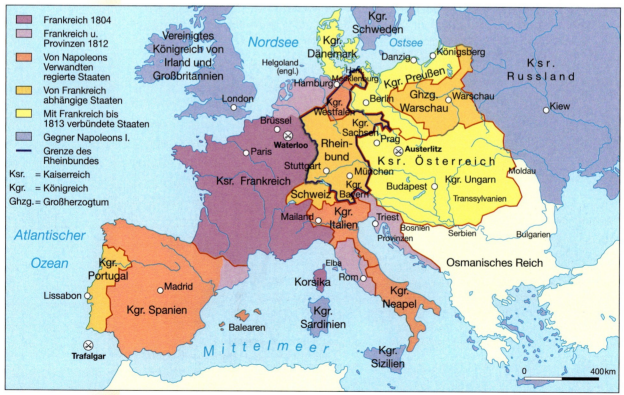

100.1 Europa im Jahr 1812, zur Zeit der größten Machtentfaltung Napoleons.

Die Französische Revolution und Europa

Die Zusammensetzung der „Großen Armee" für den Russlandfeldzug 1812	
Bayern	30 000
Westfalen	28 000
Sachsen	26 000
Württemberger	15 000
Einwohner kleinerer Rheinbundstaaten	21 000
Mecklenburger	2 000
Polen	70 000
Österreicher	34 000
Preußen	20 000
Italiener	20 000
Dänen	10 000
Neapolitaner	8 000
Schweizer	7 000
Portugiesen	4 000
Spanier	4 000
Kroaten	4 000
Illyrer	3 000
Dalmatiner	2 000
Franzosen	241 000
Gesamtstärke der ausrückenden Truppen (einschließlich aller hinzugestoßenen Reserven)	612 000
Überlebende des Feldzuges	110 000
russische Verluste	ca. 210 000

101.1 Die Zusammensetzung der „Großen Armee". Zahlen nach Heinz Dieter Schmid, Fragen an die Geschichte, Bd. 3, 1981, S.172.

101.2 Rückzug der französischen Truppen aus Russland 1812, Gemälde von Johann Adam Klein, um 1812.

Q2 Napoleons Europaidee?

Nach St. Helena verbannt, gab Napoleon seinen Kriegszügen in der Rückschau eine neue Rechtfertigung (1816):

Eine meiner Lieblingsideen war die Zusammenschmelzung, die Vereinigung der Völker. ... Es gibt in Europa mehr als 30 Millionen Franzosen, 15 Millionen Spanier, eben-
5 so viel Italiener und 30 Millionen Deutsche. Ich wollte sie alle in einem einzigen festen nationalen Körper vereinigen. Dem Vollbringer dieses Werkes würde die Nachwelt ihre schönsten Kränze weihen, und ich fühl-
10 te mich stark und berufen, eine solche Arbeit zu unternehmen. War dies getan, dann könnte man sich dem jetzt nur erträumten Ideal einer höheren Gesittung hingeben; dann war kein Wechsel mehr zu befürch-
15 ten ..., denn es herrschte nun ein Gesetz, einerlei Meinung, eine Ansicht, ein Interesse, das Interesse der Menschheit. ...
Dieser Plan, eine Vereinigung der Nationen herbeizuführen, und zwar der edelsten, tap-
20 fersten und geistreichsten, ist zwar durch mein Unglück und meinen Sturz gescheitert, aber er ist darum doch nicht verloren.

H. Schulze, I. U. Paul (Hg.), Europäische Geschichte, 1994, S. 190.

---

1. Erstelle eine Zeitleiste zum Leben Napoleons und ordne sie im Sinne der Karikatur 99.1 an.

2. Stelle den Verlauf der Französischen Revolution grafisch dar. Vergleiche dabei Q1 und die in M1 genannten Gesetze mit den ursprünglichen Zielen der Revolution.

3. Verdeutliche die Stellung Napoleons in der Revolution.

4. Nenne Begriffe, die mit der Europaidee Napoleons verbunden sind. (Q2) Setze sie in Beziehung zu den Informationen in Tabelle 101.1 und unseren heutigen Vorstellungen von einem geeinten Europa.

9. Napoleons Politik verändert Deuschland

Der Bäcker Napoleon zieht die neu gebackenen Könige von Bayern, Württemberg und den Großherzog von Baden aus dem Ofen. Der vorn liegende Besen trägt die Aufschrift „Korsischer Besen der Zerstörung". Mit ihm hat Napoleon die Herrscher ehemals selbstständiger Staaten ins Aschenloch gekehrt. Im Hintergrund knetet der französische Außenminister weitere Könige.

102.1 „Der große französische Kuchenbäcker", Karikatur von James Gillray, 1806.

■ Das Ende des Heiligen Römischen Reiches

„Mir ist übrigens zumute, als wenn ein alter Freund sehr krank ist, die Ärzte geben ihn auf, man versichert, dass er sterben wird, und mit aller Gewissheit wird man doch erschüttert, wenn die Post kommt: Er ist tot." Das schrieb Goethes Mutter am 19. August 1806 an ihren Sohn. Das zu erwartende Ende bezieht sich auf das Heilige Römische Reich Deutscher Nation. Am 6. August 1806 hatte Kaiser Franz die Kaiserkrone abgelegt und war nun nur noch Kaiser von Österreich.

Damit kam eine Entwicklung zum Abschluss, die sich seit den Revolutionskriegen angebahnt hatte: Frankreich hatte die Rheinregion erobert. Als Entschädigungen für Gebietsverluste hatten einige Fürsten nun geistliche Güter erhalten, die innerhalb ihres Territoriums lagen. Diese wurden säkularisiert („verweltlicht"), wie es in den protestantischen Staaten schon im Zuge der Reformation geschehen war. Auch kleinere, bisher unabhängige Herrschaftsbereiche, die innerhalb größerer Staaten wie Bayern, Württemberg und Baden lagen, verloren ihre Eigenständigkeit, indem sie den größeren Staaten angeschlossen wurden.

Auf einem Reichstag wurde 1803 die Besitzveränderung mit einem Beschluss, dem „Reichsdeputationshauptschluss*", besiegelt. So entstanden in sich geschlossene Flächenstaaten, Vorformen der heutigen Bundesländer. Sie waren so groß, dass sie nützliche Verbündete des napoleonischen Frankreichs sein konnten, aber zu klein, um eine Gefährdung für Frankreich darzustellen. Im Jahr 1806 schlossen sich die neuen Staaten im Süden und Westen zum „Rheinbund" zusammen und traten aus dem Deutschen Reich aus. Vor diesem Hintergrund war es konsequent, dass der Kaiser abdankte.

Große Teile des heutigen Niedersachsens gehörten zu Beginn des 19. Jahrhunderts zum Kurfüstentum Braunschweig-Lüneburg (auch „Kurhannover" genannt). Es war mit Großbritannien in Personalunion* verbunden. Als Großbritannien 1803 Frankreich den Krieg erklärte, rückten französische Truppen in das Kurfürstentum ein. Vorübergehend wurde Preußen mit der Verwaltung Braunschweig-Lüneburgs beauftragt. Nach der Niederlage Preußens gegen Frankreich (1806) wurde es allerdings zum großen Teil in das neu geschaffene Königreich Westfalen integriert, in dem Napoleons Bruder Jérôme herrschte.

*Reichsdeputationshauptschluss: Eine Reichsdeputation ist ein Ausschuss der im Reichstag vertretenen Stände (geistlichen und weltlichen Fürsten, Reichsstädten), „Schluss" bedeutet Beschluss.

*Personalunion: Verschiedene Ämter werden durch ein und dieselbe Person ausgeübt. So war der britische König gleichzeitig Kurfürst von Braunschweig-Lüneburg.

Die Französische Revolution und Europa

Q1 Ein „Modellstaat" soll entstehen

Am 15. November 1807 schrieb Napoleon an seinen Bruder Jérôme, den König von Westfalen:

Mein Bruder, beiliegend finden Sie die Verfassung Ihres Königreichs. ... Sie müssen sie getreulich befolgen. Das Glück Ihres Volkes liegt mir nicht allein wegen des Ein-
5 flusses am Herzen, den es auf Ihren und meinen Ruhm haben kann, sondern auch in Hinsicht auf die allgemeine europäische Politik. ...
Man ist im Königreich Westfalen aufge-
10 klärter, als man Ihnen zugestehen möchte, und Ihr Thron wird in der Tat nur auf dem Vertrauen und der Liebe Ihrer Untertanen befestigt sein. Was aber das deutsche Volk am sehnlichsten wünscht, ist, dass diejeni-
15 gen, die nicht von Adel sind, durch ihre Fähigkeiten gleiche Rechte auf Ihre Auszeichnungen und Anstellungen haben, dass jede Art Leibeigenschaft und vermittelnde Obrigkeit zwischen dem Souverän und der
20 untersten Volksklasse aufgehoben werde. Ihr Königtum wird sich durch die Wohltaten des Code civil, durch das öffentliche Gerichtsverfahren und die Einführung des Geschworenengerichts auszeichnen. ... Ihr
25 Volk muss sich einer Freiheit, einer Gleichheit, eines Wohlstandes erfreuen, die den übrigen Völkern Deutschlands unbekannt sind! ... Welches Volk wird zu der willkürlichen preußischen Regierung zurückkeh-
30 ren wollen, wenn es einmal von den Wohltaten einer weisen und liberalen Verwaltung gekostet hat?

E. Kleßmann (Hg.): Deutschland unter Napoleon in Augenzeugenberichten, 1982, S. 277 f.

---

1. Beschreibe die Veränderungen in den deutschen Staaten. Beziehe dich dabei auf den Verfassertext und die Karten.

2. Entwirf ein Regierungsprogramm, in dem der westfälische König Jérôme die Forderungen seines Bruders umzusetzen versucht. (Q1)

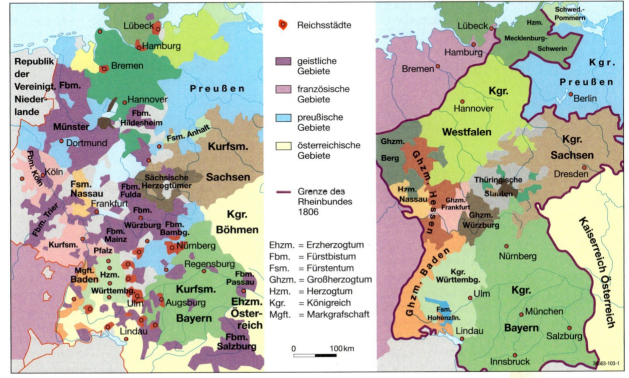

103.1 Das Heilige Römische Reich im Jahr 1790 und die deutschen Staaten im Jahr 1812.

10. Reformen in Preußen

104.1 Führende Köpfe der preußischen Reformen (von links nach rechts): Karl Freiherr vom Stein, Karl August Fürst von Hardenberg, Gerhard von Scharnhorst, Wilhelm von Humboldt.

*Edikt (von lateinisch „edicere": verkündigen): öffentlicher Erlass, öffentliche Verordnung

■ Das Beispiel Flatow

Im Jahre 1817 bereiste der preußische Kriegsrat Christian Friedrich Scharnweber das Gebiet der „Herrschaft Flatow". Sie gehört heute zu Polen und heißt jetzt Złotów. Scharnweber war im Auftrag des Königs unterwegs, um zu erkunden, ob es sich lohnen würde, diese Herrschaft durch den preußischen Staat zu kaufen. Er begutachtete einen Kreis, der sich innerhalb der letzten zehn Jahre radikal verändert hatte. Welche Veränderungen hatten sich vollzogen und wie war es dazu gekommen?

■ Das Oktoberedikt von 1807

Die Niederlage gegen Frankreich hatte gezeigt, dass Preußen keine unbezwingbare Militärmacht mehr war. Es war gerade noch gelungen, den Staat Preußen als solchen zu erhalten. Mit Unbehagen sahen die politisch Verantwortlichen, dass die französische Besetzung in vielen Teilen Deutschlands begrüßt wurde. Schließlich bedeutete sie auch die Einführung größerer Freiheiten.

In dieser Situation hatten die Regierenden, einschließlich des Königs, den Mut, tief greifende Reformen in Preußen durchzuführen. Freiherr vom Stein, von Hardenberg, Humboldt und Scharnhorst – um nur einige zu nennen – veranlassten eine „Revolution von oben". Die bedeutendste Reform betraf die Verhältnisse auf dem Land, denn davon waren 80 Prozent der Bevölkerung betroffen: Am 9. Oktober 1807, nur ein Jahr nach der Niederlage gegen Napoleon, erschien das „Edikt* über den erleichterten Besitz und den freien Gebrauch des Grundeigentums sowie die persönlichen Verhältnisse der Landbewohner". Im letzten Paragrafen wird festgestellt: „Nach dem Martini-Tage 1810 gibt es nur freie Leute." Dieser Satz verdeutlicht, was im Titel schon anklingt. Alle Bauern werden aus der vererbten Untertänigkeit unter die großen Güter, die in der Regel von Adligen geführt wurden, entlassen. Das Ackerland konnte frei erworben werden. Es war ein Handelsgut geworden, das sowohl von Adligen als auch Bürgern und von den Bauern, die es bewirtschafteten, gekauft werden konnte. Damit war das grundherrschaftliche System beseitigt, so wie es schon in Frankreich durch die Nationalversammlung geschehen war.

Ganz so einfach, wie es das Edikt verkündet, war die Umsetzung dann aber nicht. Der Adel stemmte sich gegen das Gesetz. Über ein „Regulierungsedikt", an dem Scharnweber mitgearbeitet hatte, wurde festgelegt, wie der Adel entschädigt werden sollte. Ein Drittel bis die Hälfte des Bauernlandes musste dafür an die Adligen abgegeben werden. Die Ablösung konnte auch über eine Zahlung erfolgen, doch dafür fehlte den meisten das Geld. Das Ergebnis der Reform war, dass es eine deutliche Vermehrung der freien Bauernwirtschaften gab. Es entstand ein landwirtschaftlicher Mittelstand. Scharnweber sah diese Fortschritte auch in Flatow. „Man wird Güter tauschen müssen", schlug er vor, „damit zusammenhängende Flächen bewirtschaftet werden können." Zugleich

Die Französische Revolution und Europa

105.1 Ernteszene, 1804. Zeichnung des englischen Künstlers William Henry Pyne.

könnten neue Flächen urbar* gemacht werden, die dann den freien Bauern gehören sollten. Aber Scharnweber sah auch, dass die Reform Probleme mit sich brachte.

■ Die Verlierer der Reform

Diejenigen, die schon vorher zu den stark Abhängigen gehörten, waren die eigentlichen Verlierer: Sie verloren den Schutz und die Fürsorge durch den Grundherrn und hatten nun nur noch ihre Arbeitskraft, die sie als Landarbeiter auf den Gütern bzw. Bauernhöfen verkauften.

Hier erkannte Scharnweber Versäumnisse: Es hat nichts „für die Bauernfamilien geschehen können, welche von den Gutsherren mit der Berechtigung, die ihnen die Gesetze gaben, aus ihren Höfen geworfen wurden. ... Hat nun gleich der Krieg und das mannigfache Elend seit 1806 viele dieser abgekommenen Bauernfamilien zerstreut und vernichtet, so bleibt doch eine große Zahl übrig, die ein Unterkommen sucht und es nicht findet", schrieb er in seinem Bericht für den preußischen König. Das zeigt seinen klaren Blick auf die Schattenseite des Prozesses. Tatsächlich musste nur wenige Jahre später eine große Zahl von Geringverdienenden bzw. Arbeitslosen nach Westen ziehen, um dort in den neu entstandenen Fabriken zu arbeiten (➔ S. 158 f.).

Der Modernisierungsprozess war aber nicht mehr umzukehren. In den Städten ermöglichte er den Bürgern, sich am politischen Geschehen zu beteiligen. Das Schulwesen wurde reformiert. Die Juden wurden mit der übrigen Bevölkerung weitgehend gleichgestellt und jeder, ob adlig oder bürgerlich, konnte das Gewerbe betreiben, das er wollte. Eine Entwicklung also, die in vielem den Ergebnissen der Französischen Revolution glich, allerdings ohne dass es auch in Preußen eine Verfassung gegeben hätte, die die Rechte und Mitsprachemöglichkeiten genau festlegte.

**urbar: landwirtschaftlich nutzbar*

105.2 Die Verkündung des Endes der Erbuntertänigkeit der Bauern. Relief auf dem Sockel eines Denkmals für Karl Freiherr vom Stein in Berlin aus dem Jahr 1875.

10. Reformen in Preußen

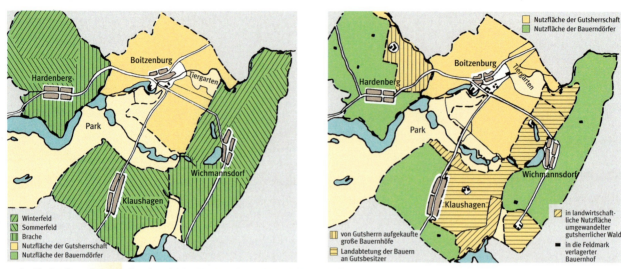

106.1 Die Gutsherrschaft in Boitzenburg im heutigen Bundesland Brandenburg. Links: um 1800, rechts: um 1870.

Q1 Wie kann Preußen modernisiert werden?

a) Im Jahr 1807 verfasste der Reformer Karl August Graf von Hardenberg eine Denkschrift über die „Reorganisation des Preußischen Staates":

Der Bürgerstand: Dadurch, dass einem jeden der Zugang zu allen Stellen, Gewerben und Beschäftigungen eröffnet wird, gewinnt der Bürgerstand.
5 Der Bauernstand: Der zahlreichste und wichtigste, bisher allerdings am meisten vernachlässigte und gedrückte Stand im Staat, der Bauernstand, muss notwendig ein vorzüglicher Gegenstand der Sorgfalt sein. Die
10 Aufhebung der Erbuntertänigkeit müsste durch ein Gesetz kurz und gut und sogleich verfügt werden.

G. Winter (Hg.), Die Reorganisation des Preußischen Staates, Teil 1, Bd. 1, 1931, S. 78.

b) Der Reformpolitiker Karl Freiherr vom Stein beschrieb im Jahr 1808, welche Ziele er verfolgte:

Mein Ziel war es, den Kampf der Stände untereinander zu vernichten, dass jeder im Volke frei seine Kräfte entfalten könne. ... Es gilt, auf solche Weise das Volk zu nöti-
5 gen, König und Vaterland dergestalt zu lieben, dass es Gut und Leben ihnen gern zum Opfer bringe. Wenn dem Volk alle Teilnahme an den Operationen des Staates entzogen wird,
10 wird es die Regierung teils gleichgültig, teils in Opposition mit sich betrachten.

K. Freiherr vom Stein, Briefwechsel, Bd. 2, 1937, S. 583.

---

1. Schreibt in Partnerarbeit einen Dialog und führt ihn vor: Der Freiherr vom Stein nennt und verteidigt seine Ziele der Reform vor einem Landarbeiter, der seine Sicht des Wandels dagegensetzt.

2. Formuliert ein Protestschreiben gegen das Oktoberedikt aus der Sicht eines adligen Gutsbesitzers.

3. Vergleiche die Karten 106.1 a,b und beschreibe, wie sich die Nutzfläche der Gutswirtschaft im Verhältnis zu den Nutzflächen der Bauernwirtschaften verändert hat.

4. Stelle in einer Grafik dar, wie die Ziele vom Steins und von Hardenbergs (Q1 a und b) zusammenhängen.

5. a) Beschreibe die Porträts vom Steins und von Hardenbergs.
b) Diskutiert, wie diese Formen der Selbstdarstellung zur Bauernbefreiung passen.

KOMPAKT
Die Französische Revolution und Europa

1789 steckte Frankreich in einer tiefen Finanzkrise. Um über Lösungen zu beraten, berief König Ludwig XVI. im Mai 1789 die Generalstände nach Versailles ein. Als der König die Forderungen des dritten Standes zurückwies, erklärten sich dessen Vertreter zur **verfassunggebenden Nationalversammlung**. Wenig später kam es in Paris zu Unruhen, bei denen am 14. Juli 1789 das Staatsgefängnis, die Bastille, gestürmt wurde. Die Menschen forderten „Freiheit, Gleichheit, Brüderlichkeit" für alle Franzosen. Im August schaffte die Nationalversammlung die ↗Privilegien für Klerus und Adel ab und verkündete die ↗**Menschen- und Bürgerrechte**.

Die neue Verfassung trat 1791 in Kraft. Sie sah eine klare ↗**Gewaltenteilung** vor. Es galt allerdings ein ↗**Zensuswahlrecht**. Der König, der die Entwicklung nicht unterstützte, wurde 1792 abgesetzt, Frankreich war seitdem eine Republik. Die Entwicklung rief Gegner hervor. In mehreren Kriegen mussten die Franzosen ihre neue Staatsform verteidigen. Politische Gegner im Inneren bekämpfte ein von der Regierung eingesetzter „Wohlfahrtsausschuss" unter der Leitung von **Maximilien Robespierre**. Unzählige Todesurteile wurden vollstreckt. Erst mit der Hinrichtung Robespierres endete die **Schreckensherrschaft**.

Vertreter des Großbürgertums übernahmen nun – als „Direktorium" – die Regierung. Doch mithilfe der Armee wurde das Direktorium von General **Napoleon Bonaparte** 1799 gestürzt. 1804 krönte dieser sich zum „Kaiser der Franzosen". Bis 1812 baute Napoleon durch Feldzüge seine Herrschaft über weite Teile Europas aus. Das Heilige Römische Reich Deutscher Nation wurde aufgelöst.

1813 begannen die **Befreiungskriege** gegen die französische Herrschaft. Noch im selben Jahr besiegten die Heere Russlands, Preußens, Österreichs und Schwedens die Truppen Napoleons in der **Völkerschlacht bei Leipzig**. Napoleon musste im April 1814 abdanken. Sein Versuch, wieder an die Macht zu gelangen, endete 1815 mit der Niederlage gegen britische, preußische und niederländische Truppen bei Waterloo.

In der Zeit der napoleonischen Herrschaft und während der Befreiungskriege veranlassten viele deutsche Fürsten umfassende staatliche **Reformen** (u. a. Bauernbefreiung, Gewerbefreiheit, Schulpflicht).

1789	Ludwig XVI. eröffnet in Versailles die Versammlung der Generalstände (5. Mai). Die Vertreter des Dritten Standes erklären sich zur Nationalversammlung (17. Juni). Die Bastille wird gestürmt (14. Juli). Die Nationalversammlung verkündet die Menschen- und Bürgerrechte (26. August).
1791/92	Die neue Verfassung tritt in Kraft. Frankreich führt Kriege gegen Bündnisse ausländischer Mächte. Der Nationalkonvent schafft die Monarchie ab und übernimmt die Regierung (22. September).
ab 1793	Unter der Führung des Politikers Maximilien Robespierres beginnt eine Zeit der Schreckensherrschaft. Sie endet am 28. 7. 1794 mit der Hinrichtung Robespierres.
ab 1795	Die Regierung wird von einem „Direktorium" ausgeführt.
1799	General Napoleon Bonaparte reißt die Macht an sich. 1804 krönt er sich zum „Kaiser der Franzosen" und unterwirft bis 1812 in Kriegszügen große Gebiete Europas.
1813	Die Heere Russlands, Preußens, Österreichs und Schwedens besiegen die Truppen Napoleons in der Völkerschlacht bei Leipzig (16.–19. Oktober). Napoleon muss abdanken.

Der Kampf um Einheit und Frei

Der Zug zum Hambacher Schloss im Jahr 1832 gilt als erste Demonstration in einem deutschen Staat. Niemals zuvor hatten sich so viele Menschen versammelt, um Freiheit zu fordern.

Der Abgeordnetenausweis von Dr. Jucho aus Frankfurt, einem Mitglied des deutschen Vorparlaments. Es trat im Jahr 1848 zusammen und bereitete das erste deutsche Parlament mit gewählten Abgeordneten, die Nationalversammlung, vor.

heit

„Das Lichten des Hochwaldes". Diese Karikatur wurde 1848 veröffentlicht.

„Abschied der Auswanderer", Ölgemälde von Antonie Volkmar, 1860. Viele Menschen, die sich für einen demokratischen deutschen Staat eingesetzt hatten, sahen seit den 1850er-Jahren die Auswanderung nach Amerika als einzige Zukunftsperspektive.

"Der erste Mann des Jahrhunderts"

110.1 Der kranke Heinrich Heine in seiner „Matratzengruft". Zeichnung von Charles Gleyre, 1851.

„Denk ich an Deutschland in der Nacht,
Dann bin ich um den Schlaf gebracht,
Ich kann nicht mehr die Augen schließen,
Und meine heißen Thränen fließen."

So hat er vor wenigen Jahren geschrieben. Aber jetzt? Der Kranke kann kaum noch die Augen öffnen; will er etwas genauer betrachten, so muss er mit seinen abgemagerten Fingern die Lider nach oben schieben. Die Beine sind völlig gelähmt. Der Kopf ruht auf einem Berg von Kissen, die ihm eine halbwegs aufrechte Lage ermöglichen. Das Sprechen fällt ihm schwer. Um nur einige Stunden Schlaf zu finden, muss er eine immer höhere Dosis Morphium nehmen.

Der Kranke heißt Heinrich Heine und ist einer der berühmtesten – und meistgehassten – Dichter deutscher Sprache. Schreiben kann er kaum mehr, meistens diktiert er einem Sekretär. Seit 1848, dem Jahr, in dem in Deutschland von Heine ersehnte politische Veränderungen endlich möglich erschienen, ist er durch eine unheilbare Krankheit völlig ans Bett gefesselt. Nun liegt er in einer „Matratzengruft" in seiner Pariser Wohnung. Er ist völlig auf die Hilfe seiner französischen Ehefrau Eugénie Crescence angewiesen. Schon vor der Heirat im Jahr 1841 hat er mit ihr einige Jahre zusammengelebt.

1835 wurden Heines Schriften in Deutschland verboten; sie seien – so heißt es in der Begründung – geeignet, „die christliche Religion auf die frechste Weise anzugreifen, die bestehenden Verhältnisse herabzuwürdigen und alle Zucht und Sittlichkeit zu zerstören". Damit wurde eine wesentliche Einnahmequelle Heines verschüttet, denn nun durften seine Werke in Deutschland nicht mehr verkauft werden. Auch die Fürsprache seines Verlegers Julius Campe von dem noch heute bestehenden Verlagshaus „Hoffmann & Campe" half da nichts. Wenigstens hatte Heine Anrecht auf eine lebenslängliche Pension aus dem Familienerbe. Und auch der französische Staat unterstützte ihn.

Seit 1831 lebte Heine in Frankreich. Deutschland hatte er verlassen, weil er unter den politischen Zuständen dort litt. Als Schriftsteller verlangte er das Recht, sich frei zu äußern. In Deutschland wurden seine Schriften aber vor der Veröffentlichung geprüft und „zensiert". Doch nach wie vor nahm Heine an den politischen Vorgängen in seiner Heimat lebhaften Anteil. So war er für einige Jahre Frankreich-Korrespondent einer führenden deutschen Zeitung. Mit Karl Marx, der damals wie Heine im französischen Exil lebte, arbeitete er an dessen Zeitschrift „Vorwärts!". Doch vor allem dichtete er.

110.2 Heinrich Heine zur Zeit seiner Übersiedlung nach Frankreich. Gemälde von Moritz D. Oppenheim, 1831.

TIEG

Einige seiner bekanntesten Werke entstanden in Paris, so auch „Deutschland. Ein Wintermärchen". Heinrich Heine nimmt darin einen Reiseweg durch Deutschland zum Anlass, an verschiedenen Orten vorgefundene Zustände zu kritisieren und gegen die deutschen Fürsten Stellung zu beziehen.

Im Jahr 1825 hatte Heine an der Universität Göttingen promoviert und damit sein ungeliebtes Jurastudium abgeschlossen. Um seine Chancen als Anwalt zu erhöhen, hatte sich der als Jude geborene Heine kurz vor Abschluss des Studiums protestantisch taufen lassen – auf den Namen Heinrich. Seinen ursprünglichen Namen Harry legte er damit ab. Doch schon bald musste er erkennen, dass auch die Taufe nicht die erhoffte Eintrittskarte in die europäische Kultur darstellte. Er schrieb: „Ich bereue sehr, daß ich mich getauft hab; ich seh noch gar nicht ein, daß es mir seitdem besser gegangen sey." Weder gelang ihm eine Karriere als Anwalt in Hamburg noch erhielt er die erhoffte Professur in München.

Überhaupt war das Studium vor allem ein Ausweg aus einer kaufmännischen Laufbahn gewesen, die seine Familie für ihn vorgesehen hatte. Doch Heine hatte sowohl als Bankier wie als Tuchhändler versagt. Gedichteschreiben war ihm stets viel wichtiger gewesen. An seinem kaufmännischen Scheitern war also nicht seine Zugehörigkeit zum Judentum schuld. Schließlich war die Familie Heine, die zum assimilierten* Judentum Düsseldorfs gehörte, seit 1811 Nutznießer des napoleonischen „Code civil" gewesen. Dieser hatte auch für die von den französischen Truppen besetzten Gebiete und die Staaten des mit Napoleon verbündeten Rheinbunds gegolten. Nach dem Code civil waren erstmals Juden rechtlich mit Nichtjuden gleichgestellt worden – ein großer Schritt für die Juden Deutschlands.

Doch bereits 1804 war es dem damals siebenjährigen Heine erlaubt worden, nach einem Jahr in einer israelitischen Grundschule zusammen mit christlich getauften Kindern eine öffentliche Schule in Düsseldorf zu besuchen.

111.1 Das Gedicht „Die deutschen Censoren" aus den „Reisebildern. Zweiter Teil" (1827).

Das Lyceum – heute sagt man Gymnasium – hatte er allerdings ohne einen Abschluss verlassen; eine alte Familientradition, denn für eine kaufmännische Laufbahn war damals keine abgeschlossene Schulausbildung nötig.

Am 13. Dezember 1797 war Harry Heine in Düsseldorf als ältester Sohn einer jüdischen Familie geboren worden. Er selbst nannte später manchmal die Neujahrsnacht 1800 als Geburtsdatum und bezeichnete sich als „der erste Mann des Jahrhunderts" – des Jahrhunderts der Reformen und Revolutionen.

*assimiliert: an eine vorherrschende Kultur angepasst

---

1. a) Erstelle einen tabellarischen Lebenslauf Heinrich Heines. Lege die Tabelle so an, dass in einer Spalte Lebensdaten Heines stehen, in einer zweiten lässt du Platz für allgemeine Daten.
b) Ergänze während der Bearbeitung der folgenden Kapitel immer wieder die rechte Spalte.

2. Versuche zu erklären, warum Heine als „der erste Mann des Jahrhunderts" gelten wollte.

1. Eine neue Ordnung für Europa

■ Der Wiener Kongress

September 1814: Die Herrschaft Napoleons über Europa war zu Ende. Wie sollte es jetzt weitergehen? Um diese Frage zu erörtern, luden die Siegermächte England, Russland, Österreich und Preußen die europäischen Fürsten zu einem Kongress nach Wien ein. Etwa 200 Personen – darunter auch viele Minister und Gesandte – kamen unter dem Vorsitz des österreichischen Staatskanzlers Fürst Metternich zusammen. Schnell war klar: Ihr gemeinsames Ziel war die ↗Restauration* der alten Machtverhältnisse in Europa. Im Juni 1815 wurde die Schlussakte des Kongresses unterzeichnet, die für die Zukunft ein Gleichgewicht der Mächte in Europa sichern sollte. Frankreich wurden seine Eroberungen zum größten Teil wieder genommen; es galten die französischen Grenzen von 1792. Damit blieb es aber Großmacht und bestimmte zusammen mit Russland, Preußen, Österreich und England im 19. Jahrhundert die europäische Politik.

*Restauration: wörtlich „Wiederherstellung"

■ Kein deutscher Nationalstaat?

Die Eroberungen Napoleons hatten 1806 zum Ende des „Heiligen Römischen Reiches Deutscher Nation" geführt. Viele Menschen, die danach in den Befreiungskriegen gekämpft hatten, hofften nun darauf, dass nach dem Sieg über die französischen Truppen ein neuer deutscher Nationalstaat entstehen würde, der die Bürger an der Regierung beteiligte.

Die Fürsten entschieden jedoch anders: Die meisten in der Zeit Napoleons neu geschaffenen Staaten wurden aufgelöst; ihre Gebiete gingen an die früheren Besitzer zurück. Allein die süddeutschen Staaten Bayern, Württemberg und Baden blieben erhalten.

Nur in wichtigen Fragen sollte es Absprachen zwischen den Regierungen der Einzelstaaten geben. Dazu wurde der ↗Deutsche Bund geschaffen, ein lockerer Zusammenschluss der deutschen Staaten. Mit einer Bundesversammlung in Frankfurt, zusammengesetzt aus Gesandten der beteiligten Regierungen, sollte der Bund die Politik der Einzelstaaten koordinieren. Beschlüsse konnten dabei nur mit Zweidrittelmehrheit gefasst werden. Das war weder ein gemeinsames deutsches Parlament noch der erhoffte deutsche Nationalstaat. Es war eine Ordnung, die den Interessen der Fürsten entsprach.

112.1 Mitteleuropa nach dem Wiener Kongress, 1815.

Der Kampf um Einheit und Freiheit

Q1 Erwartungen

a) Ein Unbekannter schrieb am 10. November 1814 in den „Deutschen Blättern":

Welcher wahre Deutsche kann jetzt träge abwarten, was werden wird? ... Jetzt scheint der Augenblick gekommen, wo die Nation für so viel Treue und Aufopferung eine gerechte Anerkennung ihrer Würde in einer geläuterten Verfassung erwarten darf. Deren Hauptbasis sollte eine nach vernunftgemäßen Grundsätzen eingerichtete und unabhängige Repräsentation sein.

H. Schulze, Der Weg zum Nationalstaat, 1985, S. 142 f.

b) Johann Wolfgang von Goethe (1749–1832) sagte 1813 in einem Gespräch:

Sie sprechen von dem Erwachen, von der Erhebung des deutschen Volkes und meinen, dieses Volk werde sich nicht wieder entreißen lassen, was es errungen und mit Gut und Blut teuer erkauft hat, nämlich die Freiheit. Ist denn wirklich dieses Volk erwacht? Weiß es, was es will und was es vermag?

W. Herwig (Hg.), Goethes Gespräche. Bd. 2, 1998, S. 862 ff.

113.1 Die Herrscher von Österreich, Russland und Preußen schlossen 1815 eine „Heilige Allianz", ein Bündnis gegen Angriffe auf die bisherige Ordnung und gegen revolutionäre Bewegungen. Zeitgenössische Darstellung.

Q2 Politische Realitäten

a) Karl Ludwig von Haller war ein Staatsrechtler. Seine Werke wurden in konservativen Kreisen viel gelesen. Er schrieb 1816:

1. Die Fürsten herrschen nicht aus anvertrauten, sondern aus eigenen Rechten. Es ist ihnen keine Gewalt von dem Volke übertragen worden, sondern sie besitzen diese Macht durch sich selbst von der Natur, wie alles Angeborene. ...
2. Sie sind also nicht von dem Volke gesetzt oder geschaffen, sondern sie haben dieses Volk nach und nach um sich her versammelt und in ihren Dienst aufgenommen. Das Volk ist ursprünglich nicht vor dem Fürsten, sondern im Gegenteil der Fürst vor dem Volk, gleichwie der Herr vor seinen Dienern. ...
3. Die Fürsten sind nicht die ersten Diener des Staates, nicht die obersten Beamten des Volkes, wodurch die Diener zu Herren und der Herr zum Diener gemacht wurden.
Sie sind nicht bloß das Oberhaupt des Staates, sondern die Fürsten sind unabhängige Herren, die nach den Regeln der Gerechtigkeit nicht fremde, sondern nur ihre eigene Sache regieren.

C. L. v. Haller, Restauration der Staatswissenschaft, Bd. 1, 1820, S. 86, gekürzt.

---

1. Arbeite heraus, welche Erwartungen nach dem Sieg über Napoleon geäußert wurden. (Q 1)

2. Stelle die Regelungen des Wiener Kongresses zusammen. Erläutere deren Hintergründe. (VT, 112.1, Q 2)

3. Beschreibe und erläutere Abbildung 113.1. Warum hat der Maler wohl die Herrscher als Ritter in einer mittelalterlichen Kulisse dargestellt?

2. Die Bürger fordern Einheit und Freiheit

114.1 Studenten verbrennen eine preußische Uniform und Bücher auf dem Wartburgfest 1817.

Andere, die gegen die napoleonische Herrschaft gekämpft hatten, erhofften sich nach dem Sieg eine Veränderung der Verhältnisse. Sie begannen, sich zusammenzuschließen. Gemeinsam wollten sie die Einheit Deutschlands erreichen (↗Nationalismus) und ebenso die ↗Menschen- und Bürgerrechte (↗Liberalismus). Ihre Auseinandersetzung mit der Obrigkeit, den herrschenden Fürsten, prägte die Politik nach 1815.

■ Das Wartburgfest

Zu den Vorkämpfern für nationale und liberale Ziele gehörten viele Studenten. Sie organisierten sich in Burschenschaften, denen ungefähr 20 Prozent der Studierenden angehörten. Im Oktober 1817 veranstalteten sie ein Fest auf der Wartburg. Zum Anlass nahmen sie den vierten Jahrestag der Leipziger Völkerschlacht, in der Napoleon besiegt worden war. Gleichzeitig erinnerten sie an den Beginn der Reformation vor genau 300 Jahren. Während des Festes verbrannten die Studenten Gegenstände, die ihrer Ansicht nach Unterdrückung symbolisierten. Darunter war auch der einst als fortschrittliches Gesetzbuch gefeierte „Code civil" (S. 100); er galt nun als Symbol der Fremdherrschaft.

■ Enttäuschte Hoffnungen

Die Fürsten hatten auf dem Wiener Kongress die Verhältnisse in ihrem Sinne geregelt. Vielen Menschen war das recht, denn nach Revolution und Krieg wollten sie vor allem Ruhe und Ordnung.

114.2 Der Denkerclub. Karikatur, um 1820. Auf der Tafel rechts stehen die „Gesetze des Denker-Clubs". **Punkt II** lautet: „Schweigen ist das erste Gebot dieser gelehrten Gesellschaft." **Punkt III**: „Auf dass kein Mitglied in Versuchung geraten möge, seiner Zunge freien Lauf zu lassen, so werden beim Eintritt Maulkörbe ausgeteilt." **Punkt IV**: „Der Gegenstand, welcher in jedesmaliger Sitzung durch ein reifes Nachdenken gründlich erörtert werden soll, befindet sich auf einer Tafel mit großen Buchstaben deutlich geschrieben."

Der Kampf um Einheit und Freiheit

Die preußischen Behörden versuchten, die Ereignisse herunterzuspielen. Die Regierungen anderer deutscher Länder aber waren wegen der Ziele der Veranstaltung besorgt und erwogen Gegenmaßnahmen.

Im Jahr 1819 ergab sich dafür ein Anlass: Ein ehemaliger Burschenschaftler, der Liberale Karl Ludwig Sand, erstach den Dichter August von Kotzebue. Dieser hatte den Zorn der Liberalen auf sich gezogen, weil er Berichte über die Verhältnisse in Deutschland an den russischen Zaren geschrieben hatte; Kotzebue galt als Spion. Den politisch motivierten Mord an dem Dichter nahmen die Regierungen zum Anlass, um gegen die liberale Bewegung insgesamt vorzugehen. Unter der Leitung des österreichischen Staatskanzlers Metternich wurden noch im selben Jahr die „Karlsbader Beschlüsse" (Q 2) erlassen, mit denen die Liberalen unterdrückt werden sollten.

115.1 Die Familie des Malers Carl Begas. Ölgemälde aus dem Jahr 1821.

■ Die ersten Verfassungen

Als der ↗Deutsche Bund gegründet wurde, hatten sich die Staaten dazu verpflichtet, ↗Verfassungen zu schaffen. Diese sollten die Machtverteilung zwischen Fürsten und Volk regeln. Verhalfen sie nicht den Untertanen zu mehr Rechten?

Ausgerechnet in den größten deutschen Staaten, Preußen und Österreich, wurden keine Verfassungen eingeführt. In den kleineren Staaten sahen die Verfassungen gewählte ↗Parlamente vor. Das Wahlrecht der Bürger richtete sich – wie in Frankreich 1791 – nach ihrem Vermögen; darüber hinaus durften Frauen auch in Deutschland nicht wählen. Zudem waren die Rechte der Parlamente beschränkt: Allein die Fürsten konnten Gesetze in die Landtage einbringen. Die Zustimmung der Abgeordneten brauchten sie nur für Gesetze, die das Eigentum oder die persönliche Freiheit betrafen. Die Abgeordneten dagegen konnten ihre politischen Forderungen nur in Form von Petitionen, einer Art von Bittschriften, einbringen. Die Auseinandersetzungen zwischen liberalen Abgeordneten und der Regierung in den Parlamenten wurden von der Öffentlichkeit genau beobachtet.

■ Der Beginn des bürgerlichen Zeitalters

Neben denjenigen, die offen Veränderungen anstrebten, gab es viele Bürger, die sich nach der langen Kriegszeit endlich Frieden und Ruhe wünschten und sich ins Privatleben zurückzogen. Später wurden sie durch die Spottfigur des „Herrn Biedermeier" karikiert. Nach dieser Figur wurde die Zeit nach 1815 auch „Biedermeierzeit" genannt. „Herr Biedermeier" war ein Familienvater, der sich um seine Familie sorgte und ein behagliches Leben führte. Das bürgerliche Leben der Biedermeierzeit war geprägt von Schlichtheit und Sachlichkeit. Es setzte sich von der adligen Prunkwelt ab.

In der Geborgenheit der Wohnungen entstanden private Lesekreise. Wohlhabende Bürger trafen sich in ihren Salons. Sie beschäftigten sich mit deutscher Geschichte und Literatur. An den Universitäten begannen Professoren wie Jakob und Wilhelm Grimm, die deutsche Sprache zu erforschen. Zudem arbeiteten sie an einem vielbändigen Wörterbuch und sammelten Volksmärchen. Dadurch machten sie die Menschen auf die gemeinsame Tradition der deutschen Staaten aufmerksam. Auch dies förderte das Bewusstsein, dass Deutschland ein Ganzes sei.

116.1 „Sand der Freie" lautet der Titel dieses Farbdrucks von 1819, der Karl Ludwig Sand vor dem Mord an August von Kotzebue zeigt. Die Unterschrift des Originals lautete: „Lebt wohl ihr Berge, ihr goldenen Wege, ihr traulichen stillen Täler, lebt wohl."

Q1 Ziele der Burschenschaften

Nach dem Wartburgfest 1817 hielten Studenten der Universität Jena, die in Burschenschaften organisiert waren, ihre politischen Grundsätze in einer Denkschrift fest. Wegen des Misstrauens der Behörden wurde sie nicht veröffentlicht, aber von Hand abgeschrieben und weitergegeben:

1. Ein Deutschland ist, und ein Deutschland soll bleiben. Je mehr die Deutschen durch verschiedene Staaten getrennt sind, desto heiliger ist die Pflicht für jeden frommen
5 und edlen deutschen Mann und Jüngling, dahin zu streben, dass die Einheit nicht verloren gehe und das Vaterland nicht verschwinde. …
16. Der Wille des Fürsten ist nicht das Ge-
10 setz des Volkes, sondern das Gesetz des Volkes soll der Wille der Fürsten sein. …
20. Gesetze sind keine Verordnungen und Vorschriften; Gesetze müssen von denen ausgehen oder angenommen werden, wel-
15 che nach ihnen leben sollen … Alle Gesetze haben die Freiheit der Person und die Sicherheit des Eigentums zum Gegenstande. Ein freier Mann kann nur gerichtet werden nach Satzungen, die er selbst als richtig und
20 notwendig erkannt hat. …
28. Das erste und heiligste Menschenrecht, unverlierbar und unveräußerlich, ist die persönliche Freiheit. … Solange Leibeigenschaft in irgendeinem Teile Deutschlands
25 besteht, so lange muss sich vieler Segen im Vaterlande in Fluch umwandeln. …
31. Das Recht, in freier Rede und Schrift seine Meinung über öffentliche Angelegenheiten zu äußern, ist ein unveräußerliches
30 Recht jedes Staatsbürgers, das ihm unter allen Umständen zustehen muss. …
32. Überhaupt sind öffentliche Gerichtspflege und das Geschworenengericht in Fällen, bei denen es um die Todesstrafe geht,
35 die sichere Bürgschaft für die gerechte Verwaltung des Rechts.

Geschichte in Quellen, Band 5, 1980, S. 845 ff., gekürzt.

Q2 Die Karlsbader Beschlüsse

1819 verabschiedete der Bundestag in Frankfurt Gesetze, die die liberale und nationale Bewegung unterdrücken sollten. Eine Kommission von Fürsten hatte die Gesetze im österreichischen Badeort Karlsbad formuliert:

a) Aus dem Universitätsgesetz:
§ 2: Die Bundesregierungen verpflichten sich, Universitäts- und andere öffentliche Lehrer von den … Lehranstalten zu entfernen, die ihre Unfähigkeit zur Verwaltung
5 des ihnen anvertrauten wichtigen Amtes unverkennbar an den Tag gelegt haben
• durch erwiesene Abweichung von ihrer Pflicht oder Überschreitung der Grenzen ihres Berufs,
10 • durch Missbrauch ihres rechtmäßigen Einflusses auf die Gemüter der Jugend,
• durch Verbreitung verderblicher, der öffentlichen Ordnung und Ruhe feindseliger oder die Grundlagen der bestehen-
15 den Staatseinrichtungen untergrabender Lehren.
Ein auf solche Weise ausgeschlossener Lehrer darf in keinem anderen Bundesstaate bei irgendeinem öffentlichen Lehrinstitute
20 wieder angestellt werden.
§ 3: Die seit langer Zeit bestehenden Gesetze gegen geheime oder nicht genehmigte Verbindungen auf den Universitäten sollen in ihrer ganzen Kraft und Strenge aufrecht-
25 erhalten werden. Sie sollen insbesondere auf … den unter dem Namen der allgemeinen Burschenschaft bekannten Verein ausgedehnt werden.

Der Kampf um Einheit und Freiheit

b) *Aus dem Pressgesetz (Pressegesetz):*
§ 1: Es dürfen Schriften, die in der Form täglicher Blätter oder heftweise erscheinen, desgleichen solche, die nicht über 20 Bogen (1 Bogen umfasst 16 Seiten) im Druck stark sind, in keinem deutschen Bundesstaate ohne Vorwissen und vorherige Genehmigung der Landesbehörden zum Druck befördert werden.
Ebd., S. 86 f., gekürzt.

Q3 So macht man Demokraten

Der Dichter Fritz Reuter (1810–1874) wurde 1833 als Mitglied einer radikalen Burschenschaft zuerst zum Tode verurteilt, vier Jahre später zu 30 Jahren Festungshaft begnadigt. 1840 wurde er vorzeitig entlassen. Er erinnert sich:

Ick will nicks wider dorvon seggen, denn … nah fiwuntwintig Johr kriwwelt mi de Hut, wenn ick doran denk. Un denn wunnern sick de Lüd' noch, wo einer Demokrat warden kann. As wi inspunnt (eingesperrt) würden, wiren wi't nich, as wi rute kemen, wiren wi't all.
gutenberg.spiegel.de, 27.5.2009

117.1 Staaten im Deutschen Bund, die vor 1848 eine Verfassung erhielten.

1. Stelle anhand der Karte 117.1 eine Liste der Staaten des Deutschen Bundes auf, die sich nach dem Wiener Kongress eine Verfassung gaben.

2. a) Erläutere, welche Ziele die Burschenschaften hatten und wie diese begründet wurden. (Q 1)
b) Beziehe die Darstellung des radikalen Burschenschaftlers Karl Ludwig Sand, des Mörders von August von Kotzebue, ein. (116.1)

3. a) Stelle die Maßnahmen zusammen, mit denen die Regierungen der deutschen Staaten die Liberalen schwächen wollten. (Q 2)
b) Erläutere die Bedeutung der Karlsbader Beschlüsse.

4. Betrachte Abbildung 114.2 und fasse die Kritik des Karikaturisten in wenigen Sätzen zusammen.

5. Lies die Aussage Fritz Reuters (Q 3) laut und übersetze sie. Erkläre, welche Wirkungen Reuter der Unterdrückung durch die Regierung zuschreibt.

6. a) Betrachte und beschreibe die Abbildung 115.1.
b) Wähle eine der Personen aus und formuliere, was sie sehen und denken könnte.

7. Informiere dich über heutige Burschenschaften und die Kritik an ihnen. Verfasse einen zustimmenden oder ablehnenden Artikel dazu.

3. Juden in Deutschland: Hoffnung und Enttäuschung

118.1 Moses Mendelssohn (1729–1786), Kupferstich, um 1821.

*Pogrom: gewaltsame Massenausschreitung gegen Mitglieder religiöser, nationaler und ethnischer Minderheiten, die von der Bedrohung bis hin zum Mord gehen kann. Die Ausschreitungen zu Beginn des 19. Jahrhunderts werden auch als „Hep-Hep-Krawalle" bezeichnet.

118.2 Titelblatt eines Buches mit religiösen Texten (Haggada), Köln 1838. Das Buch wurde nicht nur in Hebräisch, sondern auch in Deutsch herausgegeben. Der Herausgeber Isaac Offenbach wies darauf hin, dass nicht mehr alle Juden die hebräische Sprache beherrschten.

■ Von Dessau nach Berlin

Berlin, 1743, Rosenthaler Tor, das einzige, durch das Juden der Eintritt in die Stadt erlaubt ist. Der schwächliche Moses Mendelssohn, gerade vierzehn Jahre alt, bittet um Einlass. Er hat einen fünftägigen Fußmarsch von Dessau nach Berlin hinter sich – eine Leistung für den kränklichen Jugendlichen. Moses muss noch eine Gebühr entrichten, den sogenannten Leibzoll – nur Juden müssen das. Dann darf er endlich Berlin betreten. Sein früherer Lehrer David Fränkel verschafft ihm Unterkunft und einen bescheidenen Unterhalt. So kann Mendelssohn in Berlin bei Fränkel lernen und später ein Studium aufnehmen. Als er 1786 stirbt, ist Moses Mendelssohn einer der bedeutendsten Philosophen der Aufklärung (➔ S. 32 ff.).

Mendelssohns Gang nach Berlin wird manchmal als „Weg der Juden in die europäische Öffentlichkeit" bezeichnet. Denn bis ins späte 18. Jahrhundert war Juden in Mitteleuropa entweder ein Leben als Händler oder als Hofjuden, also fürstliche Bankiers, möglich. Grundbesitz war ihnen verboten; viele Juden mussten als Bettler über Land ziehen. In vielen Ländern und Städten durften sie nicht leben; in anderen mussten sie in – meist überfüllten – Gettos wohnen.

■ Der Weg aus dem Getto

Um 1800 setzte sich in Mitteleuropa der Gedanke durch, dass Juden nicht mehr aus der bürgerlichen Gesellschaft ausgeschlossen werden dürften. In Großbritannien war 1753 in der „Jew Bill" bereits weitgehende Religionsfreiheit gewährt worden. Herrscher des „Aufgeklärten Absolutismus" erließen „Toleranzedikte", die den Juden zwar keine rechtliche Gleichstellung gewährten, jedoch besonders demütigende Regelungen wie den Leibzoll aufhoben. Nach der Französischen Revolution erhielten Juden in Frankreich erstmals eingeschränkte staatsbürgerliche Rechte. Im Zuge der Preußischen Reformen wurden Juden 1812 preußische Staatsbürger; von nun an konnten sie wohnen, wo sie wollten, und erhielten das Recht, einen Beruf ihrer Wahl auszuüben. Allerdings gab es viele Ausnahmeregelungen.

Manche Juden blieben ihrer Tradition verhaftet, andere nahmen den Lebensstil der Mehrheit ihrer Mitbürger an. Frauen wie Rahel Varnhagen oder Dorothea Schlegel, eine Tochter Mendelssohns, führten in Berlin bekannte Salons, die in ihrer Zeit zum Mittelpunkt geistigen Lebens wurden. Es entstanden z. B. Auseinandersetzungen darüber, ob man gleichzeitig Jude und Deutscher sein könne. Nach und nach wurde die jüdische Religion als eine Konfession unter anderen betrachtet. Manche Juden traten zum Christentum über wie etwa Heinrich Heine (➔ S. 110 f.). Er schrieb: „Der Taufzettel ist das Entré-Billet zur europäischen Kultur."

Mit der fortschreitenden ↗ Emanzipation der Juden entwickelten sich allerdings seit 1819 in vielen Städten Europas – sozusagen als Gegenbewegung – pogromartige Ausschreitungen* gegen Juden. Jüdische Bürger wurden beschimpft, bedroht und misshandelt, ihre Häuser, Geschäfte und Synagogen wurden zerstört. Häufig gingen Gewalttaten von Handwerkern und Händlern aus, die um ihre wirtschaftliche Vorrangstellung fürchteten, aber auch von Studenten.

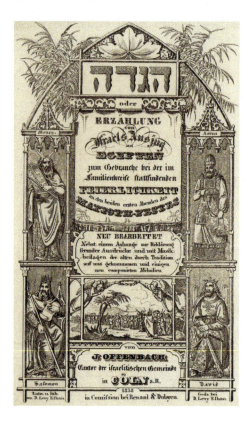

Q1 Fortschritte in Preußen

Am 11. März 1812 erließ König Friedrich Wilhelm III. von Preußen das „Preußische Emanzipationsedikt":

Wir Friedrich Wilhelm, von Gottes Gnaden König von Preußen usw., haben beschlossen, den jüdischen Glaubensgenossen in Unserer Monarchie eine neue, der allgemeinen Wohlfahrt angemessene Verfassung zu erteilen. ...
§ 1. Die in Unsern Staaten jetzt wohnhaften ... Juden und deren Familien sind für Einländer und Preußische Staatsbürger zu achten.
§ 2. Die Fortdauer dieser ihnen beigelegten Eigenschaft als Einländer und Staatsbürger wird aber nur unter der Verpflichtung gestattet: dass sie fest bestimmte Familiennamen führen, und dass sie ... der deutschen oder einer andern lebenden Sprache, und bei ihren Namensunterschriften keiner andern als deutscher oder lateinischer Schriftzüge sich bedienen sollen.
§ 3. Binnen sechs Monaten ... muss ein jeder ... Jude vor der Obrigkeit seines Wohnorts sich erklären, welchen Familiennamen er beständig führen will. ...
§ 6. Diejenigen Juden, welche den Vorschriften § 2 und 3 zuwiderhandeln, sollen als fremde Juden angesehen und behandelt werden
§ 7. Die für Einländer zu achtenden Juden hingegen sollen, insofern diese Verordnung nichts Abweichendes enthält, gleiche bürgerliche Rechte und Freiheiten mit den Christen genießen. ...

www.heinrich-heine-denkmal.de (6.8.2009)

Q2 Alter Glaube in neuer Zeit

Samson Raphael Hirsch, 1808 in Hamburg geboren, war in den 1830er-Jahren Landesrabbiner* in Oldenburg; später wirkte er vor allem in der jüdischen Gemeinde in Frankfurt. Im Gottesdienst ließ er Neuerungen zu, etwa das Orgelspiel oder manchmal eine Predigt in Deutsch, hielt ansonsten aber am Hebräischen als Sprache der Gebete fest. Stets warnte Hirsch vor der Gefahr, den traditionellen Glauben aufzugeben; dies bezeichnete er als „Auflösung":

In einer solchen Zeit der Auflösung trägt jeder die ganze Last des Ganzen, keiner darf schlafen, weil alle wirken müssen! ... Kaufmann, Handwerker, Ungelehrter – mehr als der vom Leben ferne Gelehrte vermögt ihr in solcher Zeit! Womit? Mit eurem Ernst! Es sei euch ernst um die Erhaltung des Gesetzes [hier: Glaubensregeln], in eurem und eurer Kinder Leben! Streitet nicht mit Andersdenkenden, feindet sie nicht an! Aber den Ernst, die Entschlossenheit, die Ganzheit in eurem und eurer Kinder Leben setzet stillschweigend entgegen ... dem Schwanken, der erbärmlichen Halbheit, die auf der andern Seite sich geltend machen will. Lasset jedem das Recht, seine Meinung auszusprechen, aber wahret auch euch das Eure, und sprecht auch eure Meinung aus, wo es gilt, ernst und ruhig, voll und würdig. Verkümmert keinem das Recht, nach seiner Weise zu leben, aber wahret auch euch das Eure, und lebt nach göttlichem Gesetz ruhig und ernst, offen und frei! Hindert keinen in der Erziehung seiner Kinder nach seinen Ansichten, aber erziehet auch eure nach der eurigen und zu der eurigen!

S. R. Hirsch, Erste Mittheilungen aus Naphtalis Briefwechsel, 1838, S. 78.

119.1 Samson Raphael Hirsch (1808–1888), Druckgrafik, um 1840.

---

1. a) Formuliere den Auszug aus dem „Preußischen Emanzipationsedikt" (Q1) in eigenen Worten.
b) Erläutere, welche Folgen das Gesetz für das Leben von Juden in Preußen hatte.

2. Zeige Chancen und Probleme auf, vor die sich Juden nach ihrer Emanzipation gestellt sahen. (VT, s. auch S. 110 f.)

3. a) Arbeite aus Q2 heraus, wie Hirsch die Aufgabe gläubiger Juden in seiner Gegenwart sieht.
b) Setze seine Auffassung in Beziehung zu seiner Tätigkeit als Rabbiner.

* Rabbiner: jüdischer Gelehrter und Geistlicher, Richter in religiösen Fragen

4. In Europa brodelt es

120.1 „Die Freiheit führt das Volk auf die Barrikaden". Gemälde von Eugène Delacraoix zur Julirevolution in Frankreich, 1830. Die „Freiheit" ist als übergroße weibliche Gestalt mit Trikolore und Bajonett dargestellt.

■ Freiheitskämpfe in Europa

1814 im russischen Schwarzmeerhafen Odessa: Drei griechische Händler gründen einen Geheimbund, die „Gesellschaft der Freunde", die bald großen Zulauf hat. Das Ziel: die Wiederherstellung des Oströmischen Reiches, das im 15. Jahrhundert vom Osmanischen Reich erobert wurde. Geheimbünde dieser Art gibt es viele in jener Zeit. Dieser aber wird Geschichte schreiben.

1821 brachen im Süden Griechenlands, angefacht von der „Gesellschaft der Freunde", Aufstände gegen die türkische Herrschaft aus. Zunächst konnte das türkische Militär die Unruhen niederschlagen. Dies geschah auch mit Zustimmung des österreichischen Staatskanzlers Metternich, der möglichst überall in Europa die alte Ordnung erhalten wollte. Viele Europäer – unter ihnen bekannte Persönlichkeiten – setzten sich allerdings für die Griechen ein. In Flugschriften und auf Zusammenkünften riefen sie zur Unterstützung des Freiheitskampfes auf.

Die Griechenbegeisterung erfasste vor allem junge Menschen, die als Freiwillige den Aufständischen zu Hilfe eilten. Ein langer und blutiger Krieg begann.

Schließlich stellten sich auch die Großmächte Russland, England und Frankreich auf die Seite der Griechen – sie wollten das Osmanische Reich schwächen. Als ihre Kriegsschiffe in die Kämpfe eingriffen, mussten die Türken 1829 die Unabhängigkeit Griechenlands anerkennen. Fürst Metternich hatte damit eine Niederlage einstecken müssen, denn die „Heilige Allianz" der Fürsten (S. 113), die die bestehende Ordnung hatte bewahren wollen, war zerbrochen.

Ebenfalls 1821 erhoben sich Menschen in Italien gegen die österreichische Fremdherrschaft und Unterdrückung. In Polen kam es 1830 zu Aufständen gegen den russischen Zaren, der versucht hatte, das Land nach russischem Vorbild zu gestalten. Die Aufstände in Italien und Polen wurden allerdings niedergeschlagen.

Der Kampf um Einheit und Freiheit

Auch in Frankreich hatten seit 1815 die Adligen wieder die gesellschaftlich führenden Positionen inne. Sie hatten, wie es hieß, „nichts gelernt und nichts vergessen". Im Juli 1830 wollte der König zur absoluten Monarchie zurückkehren. Dazu beschnitt er das Wahlrecht und hob die Pressefreiheit auf. Da aber brach ein Aufstand los. Der Monarch musste abdanken. Der Herzog von Orléans, Louis Philippe, ein Verwandter des Königs, wurde als „Bürgerkönig" eingesetzt. Er musste auf die Verfassung schwören und die Pressezensur aufheben.

■ Und Deutschland?

Auch in Deutschland schöpfte die liberale Opposition wieder Hoffnung. Der Dichter Heinrich Heine empfand die Zeitungsmeldungen von der Julirevolution in Frankreich als „Sonnenstrahlen, eingewickelt in Druckpapier". In der Öffentlichkeit wurde wieder diskutiert, in den Landtagen fanden große Debatten über die Ausweitung der Rechte der Parlamente statt. In einigen Städten brachen Unruhen aus, die gewaltsam durch Militär niedergeschlagen wurden.

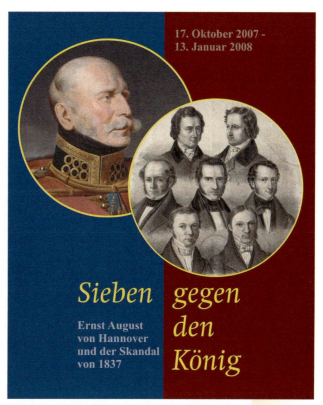

121.1 Die „Göttinger Sieben" und König Ernst August von Hannover, Ausstellungsplakat, 2008.

Die eindrucksvollste Demonstration nationalen und liberalen Denkens in Deutschland spielte sich am 27. Mai 1832 beim „Hambacher Fest" in der Südpfalz ab. Bereits am Vortag waren massenweise Besucher aus verschiedenen deutschen Gegenden in Neustadt an der Weinstraße eingetroffen. Gesang, das Läuten der Kirchenglocken und Böllerschüsse hatten sie begrüßt. Früh am nächsten Tag zogen die Teilnehmer in einem langen Zug zum nahe gelegenen Hambacher Schloss hinauf. An zahlreichen Buden konnten die Menschen Speisen und Getränke kaufen; Reden wurden gehalten.

Das Hambacher Fest erlangte schnell eine weit über die Pfalz hinausreichende Bedeutung als „Nationalfest der Deutschen". Auf dieses Ereignis datieren Historiker den Beginn des „Vormärz", also der Zeit vor der deutschen Revolution im März 1848. Die Reden, vor allem der beiden Hauptredner Philipp Jakob Siebenpfeiffer und Johann Georg August Wirth, wurden in ganz Deutschland verbreitet.

Ein Vorfall im Königreich Hannover führte zu weiterem Erstarken der liberalen Bewegung: Im Jahr 1833 war dort eine freiheitliche Verfassung von einem gewählten Parlament verabschiedet worden. 1837 aber hob der neue König Ernst August die Verfassung auf und löste auch das Parlament auf. Dagegen wehrten sich sieben Professoren der Göttinger Universität, darunter der Staatsrechtler Friedrich Christoph Dahlmann und die Gebrüder Grimm. In einem Schreiben an die Regierung erklärten sie, sich auch weiterhin an ihren Eid auf die alte Verfassung zu halten. Der König reagierte umgehend und erteilte den „Göttinger Sieben" Berufsverbot. Einige von ihnen, darunter Dahlmann und Jakob Grimm, mussten das Königreich Hannover sofort verlassen. Der Brief wurde von Studenten in kürzester Zeit und vielen Abschriften in ganz Deutschland verbreitet und schweißte die Liberalen noch mehr zusammen. Die Mehrheit der Professoren an der Universität Göttingen hatte allerdings nichts gegen die Maßnahmen des Königs unternommen.

Der englische Dichter Lord Byron unterstützte die griechische Unabhängigkeitsbewegung mit großen Geldmitteln. 1824 reiste er nach Griechenland, wo er kurze Zeit später starb.

122.1 Lord Byron schwört, für die Befreiung Griechenlands zu kämpfen. Gemälde, um 1825.

Q1 Jetzt oder nie!

Ein Flugblatt (um 1821) überliefert das anonyme Gedicht „Griechenlands Befreiung vom Türkenjoche". Darin heißt es:

Jetzt oder nie! Des Schicksals Würfel liegen;
Jetzt gilt es sterben oder siegen;
Euch ruft das Vaterland.
Ergreift die Waffen, Söhne der Hellenen!
Ein schöner Sieg wird eure Thaten krönen,
Des Nachruhms Unterpfand.

Jetzt oder nie – zerbrecht die Sklavenketten!
Setzt alles dran, die Freiheit euch zu retten,
Des Lebens höchstes Gut. …
Der Halbmond muss dem Kreuze weichen,
Dem Griechen der Barbar.

H. Lutz, Zwischen Habsburg und Preußen. Deutschland 1815–1866, Berlin 1994, S. 59.

Q2 Die Freiheit führt das Volk …

1831 besuchte Heinrich Heine mehrmals den „Salon", die Pariser Gemäldeausstellung im Louvre. Darüber schrieb er in einem Zeitungsartikel:

Ich wende mich zu Delacroix, der ein Bild geliefert hat, vor welchem ich immer einen großen Volkshaufen stehen sah. Eine Volksgruppe während den Julitagen ist darge-
5 stellt, und in der Mitte, beinahe wie eine allegorische Figur, ragt hervor ein jugendliches Weib, eine Flinte in der einen Hand und in der andern eine dreifarbige Fahne. Sie schreitet dahin über Leichen, zum
10 Kampfe auffordernd, entblößt bis zur Hüfte, ein schöner, ungestümer Leib, das Gesicht ein kühnes Profil. Heilige Julitage von Paris! Wie schön war die Sonne, und wie groß war das Volk von Paris!

H. Heine, Sämtliche Schriften, Band 5, 1976, S. 39 ff., gekürzt.

Q3 Ziel und Aufgabe des deutschen Liberalismus

Ein liberaler Abgeordneter des württembergischen Landtages schrieb 1832:

Freiheit im Innern und Unabhängigkeit nach außen sind die beiden Pole, nach denen alles Leben des Jahrhunderts strömt. Die französische Nation ist die erste Nation

Der Kampf um Einheit und Freiheit

der Welt geworden, weil sie diese beiden Grundrichtungen der Gegenwart am reinsten in sich aufgenommen hat und in ihrer Unzertrennlichkeit am kräftigsten und entschiedensten der Welt vor Augen stellt. Nachdem jahrhundertelang alle Rechte der Völker in dem Recht und der Persönlichkeit der Fürsten aufgegangen waren, hat man sich überzeugt, dass nicht die Völker um der Fürsten, sondern die Fürsten um der Völker willen vorhanden sind. Man hat erkannt, dass die Völker selbst auch Rechte besitzen, welche von der Person des sie regierenden Monarchen unabhängig bleiben. Die Nationen sind jetzt das geworden, was früher die Monarchien oder Dynastien waren. ... Die Nationalunterschiede werden nicht aufhören; aber Nationalität und persönliche Freiheit müssen forthin Hand in Hand gehen.

P. A. Pfizer, Gedanken über das Ziel und die Aufgabe des deutschen Liberalismus, 1832.

123.1 *Schwarz-rot-goldene Abzeichen, auch als Kokarde (runder Aufnäher), 1832. In der Französischen Revolution waren Kokarden in den Farben der Flagge das Abzeichen der Revolutionäre gewesen.*

Q4 Einheit und Freiheit!

Der Journalist und frühere Beamte Philipp Jakob Siebenpfeiffer hielt auf dem Hambacher Fest eine viel beachtete Rede. Er sagte:

Vaterland – Freiheit – ja! ein freies deutsches Vaterland – dies der Sinn des heutigen Festes, dies die Worte, deren Donnerhall durch alle deutschen Gemarken [Regionen] drang, den Verrätern der deutschen Nationalsache die Knochen erschütternd, die Patrioten aber anfeuernd und stählend zur Ausdauer im heiligen Kampfe, im Kampfe zur Abschüttlung innerer und äußerer Gewalt. ...

Und es wird kommen der Tag, der Tag des edelsten Siegstolzes, wo der Deutsche vom Alpengebirg und der Nordsee, vom Rhein, der Donau und Elbe den Bruder im Bruder umarmt, wo die Zollstöcke und die Schlagbäume, wo alle Hoheitszeichen der Trennung und Hemmung und Bedrückung verschwinden, ... wo freie Straßen und freie Ströme den freien Umschwung aller Nationalkräfte und Säfte bezeugen; ... wo jeder Stamm, im Innern frei und selbstständig, zu bürgerlicher Freiheit sich entwickelt, und ein starkes, selbstgewordenes Bruderband alle umschließt zu politischer Einheit und Kraft, wo die deutsche Flagge allen freien Völkern den Bruderkuss bringt. ...
Es lebe das freie, das einige Deutschland!
... Hoch lebe jedes Volk, das seine Ketten bricht und mit uns den Bund der Freiheit schwört! Vaterland – Volkshoheit – Völkerbund hoch!

www.demokratiegeschichte.eu/index.php?id=192 (27.5.2009)

---

1. Erkläre, wie die Ereignisse in Griechenland, Polen und Frankreich die Einstellungen der Liberalen in Deutschland beeinflussten. (VT, Q1)

2. Versetze dich in die Rolle eines Türken und beschreibe deine Reaktion bei der Lektüre des Flugblatts. (Q1)

3. Beschreibe das Gemälde von Delacroix und vergleiche deine Beschreibung mit der von Heinrich Heine. Kannst du Unterschiede erkennen? Erkläre sie. (120.1, Q2)

4. a) Stelle dir vor: Du bist um 1830 „Wahlkampfmanager" der württembergischen Liberalen. Formuliere nach der Rede des Abgeordneten (Q3) einige prägnante Slogans.
b) Vergleicht eure Ergebnisse.

5. a) Fasse die Forderungen Siebenpfeiffers in eigenen Worten zusammen. Erläutere dann, was er kritisiert. (Q4)
b) Informiere dich unter www.demokratiegeschichte.eu ausführlicher über das Hambacher Fest. Verfasse eine Reportage über die Veranstaltung. Schreibe anschaulich und so, als wärest du dabei gewesen.

WERK

Das Lied der Deutschen

Jeder weiß, dass Lieder emotional beeinflussen und, wenn man sie gemeinsam mit anderen singt, Zusammengehörigkeitsgefühle erzeugen können. Eingängige Melodien bewirken zudem, dass sich ihre Texte schnell einprägen. Dies machten sich in der Zeit des Vormärz viele Kritiker von Fürstenherrschaft und Unterdrückung der Meinungsfreiheit zunutze: Ihre Kritik äußerten sie gern in Form politischer Lieder. Denn diese wurden meist „mündlich" weitergegeben – und entzogen sich so der Zensur der Behörden.

Ein sehr bekanntes Lied schrieb der Preuße August Heinrich Hoffmann (1798–1874). Nach seinem Geburtsort Fallersleben, heute ein Stadtteil von Wolfsburg, nannte er sich „Hoffmann von Fallersleben".

Ein Lied und seine Wirkung

Im Sommer 1841 hielt sich Hoffmann von Fallersleben auf der damals englischen Nordseeinsel Helgoland auf. Er traf dort mit Freunden zusammen, die wie er die politischen Zustände ihrer Zeit kritisierten. Hoffmann hatte zu diesem Zeitpunkt bereits eine Sammlung kritischer Lieder veröffentlicht, die viele Gleichgesinnte begeisterten. In seinen Erinnerungen berichtete er später, am 26. August sei ihm während eines Inselspaziergangs die Idee zu einem neuen Text gekommen, den er sogleich niederschrieb und seinem Verleger Campe aus Hamburg anbot. Auf dessen Kommentar: „Hoffmann, Ihr Lied braucht eine Melodie", antwortete dieser: „Haydns Kaiserhymne war mir im Ohr, als ich die Verse schuf. Es ist eine wunderbare Weise und fast alle Deutschen kennen sie. Nun wird der Text ausgewechselt; der Kaiser weicht und Deutschland kommt hinzu."

Die „Kaiserhymne" war nicht nur ein Lobgesang auf den letzten Kaiser des Heiligen Römischen Reiches, Franz II. Sie war im Jahr 1797 entstanden, als der französische General Napoleon Bonaparte von Oberitalien aus die Herrschaft des Kaisers bedrohte. Hoffmann nannte seinen neuen Text zu diesem Lied „Das Lied der Deutschen". Durch den Verlag Campes wurde er bald veröffentlicht und fand Aufnahme in Liederbüchern der Zeit. Die damals an vielen Orten entstehenden Gesangvereine sangen das Lied regelmäßig, auch auf Sängerfesten.

Neben anderen nationalen Liedern trug „Das Lied der Deutschen" dazu bei, dass sich bei den Menschen in Deutschland allmählich ein Bewusstsein dafür entwickelte, nicht nur Bayern, Hannoveraner oder Sachsen, sondern Deutsche zu sein und einer gemeinsamen Nation anzugehören. Hoffmanns Worte „Deutschland über alles" bedeuteten 1841, dass Deutschland mehr war als die jeweiligen Einzelstaaten des Deutschen Bundes.

Das Lied der Deutschen

Deutschland, Deutschland über alles,
Über alles in der Welt,
wenn es nur zum Schutz und Trutze
brüderlich zusammenhält.
Von der Maas bis an die Memel,
von der Etsch bis an den Belt.
Deutschland, Deutschland über alles,
über alles in der Welt.

Deutsche Frauen, deutsche Treue,
deutscher Wein und deutscher Sang
sollen in der Welt behalten
ihren alten guten Klang.
Uns zu edler Tat begeistern
unser ganzes Leben lang.
Deutsche Frauen, deutsche Treue,
deutscher Wein und deutscher Sang.

Einigkeit und Recht und Freiheit
für das deutsche Vaterland,
danach lasst uns alle streben
brüderlich mit Herz und Hand!
Einigkeit und Recht und Freiheit
sind des Glückes Unterpfand.
Blüh im Glanze dieses Glückes,
blühe deutsches Vaterland.

Text: Hoffmann von Fallersleben, 1841
nach der Melodie: „Gott erhalte Franz den Kaiser"
von Joseph Haydn, 1797.

Der lange Weg zur Nationalhymne

„Das Lied der Deutschen" brachte das Wunschbild der Liberalen von einer geeinten deutschen Nation zum Ausdruck. Doch nachdem 1871 mit der Gründung des Deutschen Reiches die Nation endlich geeint war, wurde – zu Hoffmanns Enttäuschung – das Lied nicht zur offiziellen Nationalhymne erklärt.

Dazu kam es aber 1922: Deutschland war seit 1919 eine Demokratie. Doch 1922 herrschten bürgerkriegsähnliche Zustände, nachdem der deutsche Außenminister Walther Rathenau durch junge Rechtsradikale ermordet worden war. Mit Blick auf die dritte Strophe des „Liedes der Deutschen" hofften die Regierenden nun, die Demokratie in Deutschland stärken zu können, was aber nicht gelang.

Als 1933 die Nationalsozialisten an die Macht kamen, durfte das „Deutschlandlied" nur noch in Kombination mit dem „Horst-Wessel-Lied" gesungen werden, einem Marschlied, das Kampf und Sieg über politische Gegner der Nationalsozialisten zum Inhalt hatte. Zumeist wurde nur die erste Strophe von Hoffmanns Lied gesungen. „Deutschland, Deutschland über alles" war nun aber ganz anders gemeint!

Wegen des „Missbrauchs" der ersten Strophe des Liedes durch die Nationalsozialisten und dessen verheerender Wirkung auf andere Länder wurde nach der Gründung der Bundesrepublik Deutschland versucht, eine neue Hymne ins Leben zu rufen. 1952 einigten sich die Regierenden jedoch darauf, die dritte Strophe des „Liedes der Deutschen" als Nationalhymne anzuerkennen.

Nach der Wiedervereinigung der bis 1990 bestehenden beiden deutschen Staaten – die DDR hatte bis dahin eine eigene Hymne – bestätigten der damalige Bundespräsident Richard von Weizsäcker und Bundeskanzler Helmut Kohl die Entscheidung von 1952. Die dritte Strophe des Deutschlandliedes ist seitdem die Nationalhymne des vereinten, demokratischen Deutschland.

125.1 Hoffmann von Fallersleben.

Arbeitstechnik: Politische Lieder untersuchen

Lieder können einer gemeinsamen Sache eine „Stimme" geben. Um Lieder aus früheren Zeiten zu verstehen, kann eine Untersuchung nach folgenden Aspekten weiterhelfen:

A) Entstehung klären
- Wie ist der Titel des Liedes?
- Wann wurde das Lied geschrieben oder gesungen?
- Wer hat das Lied verfasst?
- In welchem Land war es bekannt?

B) Text untersuchen
- Was erfahren wir aus den einzelnen Strophen?
- Vor welchem historischen Hintergrund ist der Inhalt des Liedtextes zu sehen?
- Welche Absichten könnte der Autor mit dem Text verfolgt haben?

C) Wirkung von Text und Melodie untersuchen
- Welchen Charakter hat die Musik? Ist sie z. B. fröhlich oder traurig, mitreißend oder zurückhaltend, kriegerisch oder besänftigend?
- Welche Gefühle könnte das Lied bei den Menschen damals ausgelöst haben?

D) Das Lied aus heutiger Sicht beurteilen
- Wie wirkt das Lied heute auf uns?
- Können wir dem Lied eine Botschaft für die heutige Zeit entnehmen? Wenn ja, wie würdest du sie formulieren?

1. Stelle dar, welche Absichten jeweils mit der „Kaiserhymne" und dem „Lied der Deutschen" verfolgt wurden.

2. a) Erläutere deine Einstellung zur deutschen Nationalhymne.
   b) Befrage auch deine Eltern, Großeltern oder andere Angehörige älterer Generationen nach ihrem Verhältnis zur Nationalhymne.

5. Hungerrevolten!

126.1 Das Elend in Schlesien. Darstellung aus den Münchner „Fliegenden Blättern", 1848.

schen als je zuvor suchten nun Arbeit; sie mussten wohnen, sich kleiden und ernähren. In der Landwirtschaft verbesserten zwar neue Arbeitsweisen die Erträge, dennoch reichte die Nahrung nur in guten Jahren. Bei Missernten hungerten große Teile der Bevölkerung. Deshalb wurde z. B. der Anbau der Kartoffel stark gefördert. Aber 1846 grassierte die Kartoffelfäule in Europa. Daher fiel die Kartoffelernte fast vollständig aus. Nun stiegen auch die Getreidepreise wieder sprunghaft an. Im Frühjahr 1847 kostete Weizen 50 Prozent mehr als noch zwei Jahre zuvor.

Für die entstandene Massenarmut tauchte im Brockhaus-Lexikon erstmals 1846 ein Begriff auf, den Historiker heute noch dafür verwenden: „Pauperismus". Pauperismus sei, so heißt es, „da vorhanden, wo eine zahlreiche Volksklasse sich durch die angestrengteste Arbeit höchstens das notdürftigste Auskommen verdienen kann und auch dessen nicht sicher ist".

■ Unruhen und Brotkrawalle

Nicht alle Betroffenen nahmen Armut hin. Schon 1844 wehrten sich die Weber in Schlesien gegen ihr Schicksal. Sie verdienten ihren Lebensunterhalt als Heimarbeiter für Verleger, Unternehmer, die den Arbeitern Rohmaterial lieferten und deren Produkte dann weiterverkauften. Die meisten Weber arbeiteten mit altertümlichen Webstühlen. Doch seit 1815 eroberten immer mehr in England hergestellte Stoffe den deutschen Markt. Diese wurden mit mechanischen Webmaschinen produziert und waren deutlich billiger als die in Handarbeit gefertigten Textilien. Daher stellten sie eine gefährliche Konkurrenz dar. Von 1830 bis 1844 reduzierten die Unternehmer die Löhne der Weber auf ein Viertel, um die Herstellungskosten zu senken! Die Lebensbedingungen der Weber hatten sich deutlich verschlechtert.

■ Armut und Hunger

Winter 1846/47: Klirrende Kälte, großes Elend in ganz Deutschland. In manchen Gegenden wird ein Drittel der Bevölkerung zu den „völlig Verarmten" gezählt. Mancherorts organisieren Regierungen „Bettlerumzüge". Dabei werden täglich in den einzelnen Stadtteilen und angrenzenden Dörfern Almosen erbettelt.

*Revolte: Aufruhr oder Aufstand, meist auf eine kleine Gruppe oder eine Region begrenzt

Zwischen 1800 und 1850 stieg in Deutschland die Bevölkerungszahl von 21 Millionen auf 35 Millionen Menschen. Viel mehr Men-

Auch an anderen Orten führten die Krise des Handwerks und die steigenden Getreidepreise zu Hungerrevolten*. Hungernde stürmten 1847 z. B. in Berlin und Wien die Lebensmittelstände der Märkte und plünderten Bäckereien. Die Regierungen ließen die Unruhen von Militär und Polizei niederschlagen.

Es arbeiteten in Fabriken und Bergwerken:	Es arbeiteten in Heimarbeit:
(in absoluten Zahlen und in % der Beschäftigten)	
1780 80 000 = 1 %	969 000 = 8,5 %
1850 600 000 = 4 %	1 500 000 = 10,0 %
1913 7 200 000 = 23 %	500 000 = 2,0 %

126.2 Fabrikarbeit und Heimarbeit in Deutschland.

Der Kampf um Einheit und Freiheit

Q1 Der Aufstand der schlesischen Weber, 1844

a) Lied der schlesischen Weber:

1. Hier im Ort ist ein Gericht
   Viel schlimmer als die Feme*,
   Wo man nicht gleich ein Urteil spricht,
   Das Leben schnell zu nehmen.

2. Hier wird der Mensch langsam gequält,
   Hier ist die Folterkammer,
   Hier werden Seufzer viel gezählt,
   Als Zeugen von dem Jammer.

3. Die Herren Zwanziger* die
   Henker sind,
   die Dierig* ihre Schergen, …

5. Ihr seid die Quelle aller Not,
   Die hier den Armen drücket,
   Ihr seids, die ihm das trockne Brot
   Noch von dem Munde rücket.

6. Was kümmert euch, ob arme Leut
   Kartoffeln satt können essen,
   Wenn ihr nur könnt zu jeder Zeit
   Die besten Braten fressen.

7. Kommt nun ein armer Weber an,
   Die Arbeit wird besehen,
   Find't sich der kleinste Fehler dran,
   Wirds ihm gar schlecht ergehen. …

15. Ihr fangt stets an zu jeder Zeit
    Den Lohn herab zu bringen
    Und andre Schurken sind bereit,
    Eurem Beispiel nachzuringen. …

b) Kommentar zum Weberlied im Urteil des Kriminalsenats Breslau, 31. 8. 1844:

Die allgemein herrschende Unzufriedenheit gab Veranlassung zu einem Volksliede, welches im Mai d. J. zuerst bekannt wurde, dessen Verfasser aber bis jetzt noch nicht hat ermittelt werden können. … Das Lied sprach klar die allgemeinen Gefühle der Weber aus, kein Wunder, dass es schnell verbreitet und gern und oft gesungen wurde. Natürlich wurde durch das Singen des Liedes die Aufregung zur Flamme angefacht.

a) und b) C. v. Hodenberg, Aufstand der Weber und ihr Aufstieg zum Mythos, 1997, S. 242, gekürzt.

c) Der Journalist Wilhelm Wolff war selbst Sohn eines Webers. Er berichtet über den Juni 1844:

Die Not der Arbeiter war und ist hier groß. Die Not und das Drängen nach Arbeit wurden von einzelnen Fabrikanten möglichst benutzt, um für geringen Lohn viel Ware zu
5 erhalten. Unter diesen ragten die Gebrüder Zwanziger in Peterswaldau besonders hervor. …
Endlich um 2 Uhr nachmittags, den 4. Juni, trat der Strom über seine Ufer. Eine Schar
10 Weber erschien in Nieder-Peterswaldau und zog auf ihrem Marsche alle Weber aus den Wohnungen rechts und links an sich. Sie ordneten sich paarweise und rückten so auf das neue Zwanziger'sche Wohngebäude
15 los. Sie forderten höheren Lohn und – ein Geschenk!
Mit Spott und Drohen schlug man's ihnen ab. Nun dauerte es nicht lange, so stürmte die Masse ins Haus, zertrümmerte alles von
20 den prächtigen Spiegelfenstern, Wandspiegeln, Lüstern, Öfen, Porzellan, Möbeln, zerriss die Bücher, Wechsel und Papiere, drang in das zweite Wohngebäude, in die Remisen, ins Trockenhaus, zur Mangel, ins Pack-
25 haus und stürzte die Waren und Vorräte zu den Fenstern hinaus, wo sie zerrissen, zerstückt und mit Füßen getreten wurden. Zwanziger flüchtete sich mit seiner Familie in Todesangst nach Reichenbach. Die dorti-
30 gen Bürger, die einen solchen Gast nicht dulden wollten, veranlassten ihn zur Weiterreise nach Schweidnitz. Unterdes rückte das schon vor 24 Stunden aus Schweidnitz requirierte Militär in Bielau ein.
35 (In der Auseinandersetzung wurden elf Weber von den Soldaten erschossen.)

W. Wolff, Das Elend und der Aufruhr in Schlesien, 1952.

* *Feme: Bezeichnung für Reichsgerichte, die in Verruf geraten waren und die im 19. Jahrhundert als beispielhaft für Rechtsbeugung galten*

* *Zwanziger und Dierig: Namen der Unternehmer*

1. Stellt euch vor, ihr wäret Reporter einer arbeiterfreundlichen oder einer regierungstreuen Zeitung. Von eurer Redaktion werdet ihr nach Schlesien geschickt.
Legt in Partnerarbeit fest, wer für welche Zeitung arbeitet. Verfasst für eure Zeitung einen Bericht über den Weberaufstand und vergleicht eure Texte. (Q 1 a–c, 126.2)

6. Das Volk geht auf die Barrikaden

In den Barrikadenkämpfen starben 257 Menschen, darunter 8 Frauen und 3 Kinder. Ihrer sozialen Herkunft nach waren:
172 Handwerker,
 34 Arbeiter,
  8 Kaufleute,
 16 Dienstboten,
  2 höhere Beamte,
  7 mittlere Beamte,
  9 Beamte,
  9 Anwälte, Studenten, Künstler.

128.1 Barrikadenkämpfe an der Breiten Straße in Berlin in der Nacht vom 18. auf den 19. März 1848. Lithografie, 1848.

■ Revolution in Frankreich!

„Man kann spüren, dass die Alte Welt am Ende ist: Wie aber wird das Neue aussehen?" Alexis de Tocqueville, ein französischer Politiker, drückte mit dieser Frage das Lebensgefühl vieler seiner Zeitgenossen aus. Der Anstoß für die Revolution, die sich 1848 in Deutschland vollzog, kam aus Frankreich. Dort war im Jahr 1830 zwar Louis Philippe als „Bürgerkönig" an die Macht gekommen, hatte aber Forderungen nach dem allgemeinen Wahlrecht nicht erfüllt. Außerdem sorgte die Arbeitslosigkeit für Unruhe, und so revoltierte im Februar 1848 die Bevölkerung von Paris erneut. Als der König floh, rief die Nationalversammlung die Republik aus und gab allen männlichen Franzosen über 21 Jahren das Wahlrecht. Die neue Regierung garantierte das Recht auf Arbeit und gründete Werkstätten, in denen viele Arbeitslose angestellt wurden.

■ Ein heißer März

In Süddeutschland hatten radikale Liberale schon 1847 das Ende der Fürstenherrschaft und soziale Reformen gefordert. Die Nachricht von den Ereignissen in Frankreich löste eine revolutionäre Begeisterung in vielen deutschen Städten aus. Im März 1848 kam es zu gewaltsamen Aktionen: In vielen Regionen Deutschlands stürmten Bauern, mit Sensen und Sicheln bewaffnet, die Schlösser ihrer Herren. Unter anderem verbrannten sie die Urkunden, in denen ihre Abhängigkeit festgeschrieben war.

Entscheiden musste sich das Schicksal der sogenannten Märzrevolution aber in den großen Städten und Regierungssitzen – in Wien, Berlin und am Sitz des Bundestages, Frankfurt. Die Kämpfe, die am 13. März in Wien stattfanden, waren so heftig, dass Kanzler Metternich zurücktrat und der Kaiser vorübergehend nach Innsbruck ausweichen musste. Verschärft wurde die Situation dadurch, dass auch in Ungarn, Böhmen und Oberitalien Aufstände ausbrachen. Ihre Ziele waren Selbstbestimmung und die nationale Unabhängigkeit von Österreich.

In Berlin stießen die Revolutionäre mit den Soldaten des preußischen Königs zusammen. Dort erreichte die Revolution am 18. März und den folgenden Tagen ihren Höhepunkt.

Der Kampf um Einheit und Freiheit

Die Bürger hatten sich auf dem Berliner Schlosshof versammelt, um dem König für bisherige Zugeständnisse zu danken: Er hatte die Pressezensur gelockert und eine Verfassung versprochen. Als dennoch ein Schuss fiel, fühlte sich die Menge bedroht und es kam zu erbitterten Kämpfen, in deren Verlauf über 250 Menschen getötet wurden. König Friedrich Wilhelm IV. versuchte, die Situation zu beruhigen, indem er weitere Zeichen des Entgegenkommens gab. Er verneigte sich vor den im Schlosshof aufgebahrten toten Revolutionären und ritt mit einer schwarz-rot-goldenen Schärpe, den Farben der Nationalbewegung, durch die Stadt.

Auch in kleineren Residenzen kam es zu Massendemonstrationen, auf denen die gleichen Forderungen gestellt wurden. Die Regierungen beugten sich dem Druck der aufständischen Bürger und Bauern und beriefen liberale Politiker in die Kabinette, sogenannte Märzminister. König Ernst August von Hannover zum Beispiel versuchte die Auswirkungen der Märzrevolution zu begrenzen, indem er den Führer der liberalen Opposition, Johann Carl Bertram Stüve, als Innenminister in die Regierung berief. Stüve schaffte die Zensur ab, beseitigte die Vorrechte des Adels, führte die Gewaltenteilung zwischen Exekutive und Legislative ein und reformierte die Verwaltung.

■ Die ersten freien Wahlen

Bürgerliche Abgeordnete aus den Landtagen drängten danach, ein gesamtdeutsches Parlament einzuberufen. So versammelten sich am 30. März 1848 Volksvertreter zu einem Vorparlament in Frankfurt, um die Bildung einer Nationalversammlung vorzubereiten. Im Mai fanden die Wahlen zur Nationalversammlung statt. Wahlberechtigt waren aber allein Männer. Obwohl auch Frauen sich in Versammlungen und auf den Barrikaden für die liberalen Forderungen und ein Wahlrecht eingesetzt hatten, durften sie weder wählen noch gewählt werden. Die meisten Männer, auch die Reformer, empfanden die Unterordnung der Frau in der Familie und im Staat noch als selbstverständlich und naturgegeben.

129.1 Der Brand des Waldenburger Schlosses in Sachsen nach der Erstürmung am 5. April 1848. Holzstich aus der Leipziger Illustrierten Zeitung. Den Volkszorn hatte der Fürst vor allem dadurch erregt, dass er starrsinnig an seinen alten Feudalrechten festhielt und Reformmaßnahmen absichtlich verschleppte.

Am 18. Mai 1848 trat die Nationalversammlung in der Frankfurter Paulskirche zusammen, um die Forderungen nach politischer Selbstbestimmung und nationaler Einheit zu verwirklichen. Feierlich wurde das Parlament eröffnet: Kirchenglocken läuteten und aus den umliegenden Häusern wehten schwarz-rot-goldene Fahnen. Die meisten Abgeordneten waren schon vor der Revolution politisch tätig gewesen. Zu ihnen zählten auch vier der Professoren aus dem Kreis der „Göttinger Sieben".

Berufsgruppen in der Frankfurter Nationalversammlung			
Großgrundbesitzer	43 (2)	Professoren, Lehrer	124 (4)
Bauern	3 (–)	Geistliche	39 (–)
Kaufleute	35 (3)	Rechtsanwälte	106 (7)
Fabrikanten	14 (–)	Ärzte	23 (–)
Verwaltungsbeamte	152 (4)	Handwerker	4 (–)
Richter, Staatsanwälte	110 (6)	Offiziere	18 (–)

129.2 Die berufliche Zusammensetzung der Frankfurter Nationalversammlung (in Klammern die jeweilige Anzahl der Abgeordneten aus dem Königreich Hannover). Die Nationalversammlung bestand aus 649 Abgeordneten. Da sich viele aus beruflichen oder finanziellen Gründen einen längeren Aufenthalt in Frankfurt nicht leisten konnten, gab es immer wieder Nachrücker, sodass insgesamt 812 Männer als Abgeordnete tätig waren.

Die Revolution in Northeim

Northeim liegt in der Nähe Göttingens und gehörte im 19. Jahrhundert zum Königreich Hannover. Über die Vorgänge im Jahr 1848 in der Kleinstadt sind Historiker gut informiert über das „Wochenblatt der Stadt Northeim". Seit 1831 erschien es zweimal wöchentlich.

Q1 Die Märzforderungen

Nach der Februarrevolution in Frankreich stellten überall in Deutschland die Bürger Forderungen an ihre Regierungen, so auch am 15. März in Northeim:

130.1 Darstellung der Märzforderungen. Kupferstich von 1848. („Vox populi" bedeutet „Die Stimme des Volkes".)

An seine Majestät den König von Hannover …

Die feste Haltung der hiesigen Bürgerschaft, die dieselbe zu allen Zeiten … zu be-
5 wahren wusste, ließ uns vielleicht mit zu leichtem Herzen den Stürmen entgegensehen, die in neuester Zeit von innen und außen auf Deutschland eindringen. … Aber wir verkannten … die Gefahr nicht, die für
10 ganz Deutschland vor allem daraus erwuchs, dass es nicht jedermann, der sich für die Wohlfahrt des Vaterlandes interessiert, freistand, seine Meinung mündlich und schriftlich zum Besten des Landes … auszuspre-
15 chen. …
Daneben aber müssten die neuesten Zeitereignisse umfassende Reformen unserer Staatsverfassung dringend erheischen. Nach aller Überzeugung schließen wir uns daher
20 den neuerdings laut ausgesprochenen Wünschen so vieler Städte unseres geliebten Vaterlandes an:
1. unbedingte Pressefreiheit
2. öffentliches und mündliches Gerichtsverfahren mit Geschworenengerichten
3. Vertretung der Nation beim Bunde
4. Recht der freien Vereinigung
5. Beeidigung des Heeres auf die Verfassung
6. Verantwortlichkeit der Minister
7. Öffentlichkeit der Ständeverhandlungen

M. Seeliger (Hg.), 1848 – (K)eine Revolution an Weser und Leine, 1999, S. 45 f.

Q2 „Wir haben nun Pressefreiheit"

Die Erfüllung eines Teils der Märzforderungen durch die Regierung des Königreichs Hannover kommentierte das „Wochenblatt" am 25. März 1848:

Jeder Gedanke, welcher zu denen gehört, wodurch kein Gesetz und kein Recht verletzt wird, darf jetzt frei und ungehindert nicht nur ausgesprochen, sondern auch gedruckt werden. Bei Pressefreiheit ist aber von den monarchischen Regierungsformen – und eine solche wünscht und will Deutschland – nur eine aufrichtige ↗konstitutionelle Monarchie dauernd möglich.

Ebd., S. 51.; bearbeitet.

Der Kampf um Einheit und Freiheit

Q3 „Frei vom Druck der Knechtschaft"

Der Schuhmachermeister H. Carl Riehl gehörte in Northeim zu den führenden Personen der Revolution. Als die Nationalversammlung in Frankfurt am Main eröffnet wurde, druckte das „Wochenblatt" einen Artikel, den Riehl zu diesem Anlass verfasst hatte:

Ja, frei vom Druck der Knechtschaft, die die Partei der Volksverleumder seit längeren Jahren immer drückender uns auferlegte, die ... systematisch die geistige wie körper-
5 liche Verknechtung herbeiführte, damit nur sie die Herren der Erde sein könnten.
Ja, ihr Blutsauger am Herzen des Volkes, die ihr euch zum Zerplatzen vollgesogen habt! Mit dem heutigen Tage wird euer Sys-
10 tem zu Grabe getragen, und das deutsche Volk – wieder kräftig und frei – wird, wo ihr euch blicken lasst, ... euch enthüllen. ...
Oder glaubt ihr, das deutsche Volk sei eingeschlafen, und ihr könntet wieder das
15 Haupt erheben? Irrt euch nicht, blickt nach Berlin und hört das wachsame Volk, wie es sein errungenes Recht behauptet, oder seht nach Frankfurt, wie deutsches Volk jede Reaktion entschieden zurückweist. ...
20 Legt euch deshalb auf euren zusammengewucherten Geldsäcken zur Ruhe, wir wollen euch nicht stören, denn wir verachten euch.
Ebd., S. 58 f., bearbeitet.

131.1 Als die Mitglieder des Vorparlaments am 30. März 1848 zu ihrer ersten Sitzung in die Frankfurter Paulskirche einzogen, benötigten sie Schutz. Zeitgenössischer kolorierter Druck.

---

1. a) Vergleiche die Berufe der bei den Barrikadenkämpfen Getöteten (Randspalte S. 128) mit denen der Abgeordneten in der Frankfurter Nationalversammlung (129.2).
b) Suche nach Erklärungen für die Unterschiede ihrer jeweiligen gesellschaftlichen Stellungen.

2. Vergleicht die Märzforderungen der Northeimer Bürger (Q1) mit den Zuständen, gegen die sie sich richten. Legt dazu gemeinsam eine Tabelle an. Manche der Zustände vor 1848 kennt ihr aus eurem Geschichtsunterricht, manche könnt ihr nur erschließen. Klärt dazu auch die euch unbekannten Begriffe.

3. Deute die Darstellung der Märzforderungen in Abbildung 130.1.
Beginne so: „Der Zeichner platzierte die Forderung ‚Auflösung der stehenden Heere' an den Knien der Frau. Er will damit zum Ausdruck bringen, dass ..."

4. Verfasse einen Gegenartikel zu dem des Schuhmachermeisters Riehl aus Northeim (Q3), wie ihn ein Anhänger der alten Regierungen hätte formulieren können.

5. Schreibe für das „Wochenblatt der Stadt Northeim" eine Reportage über die Revolution in Northeim. Achte auf eine anschauliche und lebendige Schreibweise.

7. Das erste deutsche Parlament

132.1 Debatte der Nationalversammlung in der Paulskirche. Kolorierter zeitgenössischer Druck.

*Republikaner: Politiker, die sich für die Errichtung der Republik, also einer demokratischen Staatsform, einsetzten

*Konservative (lateinisch „conservare": bewahren): Politiker, die sich für die Erhaltung der bestehenden Ordnung und Werte einsetzten

132.2 Heinrich von Gagern aus Hessen-Darmstadt wurde im Mai 1848 zum Präsidenten der Nationalversammlung gewählt. Er trat im März 1849 zurück.

■ Die Nationalversammlung

Am 18. Mai 1848 traten die gewählten Abgeordneten in der Paulskirche zusammen. Es gab noch keine ↗Parteien, wie wir sie kennen. Aber Abgeordnete, die ähnliche Überzeugungen hatten, saßen im ↗Parlament beieinander. Auf der linken Seite versammelten sich diejenigen, die radikale Veränderungen des politischen und sozialen Systems befürworteten, die „Republikaner"* und „Demokraten". In der Mitte saß die größte Gruppe, die „Liberalen", die sich für eine ↗konstitutionelle Monarchie einsetzten. Rechts hatten die „Konservativen"* Platz genommen, die die monarchische Obrigkeit stützten. Nach dieser Sitzordnung bildeten sich die politischen Richtungsbezeichnungen heraus: die „Linke" und die „Rechte". In ganz Deutschland organisierten sich die politisch Interessierten nach diesem Muster.

Die Nationalversammlung machte es sich zur Aufgabe, die nationale Einheit herbeizuführen und eine Verfassung zu schaffen. Dabei stellte sich eine Reihe von Problemen, über die debattiert werden musste. Für die Öffentlichkeit wurden Zeitungen jetzt, nach der Aufhebung der Zensur, zur wichtigsten Informationsquelle über die Arbeit des Parlaments. Überall konnte man neu gegründete und alteingeführte Zeitungen kaufen, die frei über die Diskussionen im Parlament berichteten. Sie spielten bei der öffentlichen Meinungsbildung eine herausragende Rolle.

■ Aufgaben und Probleme

Eine der ersten Debatten galt der Frage: Wer soll das geeinte Deutschland bis zur Verabschiedung der neuen Verfassung regieren? Könnte ein Fürst den neuen Staat im Sinne des Volkes vertreten? Am 27. Juni einigte man sich darauf, das Amt des „Reichsverwesers" dem liberal denkenden österreichischen Erzherzog Johann zu übertragen.

Ein Problem, das die Nationalversammlung lange beschäftigte, war die Frage nach dem Gebiet des geeinten deutschen Staates: Denn die Grenzen des ↗Deutschen Bundes konnten nicht einfach übernommen werden: Große Teile des Kaiserreiches Österreich gehörten gar nicht zum Deutschen Bund (Abbildung 134.1).

Der Kampf um Einheit und Freiheit

Der österreichische Vielvölkerstaat hätte aufgelöst werden müssen, wenn allein das deutschsprachige Gebiet in den neuen deutschen Nationalstaat einbezogen werden würde.

Eine heftige Diskussion zwischen den „Kleindeutschen", die einen deutschen Staat ohne Österreich wollten, und den „Großdeutschen", die sich ein Deutschland ohne die große Gruppe der Deutsch sprechenden Österreicher nicht vorstellen konnten, begann. Damit hing auch die Frage zusammen, wie man mit den fremden Nationalitäten, die bisher innerhalb des Deutschen Bundes gelebt hatten, umgehen sollte: Sollte man beispielsweise den Polen Selbstbestimmung gewähren oder sie in einen deutschen Nationalstaat integrieren? Und welche Rolle sollten von Deutschen besiedelte Gebiete spielen, die bisher nicht zum Deutschen Bund gehört hatten?

Ein anderer Gegenstand von schwierigen Verhandlungen war die Formulierung der ↗Grundrechte für die Verfassung. Sie sollten die Rechte des Einzelnen sichern und die ↗Privilegien der Fürsten beschneiden. Schnell einigte man sich auf das Recht auf freie Meinungsäußerung, Versammlungsfreiheit sowie Pressefreiheit. Allerdings: Frauenrechte wurden von den Männern in der Nationalversammlung nicht diskutiert, obwohl vor allem Frauen aus dem Bürgertum in politischen Frauenklubs und Frauenzeitungen immer wieder Gleichberechtigung und Wahlrecht forderten.

■ Eine soziale Republik?

Arbeiter, Handwerker und Gesellen, die die Debatten verfolgten, mussten enttäuscht zur Kenntnis nehmen, dass ihre Nöte keine große Rolle in den Überlegungen der Abgeordneten spielten. Ein Recht auf Arbeit oder eine Festlegung von Mindestlöhnen wurden – anders als in Frankreich – nicht ernsthaft in Erwägung gezogen. Immer wieder versuchten sie daher, die Aufmerksamkeit der Öffentlichkeit auf ihre Sorgen zu lenken. Viele Arbeiter organisierten sich in „Arbeitervereinen", ihre Anliegen äußerten sie in Ansprachen, Gesuchen* und Flugblättern.

133.1 Holzstich zu einer Erzählung mit dem Titel „Die Emanzipierte", 1850. Die Zeit um 1848 wird heute als Beginn der deutschen Frauenbewegung betrachtet. Die Frauen beklagten, die „vergessene Hälfte" des Menschengeschlechts zu sein, und forderten politische Beteiligung.

So forderten Berliner Arbeiter im September 1848 die Einrichtung eines „Ministeriums für Arbeiter": Sie fanden aber beim preußischen König genauso wenig Gehör wie bei der Mehrheit der Abgeordneten in der Nationalversammlung. Daraufhin versuchten sie, ihre Ziele unabhängig vom Parlament und zum Teil sogar gegen das Parlament zu verfolgen. Am 18. September 1848 drang eine Volksmenge in die Paulskirche ein, um ihrer Verärgerung Ausdruck zu verleihen. Die Protestierenden forderten soziale Verbesserungen und die Errichtung einer Republik. Wie sollten sich die Abgeordneten verhalten? Vielen gingen die Forderungen der Protestierenden zu weit.

In dieser Situation beschloss die Nationalversammlung, die Proteste militärisch zu unterdrücken. Damit stellte sie sich nicht nur gegen die Protestierenden. Sie machte sich auch von den mächtigen preußischen und österreichischen Herrschern abhängig. Denn der vorläufigen Regierung fehlten eigene Exekutivorgane, wie etwa Polizei oder Militär, die sie hätte einsetzen können. Stattdessen erbat sie die Hilfe der Armeen Preußens und Österreichs.

*Gesuche: Anfragen (hier: an das Parlament)

7. Das erste deutsche Parlament

134.1 Europäische Nationalitäten und der Deutsche Bund.

- Deutsche
- Polen
- Weißrussen
- Sorben
- Tschechen
- Slowaken
- Slowenen
- Ukrainer
- Kroaten
- Italiener
- Rumänen
- Ungarn

Q1 Mit oder ohne Österreich?

Im Parlament wurde diskutiert:

a) Heinrich von Gagern sagte:
Ich kann mich nicht der Ansicht anschließen, die will, dass für Österreich ein Zwang herbeigeführt werde, von den Staaten, die bisher mit ihm zur Staatseinheit verbunden
5 waren, sich zu trennen und dadurch die Gesamtmonarchie aufzulösen. ... Es würde dann nämlich eine selbstständige Organisation stattfinden von Ungarn, von Italien ... Ich glaube, dass wir anerkennen müssen,
10 dass Österreich in den engeren Bundesstaat, den das übrige Deutschland will, vorerst nicht eintreten kann. ... Österreich wird durch die Freiheit gekräftigt, ein mächtiges Reich sein, eng verbunden mit Deutschland.

b) Ludwig Uhland widersprach:
Meine Herren! Wir sind hierher gesandt, die deutsche Einheit zu gründen, wir sind nicht gesandt, um große Gebiete und zahlreiche Bevölkerungen von Deutschland ab-
5 zulösen, Gebiete, ... welche auch in den trüben Tagen des Deutschen Bundes deutsches Bundesland waren. Nur die Fremdherrschaft, nur die Zeit der tiefsten Schmach hat Deutschland zerrissen, ... jetzt steht es uns
10 nicht an, mit eigenen Händen das Vaterland zu verstümmeln. ... Österreich ... muss eine Pulsader sein im Herzen Deutschlands.
Geschichte in Quellen, Bd. 5, 1980, S. 182, 194–197.

Q2 Welche Regierung soll es sein?

Auf ihrer Webseite macht die Tageszeitung „Frankfurter Rundschau" mit der Nationalversammlung bekannt. Originalquellen werden so behandelt, als wären sie Blog-Beiträge. Eine der ersten Diskussionen in der Nationalversammlung drehte sich um die Frage: Wer bildet die neue vorläufige Regierung Deutschlands? Der Abgeordnete Friedrich Christoph Dahlmann sprach sich dafür aus, ein mächtiges Reichsoberhaupt einzusetzen. Nur so, meinte er, könne ein geeintes Deutschland bestehen. Daraufhin gingen folgende „Blog-Einträge" ein:

Arnold Ruge meint dazu:

Es handelt sich darum, ob wir ohne Herren sein wollen, das heißt, freie Männer. Der edle Mann ... Ernst Moritz Arndt, hat gesagt, es wäre ein Unglück, herrenlos zu sein.
5 Ich ehre meinen Freund und Landsmann, glaube aber, dass er hier eine große Unrichtigkeit ausgesprochen hat. Denn die Nordamerikaner, die keinen Herrn haben, die Schweizer, die keinen Herrn haben wollen,
10 und die Franzosen, die ihren Herrn davongejagt haben, sind herrenlos.

Ernst Moritz Arndt meint dazu:

Aber Arndt wird sagen: die Franzosen werden bald wieder einen Herrn bekommen.

Arnold Ruge meint dazu:

Wollen Sie ... mir erlauben, Ihnen zu sagen, dass ich das nicht glaube ... Die Frage, auf die es ankommt, ist, ob wir das Recht haben, wieder einen Herrn einzusetzen. Mei-
5 ne Herren! Das Einzige, was wir Deutsche bisher getan, ist der Sturz des Despotismus (der Willkürherrschaft). ... Wir haben im gesamten Deutschland keinen Herrn. Es ist dies die Basis, auf der wir stehen. Die Basis
10 ist die Republik, und diese Republik ist diese Versammlung. ... Nur auf der republikanischen Basis, die sie selbst ist, hat sie das Recht, zu beschließen; sie hat nicht das Recht, aus sich hinauszugreifen ...
www.frankfurt.frblog.de/vorübergehende-regierung-gesucht (2.8.2009), gekürzt.

Der Kampf um Einheit und Freiheit

135.1 *Jacob und Wilhelm Grimm, Ausschnitt aus einem kolorierten Lichtdruck, um 1850.*

Q3 „Lang bedacht …"

Der Abgeordnete Jacob Grimm sagte in einer Debatte über die Geschäftsordnung des Parlaments:

Meine Herren! Wir Deutsche sind ein geschäftiges und ordentliches Volk … Doch jene löblichen Eigenschaften schlagen auch bei uns oft in Fehler um … Der Fehler besteht darin, dass wir allzu sehr geneigt sind, an dem Geringfügigen und Kleinen zu hängen, und das Große darüber uns entschlüpfen zu lassen. Der bekannte Satz „Vorgetan und nachbedacht, hat manchen in großes Leid gebracht!" … kann auf uns Deutsche in politischen Dingen sehr selten angewendet werden. Vielmehr konnte man einen andern auf uns anwenden: „Lang bedacht und schlecht getan, das ist der deutsche Schlendrian."… Meine Herren! Als ich hierher reiste, und die Natur prangen sah wie noch nie, da war es natürlich, zu denken, dass auch die schwellenden Knospen unserer Einheit und Freiheit bald ausbrechen möchten. … In Frankfurt angekommen, sah ich, dass wir die Geschäfte auf die alte diplomatische Weise in die Länge ziehen. Man hat oft gesagt: Die Diplomaten verderben, was wir errungen haben. Es ist in Aussicht gestellt, dass wir Monate zusammenbleiben, ohne dass etwas geschieht, was mit der großen Spannung des Volkes zusammenstimmt. … Das Volk sehnt sich, erwartet eine baldige Entscheidung über die Hauptangelegenheit.

J. Grimm, Kleinere Schriften 1, 1879, S. 435 f.

Aus dem Leben des Abgeordneten Jacob Grimm

Jacob Grimm wurde 1785 in Hanau als ältester Sohn einer Beamtenfamilie geboren. Gemeinsam mit seinem jüngeren Bruder Wilhelm studierte er nach dem Besuch der höheren Schule Jura in Marburg. Dort begannen die Gebrüder Grimm, sich mit deutscher Kultur zu befassen. 1812 veröffentlichten sie den ersten Band ihrer Märchen. Diese hatten sie sich erzählen lassen und bearbeitet.

Die Grimms sahen einen engen Zusammenhang zwischen Sprache und Staat. Deshalb setzten sie sich in der Zeit nach dem Wiener Kongress nicht nur für einen deutschen Nationalstaat ein, sondern auch für einen polnischen und einen italienischen. Wegen ihres politischen Engagements wurde ihnen, die mittlerweile als Professoren in Göttingen tätig waren, 1837 Berufsverbot erteilt (→ S. 121). Doch nach einigen Jahren berief der preußische König sie als Mitglieder der „Akademie der Wissenschaften" nach Berlin.

1848 war Jacob Grimm für ein halbes Jahr Abgeordneter des Parlaments. Für die geplante Verfassung entwarf er einen ersten Artikel, der aber nicht angenommen wurde: „Das deutsche Volk ist ein Volk von Freien, und deutscher Boden duldet keine Knechtschaft. Fremde Unfreie, die auf ihm verweilen, macht er frei." Enttäuscht zog Jacob Grimm sich 1849 aus der Politik zurück und widmete sich mit seinem Bruder der Arbeit am „Deutschen Wörterbuch" und an der „Deutschen Grammatik". Die Brüder zählen damit zu den Begründern der wissenschaftlichen Beschäftigung mit deutscher Sprache. Jacob Grimm starb 1863 in Berlin.

1. Notiere: Was spricht dagegen, was dafür, Österreich in den deutsche Staat einzubeziehen? (Q1)

2. Die Beiträge von Arnold Ruge im „Weblog" (Q2) sind in der Sprache des 19. Jahrhunderts verfasst. Wie würde er sein Anliegen wohl heute ausdrücken? Übersetze die Texte in eine zeitgemäße Sprache.

3. Schreibe aus der Sicht Jacob Grimms einen Brief an deinen Bruder Wilhelm, in dem du von deiner Tätigkeit als Abgeordneter in der Paulskirche berichtest. Erzähle darin nicht nur von Ereignissen.

8. Die Revolution kann sich nicht durchsetzen

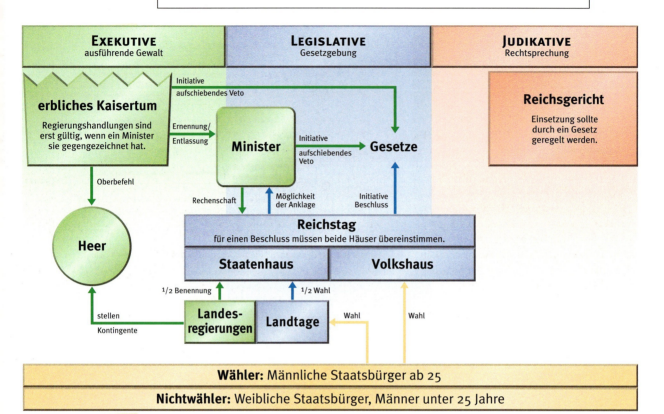

136.1 Die von der Nationalversammlung 1849 verabschiedete Reichsverfassung.

■ Die Zeit läuft davon

In der Debatte der Nationalversammlung um die künftige ⌐Verfassung musste über eine Verteilung der Macht zwischen der Zentralgewalt und den Ländern sowie über die Staatsform entschieden werden. Sollte an der Spitze ein Kaiser stehen oder konnte man sich einen Staat ohne monarchische Führung vorstellen, wie es die Republikaner wollten?

Fast ein Jahr dauerte es, bis die Verfassung fertiggestellt war. Sie enthielt die Grundrechte: Ein allgemeines, freies, gleiches und geheimes Wahlrecht für alle erwachsenen Männer über 25 Jahre wurde festgelegt. Die 38 deutschen Einzelstaaten blieben laut Verfassung bestehen, schlossen sich aber zu einem Bundesstaat zusammen. Damit sollten sie Rechte wie den Oberbefehl über ihr Heer oder die Vertretung gegenüber anderen Staaten an das Reich abtreten. Als Reichsoberhaupt wählten die Abgeordneten den preußischen König Friedrich Wilhelm IV.

Er sollte erblicher Kaiser der Deutschen werden. Die deutschen Staaten mussten nun die Verfassung anerkennen. Doch je länger die Beratungen des Parlaments angedauert hatten, desto mehr Zeit hatten die Fürsten gehabt, ihre Positionen wieder zu stärken. Viele von ihnen waren nicht bereit, die Ergebnisse der Revolution auf Dauer hinzunehmen. Dennoch stimmten 28 Einzelstaaten der Verfassung zu. Entscheidend wurde aber die Haltung Preußens.

■ Gegenrevolution in Preußen und Österreich

In Preußen hatten die konservativen Kräfte schon 1848 wieder die Oberhand gewonnen. Unter dem Einfluss von Offizieren und adligen Gutsbesitzern ließ König Friedrich Wilhelm IV. im November 1848 Berlin durch Truppen besetzen und ernannte einen konservativen Ministerpräsidenten. Zudem ließ er die preußische Nationalversammlung auflösen.

Der Kampf um Einheit und Freiheit

Damit machte er die Hoffnungen auf eine demokratische Verfassung zunichte. Stattdessen erließ er eine eigene Verfassung; er „oktroyierte" sie, was bedeutet, dass sie ohne Mitwirkung der Volksvertreter zustande kam. Der König hatte sich damit offen gegen die Revolution gestellt. Auch dem österreichischen Kaiser gelang es mithilfe des Militärs, seine Macht wiederherzustellen.

Als eine Delegation der Frankfurter Nationalversammlung am 3. April 1849 nach Berlin reiste und dem preußischen König die Kaiserkrone anbot, lehnte er ab. Er berief sich dabei auf die fehlende Zustimmung der anderen deutschen Fürsten. Aber bereits im Dezember 1848 hatte er in einem Brief an einen Vertrauten erklärt, er wolle keine Krone, die „aus Dreck und Letten (Schlamm) der Revolution geschmiedet" war.

■ Das Ende der Revolution

Die Ablehnung der Krone und der Verfassung durch den preußischen König hatte den Abgeordneten der Paulskirche eines deutlich gemacht: Sie konnten nicht mehr hoffen, eine Vereinbarung mit den Fürsten über die politische Mitbestimmung und eine nationale Einigung zu erzielen. Die meisten reisten deshalb resigniert in ihre Heimatorte zurück. Nur ungefähr 100 Abgeordnete des demokratischen und republikanischen Flügels versammelten sich noch einmal in Stuttgart, um ein „Rumpfparlament" zu bilden. Aber bald wurden auch diese letzten Reste von württembergischem Militär vertrieben. In Sachsen, im Rheinland, in der Pfalz und in Baden sammelten sich Anhänger der Revolution zu einer „Reichsverfassungskampagne": Mit Demonstrationen und bewaffneten Aufständen wollten sie die Verfassung doch noch durchsetzen. Sie wurden jedoch von preußischen Truppen niedergeschlagen.

In den nächsten Jahren konnten die Fürsten ungehindert Ergebnisse der Revolution rückgängig machen. Die Arbeit der einzelnen Länderparlamente wurde behindert, Österreich hob seine Verfassung wieder auf. Preußen behielt die vom König erlassene Verfassung bei und änderte sie mehrfach zugunsten der Konservativen.

137.1 „Neue Art, eine Constitution [Verfassung] zu geben", Karikatur, 1848.

So wurde in Preußen das „Dreiklassenwahlrecht" eingeführt. Es sah vor, dass die Wahlberechtigten nach ihren Steuerleistungen in drei – ungleich große – Gruppen aufgeteilt wurden. Jede Gruppe wählte aber gleich viele Wahlmänner. Die große Gruppe der Geringverdienenden war daher gegenüber der kleinen Gruppe der Vermögenden deutlich benachteiligt. 1850 beschlossen die Regierungen in Berlin und Wien zudem die Wiedereinführung des ↗Deutschen Bundes. Der neu zusammengetretene Bundestag hob die im Jahr 1848 verabschiedeten „Grundrechte des deutschen Volkes" wieder auf.

■ Das Erbe der Revolution

Viele Revolutionäre wurden verurteilt, manche konnten sich durch Flucht und Auswanderung langen Haftstrafen oder der Exekution entziehen. Andere ertrugen die politische Enttäuschung nicht, wurden in psychiatrische Kliniken eingewiesen oder begingen Selbstmord.

Die großen Ziele waren nicht erreicht worden. Aber einiges hatte sich doch geändert: Der ↗Feudalismus war beseitigt, die Bauernbefreiung endgültig. Die Vorformen der politischen Parteien hatten in den Fraktionen der Paulskirche zusammengefunden; noch heute gehen viele Parteien auf diese Entwicklung zurück. Auch hatten sie Diskussions- und Aktionsformen eingeübt, die ihnen in ihrer zukünftigen politischen Arbeit in den Landesparlamenten von Nutzen waren.

8. Die Revolution kann sich nicht durchsetzen

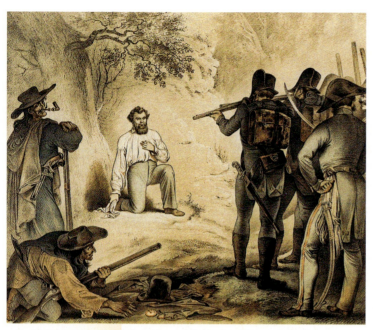

138.1 Die Erschießung des Revolutionärs und Abgeordneten Robert Blum durch österreichische Soldaten, Kupferstich, 1849.

Robert Blum, Abgeordneter der Nationalversammlung, war der österreichischen revolutionären Regierung zu Hilfe geeilt. Kaiserliche Truppen hatten ihn ergriffen und zum Tode verurteilt.

Q1 Zwei Schicksale

a) In seinem letzten Brief schrieb Robert Blum an seine Frau:

Mein teures, gutes, liebes Weib, lebe wohl, wohl für die Zeit, die man ewig nennt, die es aber nicht sein wird. Erziehe unsere – jetzt nur Deine Kinder zu edlen Menschen, dann
5 werden sie ihrem Vater nimmer Schande machen. Unser kleines Vermögen verkaufe mithilfe unserer Freunde. Gott und gute Menschen werden Euch ja helfen. Alles, was ich empfinde, rinnt in Tränen dahin, da-
10 her nochmals: Leb wohl, teures Weib! Betrachte unsere Kinder als teures Vermächtnis, mit dem Du wuchern musst, und ehre so Deinen treuen Gatten. Leb wohl, leb wohl! Tausend, tausend, die letzten Küsse von
15 Deinem Robert. Wien d. 9. Nov. 1848 morgens 5 Uhr, um 6 Uhr habe ich vollendet. Die Ringe habe ich vergessen; ich drücke Dir den letzten Kuss auf den Trauring. Mein Siegelring ist für Hans, die Uhr für Richard,
20 der Diamantknopf für Ida, die Kette für Alfred als Andenken. Alle sonstigen Andenken verteile Du nach Deinem Ermessen. Man kommt! Lebe wohl! Wohl!

P. Reichel: Robert Blum. 1807–1848, 2007, S. 175 f.

b) Der Revolutionär Carl Schurz beteiligte sich 1849 an der „Reichsverfassungskampagne". Der drohenden Verhaftung entzog er sich durch eine abenteuerliche Flucht durch einen Abwasserkanal. Nach Jahren des Exils in der Schweiz, in Frankreich und in Großbritannien wanderte er in die USA aus. Dort stieg er bis zum Innenminister auf. Am 23. Juli 1849 schrieb er in einem Brief an seine Freunde:

Da bin ich denn in der Revolution umhergegangen wie ein Naturforscher durch ein Gebirge, nicht ohne Gefahr, aber unermüdlich. Ich habe in diesen wenigen Monaten mehrtausendmal mehr gelernt, als hätte mich das Schicksal meiner anscheinend selbstständigen, ... aber illusorischen Tätigkeit in unserer Universitätsstadt überlassen.

www.erftstadt.de/cms-neu/downloads-historisches.htm (12. 8. 2009), vereinfacht.

Q2 Ist die Revolution von 1848/49 umsonst gewesen?

a) Der Historiker Thomas Nipperdey schrieb über die Gründe des Scheiterns der Revolution:

Es sind eine Vielzahl der Probleme und ihre Unlösbarkeiten gewesen, die zum Scheitern der Revolution geführt haben. Man wollte einen Staat gründen und eine Verfassung
5 durchsetzen, beides zugleich, und das angesichts schwerer sozialer Spannungen. ... Wenn man unter den einzelnen Ursachen für das Scheitern in Deutschland gewichten will, so muss man meiner Meinung nach sa-
10 gen, dass es das großdeutsch/kleindeutsche Problem und das Problem des österreichischen Nationalitätenstaates und seiner nationalen Konflikte waren, die am meisten zählten. Sie haben ... eine schnelle Ent-
15 scheidung unmöglich gemacht, haben die ersten großen Siege der Gegenrevolution in Österreich ermöglicht, haben die Einheit der Revolution seit dem Herbst so erschüttert, dass ein gemeinsames Handeln nicht
20 mehr möglich war, haben die Entscheidung dann auf Preußen zugespitzt. Sie letzten Endes haben die Revolution in den Wettlauf mit der Zeit gebracht, den sie nicht gewinnen konnte.

Der Kampf um Einheit und Freiheit

139.1 Der Sieg der Reaktion in Europa 1849. Zeichnung von Ferdinand Schroeder, 1849.

b) Thomas Nipperdey schrieb über die Folgen der Revolution:

Das Ergebnis der Revolution ist nicht nur das Scheitern. Die Revolution hat ... eine nationale Öffentlichkeit geschaffen, eine nationaldemokratische Öffentlichkeit. Die Revolution hat die Ära (das Zeitalter) Metternich, die Ära der Restauration beendet und auch die wesentlichen Bestände der feudalen Gesellschaft beseitigt. Trotz des Scheiterns – die Zeit ist seither bürgerlicher geworden. Und der Übergang Preußens in die Reihe der Verfassungsstaaten passt in diesen Zusammenhang. Der Aufstieg der Bürger war nicht auf Dauer abgeblockt, er war abgebremst, aber nach zehn Jahren setzte er wieder ein. Nichts war nach der Revolution mehr so, wieder so wie vorher.

T. Nipperdey, Deutsche Geschichte 1800–1866, 1984, S. 669 f.

1. Vergleiche die 1849 verabschiedete Verfassung (136.1) mit der französischen Verfassung von 1791. (86.1)

2. Erläutere die Karikaturen 137.1 und 139.1. Berücksichtige, was du über die Arbeit mit Karikaturen gelernt hast (S. 192).

3. a) Erläutere die Gründe des Scheiterns (Q 2 a) und stelle sie grafisch dar. Wiederhole dazu die wichtigsten Ereignisse der letzten Kapitel.
b) Diskutiert: War die Revolution am Ende erfolglos oder war ihr Ergebnis „nicht nur das Scheitern"? (Q 2 b, VT S. 137)

SCHAU

Auswanderermuseen

140.1 Ankunft von Auswanderern aus Bremerhaven in New York. Foto, o. J.

140.2 Im Deutschen Auswandererhaus in Bremerhaven wurden 2005 Kulissen der Einwandererkontrolle von Ellis Island in New York für die Besucher nachgebaut.

Zwei neue Erlebnismuseen

Kurz nacheinander entstanden in Bremerhaven und Hamburg zwei besondere Museen. Sie widmen sich dem Schicksal der Millionen von Auswanderern, die über diese beiden Hafenstädte in die „Neue Welt" aufbrachen. In Bremerhaven wurde ein neues Gebäude an dem Kai errichtet, an dem die Schiffe nach Übersee anlegten. In Hamburg baute man auf der Elbinsel Veddel mit erhaltenen historischen Gebäuden Teile der „Ballinstadt" nach, in der die Passagiere die Zeit bis zum Reisebeginn verbringen mussten. Der Ort war benannt nach Albert Ballin, dem Direktor der Reederei HAPAG. Um 1900 organisierte sie in Hamburg den Transport der Auswanderer nach Übersee.

In beiden Museen könnt ihr euch in die Rolle der Auswanderer versetzen: Euch wird eine historische Person zugeordnet (Bremerhaven) oder ihr könnt euch ihre Lebensumstände selbst zusammenstellen (Hamburg). Ihr ermittelt die Gründe für ihre Auswanderung, begleitet sie dann auf ihrem Weg – vor und bei der Einschiffung, auf der Reise in der bedrückenden Enge der Schiffe bis zur Landung auf Ellis Island vor New York, wo ihr einer strengen Kontrolle unterzogen werdet und darum bangt, nicht wieder zurückgeschickt zu werden.

Mit unterschiedlichen Medien könnt ihr euch weiter informieren: Es gibt Schaubilder über Herkunft und Ziele der Auswanderer, Videoszenen, Tonbandausschnitte. Ihr könnt in die Passagierlisten Einblick nehmen (Hamburg) oder in der Bremerhavener „Galerie der 7 Millionen" Einzelschicksale anhand von Karteikarten verfolgen. In beiden Museen besteht die Möglichkeit über Computerdateien zu überprüfen, ob Vorfahren von euch unter den Auswanderern waren.

PLATZ

Auf nach Übersee!

Zwischen 1821 und 1914 entschlossen sich 44 Millionen Europäer zur Auswanderung. Missernten und Wirtschaftskrisen, aber auch die politische Unterdrückung nach gescheiterten Revolutionen waren häufige Gründe dafür. Zudem kamen aus Amerika Berichte, sogar Werbefeldzüge, die Arbeit, Land und sozialen Aufstieg in der Neuen Welt versprachen.

Mehr als sieben Millionen Europäer (davon 3,7 Millionen Deutsche und 3,4 Millionen Südosteuropäer) wählten den Weg über Bremerhaven. Über 5 Millionen, die meisten aus Osteuropa, verließen von Hamburg aus die „Alte Welt". 1891 wanderten erstmalig mehr Menschen über Hamburg als über Bremerhaven aus. Es waren vor allem Juden, die in Russland immer wieder Verfolgungen ausgesetzt waren. Sie durften nur nach Hamburg reisen, wenn sie ein bezahltes Ticket der Reederei HAPAG besaßen. Für die Reederei ein gewinnbringendes Geschäft! Umgerüstete Dampffrachtschiffe transportierten Emigranten nach Amerika – und auf der Rückreise Baumwolle und andere Waren nach Europa.

141.1 Die „Ballinstadt" heute: Drei der Barrackengebäude wurden nach historischen Plänen wiederaufgebaut, Foto, 2007.

Zeitraum	Zahl der Auswanderer
1820 – 1829	22 500
1830 – 1839	145 100
1840 – 1849	418 800
1850 – 1859	1 100 300
1860 – 1869	768 600
1870 – 1879	627 900
1880 – 1889	1 362 500
1890 – 1899	604 600
1900 – 1909	276 500

Etwa 90% davon wanderten in die USA aus.

141.2 Auswandererstatistik. Angaben nach: P. Marschalk, Deutsche Überseewanderung im 19. Jahrhundert, 1973, S. 48; 70.

Q1 Amerikalied

Jetzt ist die Zeit und Stunde da,
wir reisen nach Amerika!
Der Wagen steht schon vor der Tür,
mit Weib und Kindern ziehen wir.
5 Ihr Freunde alle und Verwandt'!
Reicht uns zum letzten Mal die Hand!
Wir sehen uns nun nimmermehr,
ihr Freunde, weinet nicht so sehr!
Jetzt kommen wir in Bremen an,
10 da heißt es: „Brüder, tretet an!"
Wir fürchten keinen Wasserwall,
der liebe Gott ist überall.
Amerika, du schönes Land,
das ist der ganzen Welt bekannt,
15 da wächst der Klee drei Ellen hoch,
da gibt es Brot und Fleisch genug.
Jetzt kommen wir nach Baltimore
und strecken unsere Händ' empor
und rufen aus: „Viktoria,
20 jetzt sind wir in Amerika!"
überliefert

1. Unternehmt eine Führung oder eine virtuelle Reise durch eines der Auswanderermuseen und beschreibt, auch mithilfe der Materialien auf diesen Seiten, mit welchen Gefühlen die Auswanderungen wohl verbunden waren.

Die Links zu den Museen lauten:
www.dah-bremerhaven.de und
www.ballinstadt.de.

KOMPAKT

Der Kampf um Einheit und Freiheit

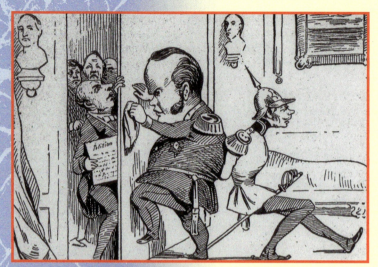

142.1 Friedrich Wilhelm IV., König von Preußen (vorn): „Zwischen mich und mein Volk soll sich kein Blatt Papier drängen." Er wird unterstützt von seinem Bruder, dem späteren König Wilhelm I., der 1871 deutscher Kaiser wurde. Karikatur aus dem Jahr 1849.

Nach dem Sieg über Napoleon trafen sich die Fürsten der europäischen Staaten auf dem **Wiener Kongress**, um eine dauerhafte Friedensordnung in Europa zu errichten. Sie wollten das Gleichgewicht der Mächte wiederherstellen und die Fürstenherrschaft bestätigen **(Restauration)**. Damit enttäuschten sie die in Europa während der Befreiungskriege gewachsenen Hoffnungen auf eine Beteiligung des Volkes an der Herrschaft und die Bildung von **Nationalstaaten**.

Die deutschen Fürsten schufen dagegen den **Deutschen Bund** als lockere Vereinigung der deutschen Staaten. Nur einige Staaten erhielten in den Folgejahren **Verfassungen**. Das Streben nach politischer Freiheit und nationaler Einheit bestimmte bis 1848 das politische Geschehen in Europa (**Befreiungskämpfe**, u. a. in Griechenland).

1815	Auf dem Wiener Kongress schließen sich die 39 deutschen Fürsten zum Deutschen Bund zusammen, nicht zu einem Nationalstaat, wie viele erhofft hatten. Die nun beginnende Zeit wird als „Biedermeier" oder „Restauration" bezeichnet.
1816/17	Nach Missernten erfasst eine große Hungersnot Europa.
1817	Deutsche Burschenschaftler feiern auf der Wartburg ein Fest, auf dem nationale und liberale Forderungen erhoben werden.
1819	Ein liberaler Student ermordet den Dichter August von Kotzebue. Der Mord ist Anlass für die „Karlsbader Beschlüsse", die eine Verschärfung der Zensur und die Verfolgung von Oppositionellen vorsehen.
1830	Der französische König wird abgesetzt, nachdem er die Pressefreiheit aufgehoben hat (Julirevolution). In der Folge erheben sich die Bürger in vielen Gebieten Europas.
1832	20 000 Teilnehmer versammeln sich zum „Hambacher Fest" in der Pfalz. Sie fordern Volkssouveränität und nationale Einigung.
1844	In Schlesien wird ein Aufstand der Weber durch preußisches Militär niedergeschlagen.
1846/47	Ernteausfälle führen zu einer europaweiten Hungersnot.
1848	In Europa kommt es zu Protesten, die sich im Deutschen Bund zur Märzrevolution ausweiten. In Frankfurt tritt eine Nationalversammlung zusammen, die einen freiheitlichen deutschen Staat schaffen will. Doch die konservativen Kräfte erstarken wieder und schlagen die Revolution nieder.

In den deutschen Staaten war das Bürgertum Träger der liberalen und nationalen Idee. Auf dem **Wartburgfest 1817** verbrannten Studenten Symbole der Fürstenherrschaft. 1819 erließen die Regierungen die **Karlsbader Beschlüsse**, mit denen sie die liberale Opposition unterdrückten.

Missernten führten seit 1840 zu **Hungerrevolten**. Doch erst nach dem Sturz des französischen Königs in der Februarrevolution von 1848 erzwangen bewaffnete Aufstände und Massendemonstrationen auch in vielen deutschen Staaten die Einsetzung liberaler Regierungen (**Märzrevolution**). Im Mai 1848 wählten die Deutschen erstmals ein gemeinsames Parlament, die **Nationalversammlung**. Wahlberechtigt waren aber nur männliche Staatsbürger. Die Nationalversammlung trat am 18. Mai in der Frankfurter Paulskirche zusammen. Ihre Aufgaben waren es, die nationale Einheit herbeizuführen und eine Verfassung zu schaffen, die die Rechte der Bürger sichern konnte.

Im Oktober 1848 wurden – nach amerikanischem und französischem Vorbild – die **Grundrechte** formuliert. Heftig diskutiert wurden das **Wahlrecht** sowie die Frage, wie die staatliche Einheit Deutschlands verwirklicht werden sollte. Umstritten waren vor allem die **Staatsgrenzen** (kleindeutsch ohne Österreich oder großdeutsch mit Österreichs deutschen Gebieten) und die **Staatsform** (Republik oder Monarchie). Die politische Gleichstellung der Frauen wurde von den Abgeordneten der Nationalversammlung nicht ernsthaft erwogen.

Seit Herbst 1848 erstarkten die alten Mächte wieder. Als im Frühjahr 1849 die Verfassung präsentiert wurde, lehnte es der preußische König ab, deutscher Kaiser zu werden. Damit war die Nationalversammlung gescheitert. Zu einem letzten Versuch, die Reichsverfassung zu retten, kam es im **badischen Aufstand 1849**. Er wurde durch preußische Truppen gewaltsam niedergeschlagen.

Arbeitstechnik: Lernen mit Leitbegriffen

Geschichtliche Daten und Ereignisse wirst du zwar auswendig lernen können, vermutlich aber innerhalb kurzer Zeit wieder vergessen. Auf welche Weise lassen sie sich besser einprägen? Unser Vorschlag: Ordne sie verschiedenen Teilgebieten der Geschichte zu. Diese können mit Leitbegriffen umschrieben werden, z. B.: „Herrschaft/Politik", „Gesellschaft/Wirtschaft" sowie „Kultur".

Dazu bietet es sich an, mit einer Zeitleiste zu arbeiten, die die Leitbegriffe unabhängig voneinander darstellt.

1. Ordnet die Ereignisse und Entwicklungen der Zeit von 1789 bis 1848 – dem „Zeitalter der Revolutionen" – Leitbegriffen zu. Überlege, ob es sinnvoll ist, noch weitere Begriffe zu verwenden, z. B. „Religion/Philosophie" oder „Recht".

DIE ZEIT VON 1815 BIS 1848

	1815	1820	1825	1830	1835	1840	1845	1848
Herrschaft/ Politik	RESTAURATION UND REVOLUTIONEN							
	Wiener Kongress	Karlsbader Beschlüsse		Julirevolution (Frankreich)				Februar-/ Märzrevolution
Gesellschaft/ Wirtschaft	BIEDERMEIERZEIT							
	Wartburgfest Hungersnot				Hambacher Fest			Weberaufstand Hungersnot
Kultur	POLITISCHE LIEDER							
				Gemälde: „Die Freiheit führt das Volk auf die Barrikaden"			„Das Lied der Deutschen"	

Industrialisierung – Menschen

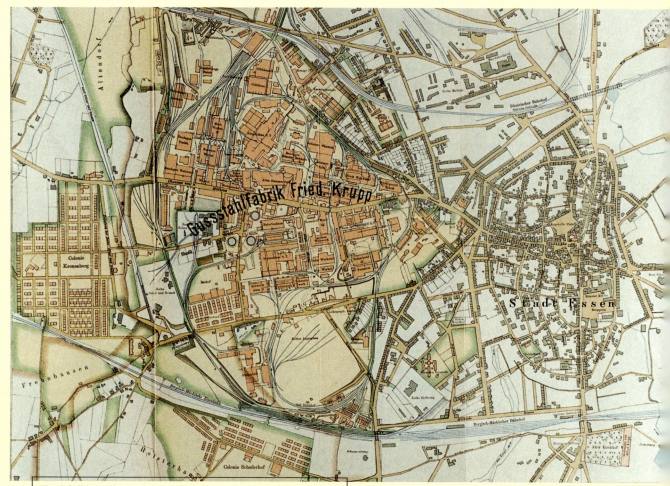

Eine Fabrik prägt das Erscheinungsbild einer Stadt: Karte von Essen und der Gussstahlfabrik Krupp aus den 1880er-Jahren. Krupp-Bauten sind orange, die Stadt Essen grün, Eisenbahnlinien blau markiert. Links im Bild ist eine Siedlung zu sehen, die von der Firma Krupp für Arbeiter errichtet wurde.

Eine Dampfmaschine auf Rädern: Die Eröffnungsfahrt der ersten deutschen Eisenbahn zwischen Nürnberg und Fürth, 1835.

verändern ihre Arbeitswelt

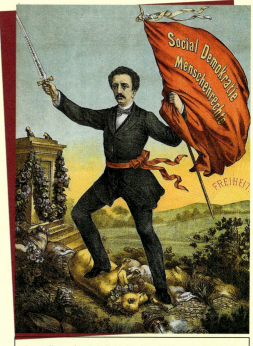

Darstellung des Politikers Ferdinand Lassalle als Kämpfer für die Rechte der Arbeiter. Lassalle gründete den „Allgemeinen Deutschen Arbeiterverein", die erste deutsche Arbeiterpartei. Die Arbeiter waren in der Industriegesellschaft in Not geraten. Die Partei Lassalles wollte ihnen zu mehr Rechten verhelfen. Das in den 1890er-Jahren entstandene Plakat verwendet Motive aus der biblischen Geschichte von der Zerstörung des Goldenen Kalbs durch Moses. Worum geht es darin?

Arbeiter in einem Eisenwalzwerk auf einem Gemälde des deutschen Künstlers Adolph von Menzel. Das Gemälde entstand in den Jahren 1872 bis 1875, nachdem der Maler eine Eisenhütte in Oberschlesien (heute Polen und Tschechien) besichtigt hatte. Im Vordergrund wird ein glühendes Eisenstück von Arbeitern mithilfe sogenannter Sperrzangen in eine Walze befördert.

Ein großer Schritt für die Menschheit

146.1 Plakat der Reederei HAPAG aus Hamburg, 1871.

Im Jahr 1822 wurde der 33-jährige Friedrich List (1789–1846) aus Reutlingen als Liberaler zu Festungshaft verurteilt. Um der Haft zu entkommen, erklärte er sich bereit, nach Amerika auszuwandern. Doch war er kein erfolgreicher Farmer. In Pennsylvania machte er sich aber bald als Wirtschaftsfachmann einen Namen. Als amerikanischer Regierungsvertreter kehrte er 1832 nach Deutschland zurück, das nach wie vor aus einer Vielzahl von Fürstentümern und Königreichen bestand. Im Vergleich zu dem, was er in Amerika kennengelernt hatte, empfand List, der nun in Leipzig lebte, Deutschland als rückständig. 1838 schrieb er:

Sämtliche Städte an der Ost- und Nordsee, am Kanal, am biscayischen Meerbusen und an der atlantischen Küste stehen jetzt vermittelst der Dampfbootschifffahrt in weit wohlfeilerem und weit regelmäßigerem Verkehr als zuvor die englischen Seestädte unter sich. Die Folge hiervon ist, dass die Reisen von einem europäischen Lande in das andere aufgehört haben, Wagestücke und kostspielige Unternehmungen zu sein; dass der Briefwechsel und der Warenverkehr viel rascher vonstatten geht; … dass, mit einem Worte gesagt, die Völker sich gegenseitig kennenlernen …

Täglich werden neue Erfindungen gemacht, wodurch die Kraft der Maschinen verstärkt, der Aufwand an Brennmaterial vermindert, die Sicherheit der Reisenden vermehrt und die Anwendbarkeit der Dampfboote auf weiten Seefahrten, wie auf seichteren Flüssen ermöglicht wird. Bereits sind Anstalten zu einer regelmäßigen Dampfschifffahrt zwischen England und Ostindien und zwischen England und Nordamerika getroffen … Von Liverpool wird man in 10 bis 13 Tagen nach Neu-York gelangen. …

Nichts ist den Fortschritten des Menschen so ungünstig wie ein pflanzenmäßiges Kleben an der Scholle, auf welcher er sein Dasein empfangen hat. Weder sein Geist noch seine körperliche Arbeitsfähigkeit, die zur größeren Hälfte durch die Bildung des Geistes bedingt ist, kann sich entwickeln. Jahrhunderte- und jahrtausendelang … beharrt er bei denselben Handgriffen, Verfahrungsweisen und Werkzeugen, bei denselben Vorurteilen und beschränkten Ansichten.

Durch die neuen Transportmittel wird der Mensch ein unendlich glücklicheres, vermögenderes, vollkommeneres Wesen. Er, dessen Tätigkeit und Kraft zuvor auf einen engen Kreis beschränkt war, vermag sie nun auf ganze Länder und Meere und auf entfernte Weltteile auszudehnen, und eine Masse von Wohltaten, die bis jetzt nur wenigen zuteil geworden, werden durch sie dem ganzen Publikum in einem weit vollkommeneren Grade erreichbar. …

Wie vieler Kummer wird erspart, wie viele Freuden werden gewonnen, wenn entfernte Verwandte und Freunde sich mit Blitzesschnelle … Nachricht geben können und ihnen das Wiedersehen umso viel leichter erreichbar ist. …

Um wie viel leichter werden diejenigen, die in ihrer Heimat kein zureichendes Auskommen finden und die hier dem gemeinen Wesen zur Last fallen, sich und ihre Familien in andere Gegenden, Länder und Weltteile versetzen, um dort eine neue und glücklichere Existenz zu gründen.

Wie unendlich wird die Kultur der Völker gewinnen, wenn sie in Massen einander kennenlernen und ihre Ideen, Kenntnisse, Geschicklichkeiten, Erfahrungen und Verbesserungen sich wechselseitig mitteilen.

Wie schnell werden bei den kultivierten Völkern Nationalvorurteile, Nationalhass und Nationalselbstsucht besseren Einsichten und Gefühlen Raum geben, wenn die Individuen verschiedener Nationen durch tausend Bande der Wissenschaft und Kunst, des Handels und der Industrie, der Freundschaft und Familienverwandtschaft miteinander verbunden sind.

Wie wird es noch möglich sein, dass die kultivierten Nationen einander mit Krieg überziehen, wenn die große Mehrzahl der Gebildeten miteinander befreundet ist und wenn es klar am Tage liegt, dass im glücklichsten Fall der Krieg den Individuen der siegenden Nation hundert Mal mehr Schaden als Nutzen verursacht.

F. List, Das deutsche National-Transport-System, 1838, S. 4 ff.

Zu den Voraussetzungen dafür, dass die neuen, schnellen Transportmittel gebaut werden konnten, gehörte eine Erfindung: die Dampfmaschine. Wofür sie und weitere Erfindungen genutzt wurden und wie es dazu kam, dass sie das Leben der Menschen grundlegend veränderten, erfährst du in den folgenden Kapiteln.

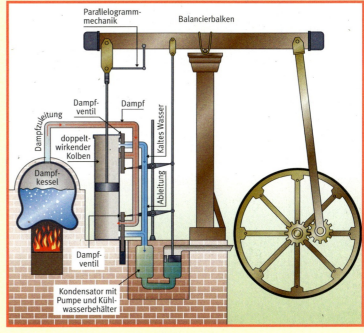

147.1 Die „doppelt wirkende Dampfmaschine", Schemazeichnung.

Dem schottischen Erfinder James Watt (1736–1819) war es 1782 gelungen, eine leistungsfähige Dampfmaschine zu entwickeln. Gegen Ende des 18. Jahrhunderts gelang es erstmals, sie so einzusetzen, dass sie ein Schiff antreiben konnte: Beim Raddampfer setzte sie ein Schaufelrad in Bewegung. Im 19. Jahrhundert wurde die leistungsfähigere Schiffsschraube (Schiffspropeller) erfunden.

*Bei der Dampfmaschine wird Wasserdampf – durch **Ventile** gesteuert – abwechselnd oberhalb und unterhalb eines **Kolbens** in den **Zylinder** geleitet. Der sich ausdehnende Dampf kann dementsprechend den Kolben in beide Richtungen bewegen. Die Auf- und Abbewegungen des **Balancierbalkens** werden mithilfe von **Zahnrädern** auf ein **Schwungrad** übertragen.*

1. Erkläre die Funktionsweise der Dampfmaschine. Wie konnte sie in einem Dampfschiff eingesetzt werden? (147.1)

2. Liste auf, welche Vorteile und Hoffnungen Friedrich List mit dem neuen Transportmittel Dampfschiff verbindet.

3. Diskutiert: Welche Hoffnungen Lists haben sich aus heutiger Sicht erfüllt, welche nicht? Was könnten jeweils die Gründe dafür sein?

1. Mit Dampf ins industrielle Jahrhundert

148.1 Arbeiten an einer Mule-Spinnmaschine. Im Mule-Spinnsaal arbeitete auch ein Aufstecker (rechts im Bild): Er musste unter anderem den Baumwollstaub unter der Maschine aufkehren. Damit er nicht von dem vor- und zurückfahrenden Spindelwagen eingequetscht wurde, war wichtig, dass er diese Arbeit schnell ausführte.

■ Von der Heimarbeit zur Fabrikarbeit

In der landwirtschaftlich geprägten Gesellschaft wurden fast alle Güter in Heimarbeit für den eigenen Bedarf hergestellt, auch Garne und Tuche. Für Frauen und Mädchen war das Spinnen und Weben eine Abendbeschäftigung, die nach einem langen Arbeitstag zu erledigen war. In Märchen erscheint uns diese Beschäftigung idyllisch, tatsächlich aber war sie eine anstrengende Arbeit und eine bittere Notwendigkeit.

Über Jahrhunderte hinweg änderte sich nichts an dieser Art der Tuchherstellung, doch um 1700 stieg die Nachfrage nach Waren – auch Stoffen – erheblich an, denn immer mehr Menschen mussten versorgt werden. Ein milder werdendes Klima sowie Fortschritte in der Landwirtschaft und in der Medizin hatten dazu geführt, dass es in fast allen europäischen Ländern zu einem starken Bevölkerungswachstum gekommen war.

Die Herstellung von Tuchen wandelte sich durch die steigende Nachfrage grundlegend: Zunächst setzte sich das Verlagssystem* durch: Verleger kauften Wolle und vergaben Aufträge an Spinnerinnen, die nun in ganztägiger Heimarbeit die Rohwolle zu Garnen verarbeiteten. Die fertigen Garne gaben die Verleger an Weber weiter. Diese stellten daraus, ebenfalls in Heimarbeit, Tuche her.

Um die Produktion der Weber zu erhöhen, versuchte man, die Webstühle zu verbessern. Zu einem ersten Fortschritt führte 1733 eine Erfindung des Engländers John Kay: der „Schnellschütze". Das Weberschiffchen, das bisher mit der Hand zwischen den aufgespannten Kettfäden durchgeschoben werden musste, stattete er mit kleinen Rollen aus. Zwei hölzerne Hämmer „schossen" es abwechselnd von beiden Seiten des Webrahmens durch die Kettfäden. So war es möglich, schneller zu weben und zugleich breitere Tuchbahnen anzufertigen.

Damit stieg auch der Bedarf an Garnen; mit herkömmlichen Spinnverfahren war er nun nicht mehr zu decken. Wieder war Erfindergeist gefragt: 1764 erfand James Hargreaves die „Spinning Jenny". Sie konnte gleichzeitig auf 16 Spindeln Garn spinnen. Richard Arkwright entwickelte diese Technik weiter und ließ die Maschine von Wasserkraft antreiben. Bis zur „Spinning Mule"* des Samuel Crompton mit 50 Spindeln war es nun nur noch ein kleiner Schritt!

*Verlag: Der Begriff leitet sich von „Vorlage" ab: Ein Händler geht „in Vorlage", indem er einem Produzenten, z. B. einem Handwerker, Rohstoffe oder Geld zur Verfügung stellt.

*mule: englisch für Maultier

Industrialisierung – Menschen verändern ihre Arbeitswelt

■ Dampfkraft für die Arbeitsmaschinen

Die großen Mule-Maschinen mussten in Fabrikhallen aufgestellt werden. Als Antrieb dienten Wasserräder. Wasserkraft stand aber nur an günstigen Standorten und zur richtigen Jahreszeit zur Verfügung. Bei Niedrig- oder Hochwasser und bei Winterfrösten funktionierten die Wasserräder nicht. Gefragt war deshalb eine auch von Flüssen unabhängig betreibbare, verlässliche Kraftmaschine.

Dass Wasserdampf große Kraft entwickeln kann, wussten schon Naturforscher der Antike. Wie aber konnte die Energie so günstig wie möglich in Bewegungsenergie umgesetzt werden? Eine Lösung brachte im 18. Jahrhundert die Dampfmaschine (147.1). Dem Schotten James Watt gelang es, Dampfmaschinen herzustellen, die so viel wie zehn Pferde leisten konnten – 10 PS. Seit 1785 setzte man sie als Antrieb in Textilfabriken ein. Damit hatte die von Maschinen geprägte ↗Industrialisierung begonnen. Sie hatte weitreichende Auswirkungen auf den Arbeitsalltag und das Zusammenleben der Menschen. Bereits den Zeitgenossen erschien dieser Wandel der gesamten Lebensverhältnisse wie eine ↗Revolution.

149.1 Schnitt durch eine frühe Spinnerei. Der Antrieb aller Maschinen erfolgte über ein Wasserrad und ein System von Zahnrädern, Wellen und Riemen.

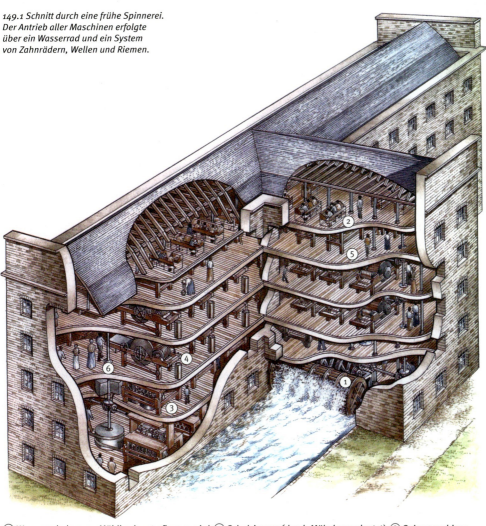

Zahnradgetriebe

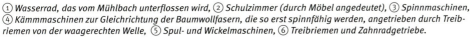

① *Wasserrad, das vom Mühlbach unterflossen wird,* ② *Schulzimmer (durch Möbel angedeutet),* ③ *Spinnmaschinen,* ④ *Kämmmaschinen zur Gleichrichtung der Baumwollfasern, die so erst spinnfähig werden, angetrieben durch Treibriemen von der waagerechten Welle,* ⑤ *Spul- und Wickelmaschinen,* ⑥ *Treibriemen und Zahnradgetriebe.*

■ Ohne Geld keine Dampfkraft und kein Gewinn

Um große Maschinen zu bauen, sie in Fabrikhallen zu betreiben und Waren herzustellen, brauchte es aber nicht nur Ideen. Vor allem wurde Geld benötigt, das in Unternehmen investiert (eingesetzt) werden konnte. Günstige Bedingungen für die Gründung von Unternehmen herrschten im 18. Jahrhundert in Großbritannien.

Vor allem England war reich an den Rohstoffen Kohle und Eisen, die benötigt wurden, um Dampfmaschinen zu bauen und zu betreiben. Zudem besaß Großbritannien Kolonien, die Rohstoffe lieferten: Fernhändler importierten aus Indien und Amerika Baumwolle zur Weiterverarbeitung in britischen Spinnereien und Webereien. Mit voller Absicht zerstörten sie dabei das indische Textilhandwerk und stuften das Land zum reinen Rohstofflieferanten herunter. Die in Großbritannien gewebten hochwertigen Stoffe fanden in Europa reißenden Absatz und brachten den Händlern und Fabrikanten hohe Gewinne ein. Diese investierten sie wieder in die Mechanisierung der Produktion. Um 1800 hatte man allein in England fast 200 Dampfmaschinen in Betrieb genommen.

Auch gesetzliche Voraussetzungen waren für die Entwicklung der großen Industrien notwendig. Im britischen Parlament setzten Händler und Fabrikanten Gewerbefreiheit durch: Sie wollten ohne Beschränkung durch Vorgaben ihre Gewerbe betreiben können.

■ Industrialisierung auf dem Land

Die Entwicklung der Industrie in Großbritannien wurde auch dadurch begünstigt, dass die Nahrungsmittelproduktion gesteigert werden konnte: Bis zum 17. Jahrhundert setzten Adelige und reiche Bauern im Parlament durch, dass vermehrt landwirtschaftliche Großbetriebe entstehen konnten. Im Mittelalter hatten die Bauern nach dem Prinzip der Dreifelderwirtschaft gearbeitet und gemeinsam die Allmende als Weideland genutzt. Nun durften reiche Landbesitzer die Allmende aufkaufen. Durch Hecken, Steinwälle und Zäune wurden die Flächen eingehegt, also als Eigentum abgegrenzt. Die neuen Großgrundbesitzer waren allein entscheidende Herren auf ihrem Grund und Boden. Mittelalterliche dörfliche Gemeindestrukturen gab es in Großbritannien seit etwa 1820 gar nicht mehr.

Auf den vergrößerten Farmen wurden neue Anbau- und Zuchttechniken eingeführt: Sämaschinen sowie verbesserte Pflüge kamen zum Einsatz. Die landwirtschaftlichen Unternehmer wechselten häufiger die Fruchtsorten auf den Feldern; sie bauten vermehrt Kartoffeln, Zuckerrüben und Futterklee an. Auch experimentierten sie erfolgreich damit, Rinder mit mehr Fleisch und Schafe mit mehr Wolle zu züchten. Die Zahl der Nutztiere stieg an, sodass sich die Milch-, Eier- und Fleischproduktion verdoppelte.

Die Verlierer der landwirtschaftlichen Reformen waren die ärmeren Kleinbauern, denen nun keine Allmende mehr zur Verfügung stand. Schon seit Mitte des 18. Jahrhunderts waren sie gezwungen, ihre Höfe aufzugeben. Sie mussten in die Städte ziehen, um in den Fabriken zu arbeiten. In den Textilfabriken wurden vor allem Frauen und Kinder bevorzugt eingestellt; denn sie waren die billigsten Arbeitskräfte. Manche Fabrikanten bezeichneten die Tätigkeiten an den Spinn- und Webmaschinen als leicht und „für Frauen- und Kinderhände wie geschaffen".

150.1 Auch Landwirte profitierten von der Nachfrage nach Stoffen. Viele von ihnen versuchten, Schafe zu züchten, die mehr Wolle trugen. Wie angesehen die Züchtungen waren, zeigen viele Bilder preisgekrönter Tiere, die um 1800 entstanden. Mit ihnen schmückten reiche Landbesitzer gern ihre Wohnungen. Gemälde von W. Adamson, 1835.

Industrialisierung – Menschen verändern ihre Arbeitswelt

Q1 Spinnfabriken

Der Schweizer Wirtschaftswissenschaftler Christoph Bernoulli schrieb 1829:

Eine der ersten, unmittelbarsten Folgen, welche die Erfindung von Spinnmaschinen hatte, war ohne Zweifel der fabrikmäßige Betrieb des Baumwollspinnens. Die Einführung großer Maschinen ... erforderte große und dazu besonders eingerichtete Gebäude, große Kapitalien, Tiere oder Elementarkräfte zum Betrieb, Arbeiter, die ausschließlich diesem Gewerbe sich ergaben, eine gehörige Verteilung und Anordnung aller Operationen usw. Mit dem Aufkommen des Maschinenspinnens ergab sich daher auch der fabrikförmige Betrieb dieser Industrie ... Die Arbeit der Spinner wurde ungleich produktiver. Keine Wirkung ist wohl auffallender als diese und bei keiner Erfindung war dieses Ergebnis so erstaunenswürdig; sehen wir, was jetzt 100 oder 200 Menschen in einer mechanischen Spinnerei zu produzieren vermögen und wie viel dieselbe Anzahl ehemals liefern konnte. Viele geben diese Steigerung der Produktivität auf das 100- oder 120-Fache, manche sogar auf das 150-Fache an.

W. Treue u. a. (Hg.), Quellen zur Geschichte der Industriellen Revolution 1979, S. 103f.

Q2 Die Einhegungen und ihre Folgen

a) Ein Adliger bereiste ab 1781 englische Landschaften und sprach mit der Landbevölkerung über ihre Situation. In einem Reisetagebuch hielt er fest:

Interview mit einer Frau:
Die Einhegungen der Allmende war eine schlimme Sache und hat alle armen Leute ruiniert. Vorher hatten wir immer Gartenland, unsere Bienenzucht, unseren Anteil an einer Schafherde und Nahrung für unsere Gänse. Und wir konnten Torf stechen für unsere Herdfeuer. Nun ist alles weg! Wie viele andere ist auch unser Kotten abgerissen worden und die armen Leute sind jetzt weinend dabei, eine Unterkunft zu suchen, wo sie bleiben können.

John Cresswell, Expansion, trade and industry, 1993, S. 9.

b) Ein britischer Historiker schätzt im Rückblick die Folgen der Einhegungen des Gemeindelandes für die Entwicklung der Landwirtschaft wie folgt ein:

Was waren im Endeffekt die Auswirkungen der Einhegungen? Für die Landwirtschaft waren sie eine Bereicherung. Mit dem Land, das brachgelegen hatte, oder dem Gemeindeland, das umgepflügt wurde, wuchs die Gesamtmenge des kultivierten Landes. Die Hecken halfen, die Ernte vor den strengen Winden zu schützen und Tiere fernzuhalten. Eine größere Vielfalt von Nahrungsmitteln konnte produziert werden, darunter viel mehr Gemüsesorten. Auch konnte mehr Viehfutter angebaut werden. Das hieß, dass es nun mehr frisches Fleisch im Winter gab. Die Einhegungen waren sicherlich ein entscheidender Faktor, um England in die Lage zu versetzen, seine wachsende Bevölkerung zu ernähren.

Ebd., S. 9

151.1 Muster für ein Pfeildiagramm.

---

1. a) Beschreibe, wie die Technik des Spinnens verändert wurde.
b) Arbeite die wirtschaftlichen und sozialen Folgen der neuen Spinntechnik heraus. (VT, Q1, 150.1, 151.1)

2. Liste stichwortartig Argumente für und gegen den Verkauf von Gemeindeland und die Einhegungen auf. (VT, Q2)

3. Stelle in Form eines Pfeildiagramms dar, welche Faktoren zur Industrialisierung Englands führten. (151.1)

2. Mit Verspätung – industrieller Aufbruch in Deutschland

152.1 Blechspielzeug aus dem 19. Jahrhundert. Ein Wasserdurchlauf treibt ein Mühlrad, Eisenhämmer und ein Sägewerk an.

*puddeln (von englisch „to puddle": rühren): anhaltendes Rühren des Roheisens bei der Stahlherstellung, um das Material von Kohlerückständen zu befreien und ihm dadurch größere Festigkeit zu verleihen

*Halbfabrikat: noch nicht fertiggestellte Ware

■ Rückständiges Deutschland?

In Deutschland setzte die Industrialisierung etwa ein halbes Jahrhundert später als in England ein. Politische und wirtschaftliche Einschränkungen hatten den Beginn gehemmt. So hatte Deutschland im Gegensatz zu England keine Kolonien, die billige Rohstoffe lieferten. Zudem regelten hier noch im 18. Jahrhundert die Zünfte die Anzahl der Gewerbebetriebe. Oft verhinderten sie unternehmerische Initiativen, weil sie Nachteile für Handwerksbetriebe befürchteten.

Erst nach den napoleonischen Kriegen versuchten die Einzelstaaten die Modernisierung der Wirtschaft zu erreichen. So erließ die preußische Regierung im Jahr 1807 eine Reihe von Anordnungen, die später in ähnlicher Form auch in anderen Einzelstaaten übernommen wurden:
– Um ein Gewerbe auszuüben, brauchte man künftig weder eine Genehmigung, noch musste man eine fachliche Ausbildung nachweisen.
– Die Zahl der Beschäftigten und die Höhe der Produktion sollte künftig jedes Unternehmen selbst bestimmen.
– Ein Gewerbetreibender durfte in jeder gewünschten Technik arbeiten.

Vor allem aber ergaben sich wegen der unterschiedlichen Gesetze in den einzelnen deutschen Teilstaaten Handelsbeschränkungen. „Um von Hamburg nach Österreich, von Berlin in die Schweiz zu handeln, hat man zehn Staaten zu durchschneiden, zehn Zollordnungen zu studieren, zehnmal Durchgangszoll zu bezahlen", klagte 1819 der Wirtschaftsfachmann Friedrich List. Erst nach und nach schlossen sich die deutschen Staaten zu einem Freihandelsgebiet zusammen, das eine einheitliche Außenzollgrenze hatte. Am 1. Januar 1834 erhielt dieses Gebiet den Namen „Deutscher Zollverein". Die Handelsbeziehungen wurden dadurch stark gefördert.

■ Die Vorteile der zweiten Reihe

Der verspätete Einzug der Industrialisierung in Deutschland brachte aber auch Vorteile. Denn die Dampfmaschine, die Spinnmaschine oder das Puddelverfahren* zur Eisengewinnung gab es ja schon in England. Durch Industriespionage, illegale Ausfuhr von Maschinen oder Konstruktionsplänen, durch eine Lehre vor Ort oder durch Anwerbung von englischen Ingenieuren konnte man dieses Knowhow erwerben. Überliefert ist, dass sich um 1850 etwa 40 000 Deutsche zu solchen Zwecken in London aufhielten.

Märkte und Handelsverbindungen hatten sich schon gebildet; es konnten Rohstoffe und Halbfabrikate* gekauft, Geschäftsmethoden kopiert, Geld, Kraft und unproduktive Umwege erspart werden. Die deutschen Staaten förderten Investitionen und schufen ein technisches Ausbildungswesen in Form Technischer Hochschulen sowie staatlicher Musterbetriebe. So konnten sie ihren Rückstand in relativ kurzer Zeit aufholen und eine industrialisierte Gesellschaft entwickeln. Zur modernen Industriegesellschaft gehörte aber auch alles, was die Mobilität von Gedanken, Menschen und Waren befördern konnte. Bisher war die Postkutsche das vorherrschende Verkehrsmittel. Forderungen nach neuen Verkehrsmitteln und einem Ausbau der Verkehrswege wurden laut.

Industrialisierung – Menschen verändern ihre Arbeitswelt

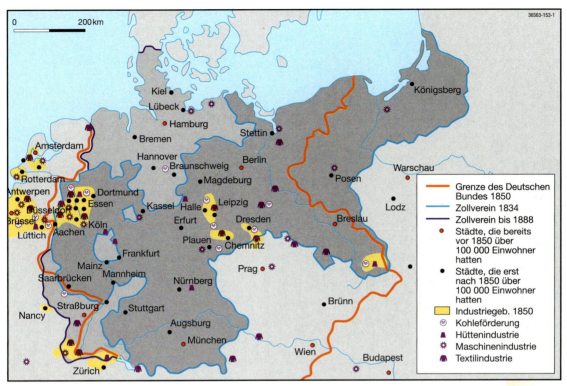

153.1 Der Deutsche Zollverein und die Industriegebiete auf dem Gebiet des Deutschen Bundes.

Q1 Die Lage der Handwerker

Ein Hamburger Senator schrieb 1795 über die „Lage der Gilden und Zünfte":

Bücher, Glaswaren, Spiegel, Gewehre, Metallarbeiten, Kupferstiche etc. sind um den zehnten Teil des Preises zu haben, den sie anfänglich bei ihrer Seltenheit hatten. Der
5 Überfluss der Dinge setzt ihren Wert herab und die Vergrößerung der Geldmasse vermindert den Wert derselben. …
[Man soll nicht vergessen,] wie sehr die Handwerker überhandgenommen und wie
10 wenig Arbeit sie haben, …
[und] dass mehrere Maschinen in Fabriken und Manufakturen viele Tausend gewerbetreibende Hände lähmen.

M. Stürmer, Herbst des Alten Handwerks, 1979, S. 323 ff.

Q2 Wirtschaftsförderung

Der preußische Staat stellte der Firma Harkort in Wetter an der Ruhr 1827 eine neue amerikanische Maschine zur Verfügung:

Das Ministerium des Innern hat die neue amerikanische Scheer-Maschine von Swift nebst Schleifbank für Sie hier nachbauen und, sorgfältig verpackt, unter Ihrem Wun-
5 sche abgehen lassen. Diese Maschine wird Ihnen als Auszeichnung bewilligt, jedoch unter der Bedingung, solchen Fabrikanten des Inlandes, welche sich bei Ihnen melden und dergleichen Maschinen bei sich einzu-
10 führen wünschen, davon Kenntnis nehmen zu lassen und sie ihnen zu einem angemessenen Preise zu bauen.

P. Brandt, Preußen. Zur Sozialgeschichte eines Staates. Eine Darstellung in Quellen, 1981, S. 226.

---

1. Verfasse ein Flugblatt, in dem die Zunft der Schmiede um 1808 gegen die Industrialisierung zu Felde zieht. (Q1, Q2)

2. Erkläre, wie der preußische Staat die Industrialisierung gefördert hat. (VT, Q2)

3. Menschen und Dinge rücken näher

154.1 Im Jahr 1873 schuf der Maler Paul Meyerheim dieses 365 x 251 cm große Gemälde für die Villa des Lokomotivfabrikanten August Borsig. Es heißt: „Vor der Vollendung".

■ Ein großer Schritt nach vorn

„Staaten und Nationen rücken einander näher, die Verbindungen werden zahlreicher und enger, und der Mensch bemächtigt sich immer mehr der Herrschaft über Raum und Zeit." Diese Hoffnungen äußerten im Jahre 1833 Bürger, die ein neues Verkehrsmittel populär machen wollten. Sie regten an, zu untersuchen, ob nicht der intensive Handel zwischen den Städten Nürnberg und Fürth ein Anlass wäre, eine Eisenbahnverbindung zwischen diesen Nachbarstädten zu schaffen.

Die Bürger wollten eine Gesellschaft zur Errichtung der ersten Eisenbahnstrecke in Deutschland gründen. Nach zweijähriger Bauzeit stand die sechs Kilometer lange Bahnverbindung zwischen den beiden Städten, befahren wurde sie von einer englischen Lokomotive, die ein Engländer steuerte. Auch die Technik zum Bau von Eisenbahnen aus Dampfmaschinen kam aus England.

■ Eisenbahn und Börsenboom

Eisenbahnen waren in jener Zeit technische Wunderwerke: Man benötigte Eisen und Stahl, Ingenieurkenntnisse und handwerkliches Geschick; für den Antrieb brauchte man Kohle und für die Verlegung der Trassen viele Arbeitskräfte. Die Zahl der Beschäftigten wies gigantische Steigerungsraten auf. Waren es 1842 noch 45 900, so arbeiteten 1846 bereits 178 500 Männer in dieser Branche – ein Anstieg von 385 Prozent! Auch Kanäle entstanden, Flüsse wie die Ruhr wurden schiffbar gemacht. Das Netz der Staatsstraßen in Preußen wurde von 3 261 km (1816) über 6 392 km (1830) bis auf 12 789 km (1852) ausgebaut.

Für die Investitionen in Material und menschliche Arbeitskraft war beträchtliches Kapital notwendig. Hier waren die Steigerungsraten ebenfalls gewaltig: 1840 wurden ca. 58,8 Millionen Goldmark investiert; 1847 waren es bereits 615,3 Millionen. Das Geld kam schnell zusammen. Die Eisenbahngesellschaften verkauften Anteile an den Firmen, die wohlhabende Bürger erwerben konnten. Meist gab es so viele Kaufinteressenten für diese Anteilsscheine (Aktien genannt), dass sie schon am ersten Verkaufstag vergeben waren. Die Käufer konnten im Eisenbahngeschäft hohe Auszahlungen je Aktie (Dividenden) erzielen. So zahlte die erste „Nürnberg-Fürth-Aktiengesellschft (AG)" bereits 1838 für jede Aktie 16 % des Wertes als Gewinn aus.

154.2 Dose mit der Darstellung der Eisenbahn bei Nürnberg, bemaltes und lackiertes Papiermaché, 1836.

Industrialisierung – Menschen verändern ihre Arbeitswelt

Q1 „Ein gewaltiges Geschöpf mit Glühaugen"

Die Menschen reagierten unterschiedlich auf die neue Technik:

a) Der Politiker Otto Baehr berichtete:
Noch in lebhafter Erinnerung ist mir der mächtige Eindruck, den ich empfand, als ich den ersten Eisenbahnzug sah. Es war im Jahre 1842 auf einer Fahrt nach Braunschweig, als kurz vor dieser Stadt abends in der Dämmerung der Kutscher plötzlich anhielt. „Da kommt die Eisenbahn", sagte er. Und wirklich! Da kam es, das gewaltige Geschöpf mit seinen beiden Glühaugen, einen langen Zug wie im Spiele hinter sich herziehend. …
Unsere Enkel, die ganz klein schon in der Kinderstube „Eisenbahn" spielen, werden die dampfende Lokomotive wahrscheinlich mit derselben Gleichgültigkeit anblicken, mit welcher wir alle ein gedrucktes Buch zur Hand nehmen, ohne daran zu denken, welch ein Wunderwerk des Menschengeistes wir auch in diesem besitzen und welche wunderbaren Wandlungen in der Weltgeschichte es bewirkt hat.

O. Baehr, Eine deutsche Stadt vor sechzig Jahren, 1886, S. 85 f., gekürzt.

b) Ein Arzt warnte:
Ortsveränderungen mittels irgendeiner Art von Dampfmaschinen sollten im Interesse der öffentlichen Gesundheit verboten sein. Die raschen Bewegungen können nicht verfehlen, bei den Passagieren die geistige Unruhe, „delirium furiosum" genannt, hervorzurufen. Selbst zugegeben, dass Reisende sich freiwillig der Gefahr aussetzen, muss der Staat wenigstens die Zuschauer beschützen, denn der Anblick einer Lokomotive, die in voller Schnelligkeit dahinrast, genügt, diese schreckliche Krankheit zu erzeugen.

F. Schulze (Hg.), Die ersten deutschen Eisenbahnen, 1912, S. 24.

Q2 Die Eisenbahn – Vorteile für die Wirtschaft und für die Menschen

Der Wirtschaftsfachmann Friedrich List schrieb 1837:

155.1 „Eisenbahn im Schnee", Gemälde des französischen Malers Claude Monet. Das Bild entstand 1875 in der Nähe von Paris. Eisenbahnen, große Bahnhöfe, Fabrikschornsteine und Rauchschwaden waren zu jener Zeit sehr beliebte Motive der Landschaftsmalerei. Sie galten als Zeichen von Fortschritt. Das Voranschreiten und die Bewegung der neuen, modernen Zeit versuchte der Künstler auch durch den Farbauftrag mit schnell gesetzten Pinselstrichen zum Ausdruck zu bringen.

Die Flussschifffahrt und die Anlegung einer mit ihr parallel laufenden Eisenbahn arbeiten einander in die Hände. Die Eisenbahn, indem sie den Personen- und Briefverkehr mit größerer Schnelligkeit, Bequemlichkeit zu geringen Kosten betreibt, bringt die Menschen unter sich und mit den Dingen in Verbindung, vermehrt und erleichtert die Unternehmungen und Betreibung der Geschäfte, hat dadurch einen großen Einfluss auf die Vermehrung des Transports von Gütern.
Der Eisenbahntransport erleichtert hauptsächlich dem Fabrikanten den Bezug der wertvolleren Rohstoffe und die Versendung der Fabrikate, wodurch sie ihm nicht nur viele Zinsen erspart und größere Regelmäßigkeit in sein Geschäft bringt, sondern auch möglich macht, dasselbe mit dem gleichen Kapital viel weiter auszudehnen.
Noch einleuchtender ist dies in den Fällen, wo der viel vollkommenere Eisenbahnverkehr ganz neue Unternehmungen veranlasst.

F. List, Gesammelte Werke, Bd. 3, 1850, S. 45 f., gekürzt und bearbeitet.

156.1 a und 156.1 b Die Ausweitung des Streckennetzes in Deutschland.

Eisenbahnen in Deutschland

Jahr	Strecken-länge (km)	Beschäftigte	Güter-transport (Mio. t/km)	Personen-transport (Mio. P/km)
1840	469	1 600	3	62
1850	5 856	26 100	303	783
1860	11 089	85 600	1 675	1 733
1870	18 667	161 000	5 876	4 447
1880	30 125	272 800	13 039	6 478

156.2 Eisenbahnbau in Deutschland. Nach: Dieter Ziegler, Die Industrielle Revolution, 2005, S. 53.

Kapazitäten von Dampfmaschinen

Jahr	GB	D	F	A	B
1840	620	40	90	20	40
1850	1 290	260	270	100	70
1860	2 450	850	1 120	330	160
1870	4 040	2 480	1 850	800	350
1880	7 600	5 120	3 070	1 560	610
1888	9 200	6 200	4 520	2 150	810
1896	13 700	8 080	5 920	2 520	1 180

Länderkürzel = internationale Autokennzeichen.

156.3 Die Entwicklung der Dampfkraft in Europa, 1840 bis 1896. Die Kapazität der in europäischen Ländern eingesetzten Dampfmaschinen wird in Tausend PS (Pferdestärken) angegeben. Nach: J. Sandweg u. a., Industrialisierung und Soziale Frage, 1979, S. 98.

Q3 Eisenbahnen machen die Menschen mobil

In einer Veröffentlichung aus dem Jahr 1837 über die Bedeutung des neuen Verkehrsmittels hieß es:

Der Tagelöhner, der kleine Bauer und Handwerker in den Dörfern und in den Landstädten, dem es oft wochenlang an Arbeit fehlt, wird seine Zeit nicht mehr mit
5 Müßiggang verbringen, sondern sich nach entfernten Städten oder Gegenden begeben, wo für den Augenblick eine außergewöhnliche Zahl von Arbeitern gesucht wird. Und die Lage einer großen Anzahl von Ge-
10 werbsleuten und Arbeitern wird dadurch bedeutend verbessert werden, dass sie sich mit ihren Familien auf dem Lande ansiedeln und für die Stadt arbeiten oder die Woche über in die Stadt auf Arbeit gehen und den
15 Sonntag im Kreise ihrer Familien zubringen. Ein momentaner Stillstand einzelner Fabriken oder ganzer Fabrikationszweige oder eine Verringerung der Arbeiterzahl wird
20 bei Weitem nicht so verderblich auf diesen Stand wirken wie bisher, da der Arbeitslose nun viel leichter in entfernten Gegenden einen neuen Brotherrn aufsuchen kann.

C. v. Rotteck, C. Welcker, Staats-Lexikon oder Encyclopädie der Staatswissenschaften, Bd. 4, 1837, S. 658.

Industrialisierung – Menschen verändern ihre Arbeitswelt

Arbeitstechnik: Mit Tabellen und Diagrammen umgehen

Will man umfangreiche Informationen knapp vermitteln, so nutzt man häufig Tabellen und Diagramme. Besonders Angaben, die mit Zahlen zusammenhängen, können damit verdeutlicht werden. Die Industrialisierung Europas im 19. Jahrhundert eignet sich gut für solche Darstellungsformen, da sich viele Entwicklungen mit Zahlenangaben beschreiben lassen. Doch die in 156.2 und 156.3 in Tabellenform präsentierten Jahreszahlen und Kapazitätsangaben – dazu noch für fünf Länder – sind wenig anschaulich. Klarer werden die Verhältnisse, wenn wenigstens ein Teil der Angaben in anderer Form dargestellt wird, z. B. als Säulen-, Kurven- oder Kreisdiagramm.

A) Säulendiagramm

Hier wird die in einem ausgewählten Jahr verfügbare Dampfkraft für die fünf Länder angegeben. Die Werte lassen sich gut vergleichen.

B) Kurvendiagramm oder Graph

Will man die Entwicklung auf ein Land bezogen darstellen, eignet sich ebenfalls das Säulen-, aber auch das Kurvendiagramm, der Graph.

C) Kreisdiagramm

Das Kreisdiagramm ist geeignet, den Prozentanteil der einzelnen Länder an der Dampfkraft in einem ausgewählten Jahr deutlich zu machen: Wie eine Torte wird die gesamte Dampfkraftkapazität eines Jahres (sie entspricht 100 %) aufgeteilt: Klar erkennbar ist, wer über den größten Anteil an Dampfkraft und damit über eine Spitzenposition in der europäischen Wirtschaft verfügt.

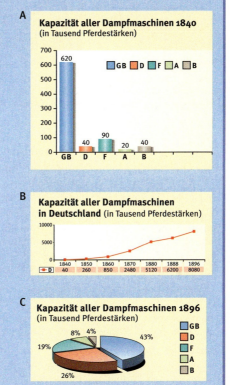

---

1. Betrachte Abbildung 154.1 und überlege, welche Funktionen die Beschäftigten haben und in welchem Verhältnis sie zueinander stehen.

2. Begeisterung für und Angst vor neuer Technik spielen für die Menschen damals und heute eine große Rolle (Q1, 155.1). Diskutiert die Gründe.

3. Stelle zusammen, aus welchen Gründen die Nutzung der Eisenbahn sinnvoll erschien. (VT, Q 2–3)

4. a) Stelle die in 156.2 und 156.3 aufgelisteten Zahlen mithilfe geeigneter Diagrammformen anschaulich dar.
b) Erläutere die Entwicklung der Industrialisierung in Deutschland mithilfe der Diagramme.

4. Fabriken verändern das Leben der Menschen

158.1 Zinkhütte in Essen-Borbeck, Farbdruck, um 1855.

■ Von der bäuerlichen Lebenswelt zum Industrieraum

Dampfmaschinen, Fabriken, Eisenbahnen – im 19. Jahrhundert veränderte der technische Fortschritt die deutschen Landschaften. Am Beispiel des Ruhrgebiets wird dies besonders deutlich: Um 1800 wurde die Gegend in zeitgenössischen Reiseberichten beschrieben als dünn besiedelt, mit vielen brachliegenden Feldern in landwirtschaftlich genutzten Flächen und mit vielen kleinen Wäldchen. Um 1900 war dieselbe Region eines der größten Industriegebiete der Welt: Fabrikgebäude, Fördertürme und Schornsteine prägten das Bild der Region. Wie ist es dazu gekommen?

Gusseisen und Stahl waren die für den Bau von Dampfmaschinen, Eisenbahnen und Schienennetzen benötigten Metalle. Sie wurden aus geschmolzenem Eisenerz gewonnen. Bereits seit dem frühen 18. Jahrhundert war bekannt, dass sich mehr und höherwertigeres Eisen herstellen lässt, wenn das Erz mit Koks* aus Steinkohle statt, wie bisher üblich, mit Holzkohle geschmolzen wird. In der Folge entwickelten sich vor allem Gebiete mit großen Steinkohlevorkommen zu Industrieräumen, so auch das Ruhrgebiet. Steinkohle war hier schon seit Jahrhunderten abgebaut worden – allerdings nur in kleinen Mengen und im Tagebau*. Mit zunehmendem Bedarf an Steinkohle setzte 1837 der Bergbau* entlang der Ruhr ein.

Bis 1850 wurden über 300 neue Bergwerke gegründet. Die Schächte drangen in immer größere Tiefen vor. Und bevor die Vorräte entlang der Ruhr erschöpft waren, wanderte der Bergbau nach Norden, wo die Kohle in noch größeren Tiefen bis zu 1200 m lag. Der Industrieraum erreichte den Fluss Emscher. In den neu errichteten Kokereien gleich neben den Bergwerken wurde die Kohle zu Koks verarbeitet. Der konnte auf kurzen Bahnstrecken in die neuen großen Eisen- und Stahlwerke transportiert werden.

■ Binnenwanderung

Ortschaften wuchsen, Städte entstanden, zugleich aber dehnten sich landwirtschaftlich genutzte Gebiete aus. Die Einwohnerzahlen des Ruhrgebiets und anderer Gegenden mit Kohlevorkommen stiegen um ein Vielfaches. Auch große Städte wie Berlin, Hamburg, München und Frankfurt am Main entwickelten sich zu Industriezentren und wurden immer größer. Denn in den neuen Fabriken wurden dringend Arbeitskräfte benötigt. Vor allem verarmte Bauern und Landarbeiter, gerade auch aus den ländlichen Gebieten Norddeutschlands, sahen hier ihre Chance: Zu Hunderttausenden zogen sie in die Nähe der Fabriken, um dort durch ihre Arbeit den Lebensunterhalt für sich und ihre Familien zu sichern. Diese Wanderungsbewegung wird als „Binnenwanderung" beschrieben.

---

*Koks: stark kohlenstoffhaltiger Brennstoff, der in einem Verbrennungsprozess bei sehr hohen Temperaturen gewonnen wird

*Tagebau: Bodenschätze werden nahe der Erdoberfläche abgetragen, ohne dass dafür Schächte angelegt werden.

*Bergbau: Bodenschätze werden in Bergwerken aus der oberen Erdkruste gewonnen. Für den Bergbau setzte sich auch die Bezeichnung „Montanindustrie" (von lateinisch „mons": Berg) durch.

Industrialisierung – Menschen verändern ihre Arbeitswelt

Das Leben der Menschen, die aus ländlichen Gebieten in Industrieräume gekommen waren, wurde dort nun nicht mehr von der Dorfgemeinschaft, der Zunft oder dem Handwerksbetrieb bestimmt, sondern von der Fabrik.

Welchen Einfluss hatten die Fabriken auf die soziale Situation der Menschen? Wie veränderte sich ihr Arbeitsleben, wie wohnten sie? Welche Ziele verfolgten die Unternehmer und was erwarteten sie von den Arbeitern? Wie wirkten Fabriken auf ihre unmittelbare Umgebung, die „Umwelt" der Menschen?

Wähle eines der Themen der folgenden Doppelseiten zur Bearbeitung aus und bilde eine Arbeitsgruppe mit denjenigen Mitschülerinnen und -schülern, die dasselbe Thema gewählt haben.

Arbeitstechnik: Lernplakate erstellen und einen „Museumsrundgang" durchführen

Lernplakate sind eine Möglichkeit, Gruppenarbeitsergebnisse in übersichtlicher Weise vorzustellen; beim „Museumsrundgang" werden sie von allen betrachtet.

A) Für ein Lernplakat benötigt ihr einen Bogen Karton (DIN A2), Filzstifte, Schere und Klebstoff. Überlegt zunächst, was die wichtigsten Ergebnisse eurer Arbeit sind. Erstellt dann einen Entwurf für das Plakat auf einem DIN A4-Blatt.

Beachtet bei der Plakatgestaltung folgende Regeln:
- Beschränkt euch auf die wichtigsten Informationen.
- Arbeitet mit Schlüsselbegriffen, Stichworten oder kurzen Sätzen.
- Die Schriftgröße sollte ca. 3 cm betragen.
- Benutzt zeichnerische Elemente, um z. B. Bezüge zu veranschaulichen (Pfeile, Blitz für Konflikt, Krone für Herrschaft o. Ä.).
  Zusätzlich könnt ihr einprägsame Bilder oder Zeichnungen verwenden.
- Gestaltet das Plakat sauber und fehlerfrei.
- Setzt am Schluss eure Namen darunter.

B) Hängt das fertige Plakat in der Klasse auf, daneben ein leeres DIN-A4-Blatt.
Nun schließt einen **„Museumsrundgang"** an:
- Alle Gruppen begutachten die Ergebnisse der anderen Gruppen. Ihr solltet dazu einen Bewertungsbogen vorbereiten, der auf den obigen Regeln beruht. Stellt fest, was an den anderen Plakaten gelungen ist und wo sie verbessert werden könnten.
- Notiert auf den Blättern an den Plakaten eure Kritikpunkte.
- Besprecht abschließend in der Gruppe, welche Anregungen ihr bekommen habt, um das eigene Plakat zu verbessern.

1. a) Lies den Verfassertext deines Teilkapitels und mache dir Notizen zum Inhalt.
   b) Bearbeitet danach die Aufgaben zu den Materialien und besprecht eure Arbeitsergebnisse in der Gruppe.

2. Erstellt in eurer Arbeitsgruppe ein Lernplakat zu eurem Teilthema.

3. Informiert euch in einem „Museumsrundgang" über die Arbeitsergebnisse der anderen Gruppen.

4. Tragt abschließend im Rahmen des Klassenunterrichts zusammen, welche sozialen Probleme die Industrialisierung hervorbrachte.

① Produktionshallen
② Kraftzentrale
③ Villa der Unternehmerfamilie mit Gartenanlage
④ „Beamtenhäuser"
⑤ Arbeiterunterkünfte

160.1 Die „Norddeutsche Wollkämmerei- und Kammgarnspinnerei" – später „Nordwolle" genannt – in Delmenhorst, Tuschezeichnung aus dem Jahr 1893. Im Vordergrund ist die Eisenbahnlinie Bremen – Wilhelmshaven zu erkennen, im Hintergrund das Flüsschen Delme.

■ Thema 1: Industriegesellschaft

Die oben abgebildete „Nordwolle" in Delmenhorst war – wie zu damaliger Zeit üblich – ein streng hierarchisch aufgebautes Unternehmen. Als Fabrikherr stand ihr Gründer Carl Lahusen an der Spitze der Firmenhierarchie, die sich aus einer großen Zahl von „Kopf- und Handarbeitern" aufbaute. „Kopfarbeiter" – so bezeichnete man die Buchhalter, Kassierer und Ingenieure. Von den „Handarbeitern" trennte sie äußerlich ihr Arbeitsplatz, das Büro, und ihre Kleidung, der Anzug. Darüber hinaus erhielten sie, monatlich ausgezahlt, ein höheres Gehalt als die „Handarbeiter" sowie bezahlten Urlaub. In der Anfangsphase des Unternehmens nannte man sie „Beamte", später setzte sich die Bezeichnung „Angestellte" durch.

Diejenigen, die als „Handarbeiter" in die Fabriken – ob Wollkämmerei, Weberei oder Stahlwerk – kamen, brachten unterschiedliche Voraussetzungen mit: Manche hatten ein Handwerk erlernt und galten als „Facharbeiter", die meisten jedoch waren Tagelöhner gewesen und konnten keine besondere Ausbildung vorweisen. Einige der ungelernten Arbeiter wurden „angelernt" und erwarben fachliche Fertigkeiten. Gemeinsam war den Fabrikarbeitern, dass sie allein ihre Arbeitskraft im Produktionsprozess einsetzen konnten, um ihren Lebensunterhalt zu sichern. Sie besaßen weder Werkstatt noch Arbeitsgeräte. Bald bezeichnet man sie als ↗ „Proletarier"*. Auch die Arbeiter selbst entwickelten das Bewusstsein, als Klasse zusammenzugehören.

Für die Entlohnung der Arbeiter spielte ihre fachliche Qualifikation eine entscheidende Rolle. So zahlte beispielsweise die Gussstahlfabrik von Alfred Krupp in Essen 1850 einen Tageslohn von 1,25 Mark an angelernte Arbeiter. Damit verdienten sie etwa das Doppelte von Gesellen im Handwerk. Und ausgebildete Facharbeiter, „Gesellen-Arbeiter" genannt, brachten fast das Zehnfache des Lohnes nach Hause, den Hilfsarbeiter, Frauen oder Kinder erhielten.

Zwar stiegen die Löhne im 19. Jahrhundert langsam an, doch sie schwankten auch nach Leistungsfähigkeit und der Kraft der Arbeitenden: Bis zum Alter von 20 Jahren war der Lohn gering, den Höchststand erreichte er im 45. Lebensjahr. Bis dahin musste man eine Familie gegründet, die Kinder großgezogen sowie eine Altersvorsorge geschaffen haben. Doch jeder vierte Arbeitnehmer schied, weil er krank wurde oder starb, schon früher aus dem Arbeitsleben aus.

*Proletarier (von lateinisch „proles": Nachkommen): ursprünglich diejenigen, die nicht über Landbesitz verfügen, sondern nur ihre Nachkommen haben. Sie müssen ihre Arbeitskraft verkaufen, um ihren Lebensunterhalt zu sichern.

Industrialisierung – Menschen verändern ihre Arbeitswelt

Q1 Eine Facharbeiterfamilie

Ein Journalist berichtete um 1890 über das Leben einer Facharbeiterfamilie. Das Ehepaar beschreibt er als fleißig, die Frau sei allerdings kränklich:

Die Wohnung besteht aus einem geräumigen Zimmer und der Küche. Obwohl hier Mann, Frau und zwei Kinder schlafen und leben, ist alles von peinlicher Sauberkeit.
5 Die eine Langmauer nehmen zwei Betten und ein einfaches Schlafsofa für die Kinder ein. Die andere wird von einer Kommode, einem Kleiderschrank und einem Waschtisch eingenommen. Ein Tisch und Stühle
10 vervollständigen die Einrichtung. Die Einnahmen betragen 1700 Mark im Jahr. An Wohnungsmiete muss im Jahr 259 Mark gezahlt werden. Die Frau erhält 18 Mark für den Haushalt in der Woche, also 2,57 Mark
15 pro Tag; davon muss noch die Beleuchtung bezahlt werden. Stark ist der Verbrauch von Hülsenfrüchten, Kartoffeln, Mehl, Brot und Milch.
Milch: 2 – 2,5 Liter = 0,40 Mark; Fleisch: 1–2
20 Pfund: 1,00 Mark; Gemüse, Kartoffeln usw.: 0,10 Mark; Kaffee (Zichorie*): 0,12 Mark; Brot: 0,35 Mark; Brötchen: 0,12 Mark; Wurst: 0,30 Mark; Fett, Salz, Gewürze: 0,12 Mark. Das macht im Tagessatz unge-
25 fähr den festgelegten Betrag.

161.2 Die Belegschaft der „Fass-Fabrik Dammeyer", Braunschweig, o. J.

100 Mark werden jährlich für Brennstoffe, 320 Mark für Kleidung, Verkehrsmittel, Hausgeräte und Möbel ausgegeben. Im Jahresbudget ergibt sich ein freier Betrag von
30 ca. 82 Mark.

O. von Leixner, 1888–1891. Soziale Briefe aus Berlin, 1891, S. 183–188, gekürzt.

*Zichorie: in Deutschland angebaute Pflanze, aus deren Wurzeln ein Kaffeeersatz gewonnen wurde

161.1 Die Hierarchie der Arbeiterschaft.

> **1.** Erläutere die auf Abbildung 160.1 dargestellte Fabrikanlage unter dem Blickwinkel der gesellschaftlichen Stellung der Beschäftigten. (VT)
>
> **2.** a) Berechne, wie viel Prozent ihres Jahreseinkommens die Facharbeiterfamilie für Wohnen und für Lebensmittel ausgeben musste. (Q1)
> b) Überlege: Wofür könnte die Familie des Facharbeiters um 1900 den freien Betrag von 82 Mark ausgegeben haben?
> c) Frage deine Eltern danach, für welche Bereiche außer Wohnung und Lebensmittel sie ihr Einkommen hauptsächlich ausgeben (Auto, Gesundheit etc.). Sucht Erklärungen für die Verschiebungen.*

*Ein Hinweis: Einkommen und Preise um 1900 und heute lassen sich nicht direkt vergleichen. Was vergleichbar ist, ist der Prozentanteil des Einkommens, der für die verschiedenen Bereiche der Lebenshaltungskosten aufgewendet wird.

162.1 *Die Familie Hoesch. In der Mitte sitzt Eberhard Hoesch mit seiner Frau. Gemälde aus dem Jahr 1835.*

■ Thema 2: Die Unternehmer

Im Jahr 1823 reiste der junge deutsche Unternehmer Eberhard Hoesch nach England. Er wollte herausfinden, warum das dort produzierte Eisen eine bessere Qualität als das in seinem Familienbetrieb hergestellte hatte. Mit seinen „Nachforschungen" ging er ein hohes Risiko ein, denn das, was er tat, war nach englischem Recht Industriespionage, auf die die Todesstrafe stand. Warum nahm er dieses Risiko auf sich?

Hoesch hatte einen kleinen Familienbetrieb geerbt. Doch konnten sich seine Waren gegenüber den hochwertigen und sogar preisgünstigen Konkurrenzprodukten, die aus England importiert wurden, am Markt nicht durchsetzen. Junge Unternehmer wie er mussten nach Wegen suchen, die Qualität ihrer Waren zu verbessern und sie zugleich günstig herzustellen. Außerdem mussten sie versuchen, neue Märkte für ihre Produkte zu erschließen. Viele Unternehmer dachten auch darüber nach, Waren, die bisher handwerklich hergestellt wurden – wie Klaviersaiten, Essbestecke, aber auch Waffen –, industriell zu produzieren und für die neuen Industrieprodukte Abnehmer zu finden.

Hoesch gelang es, die in England gewonnenen Erkenntnisse in seinem Eisenwalzwerk anzuwenden und dadurch die Qualität seiner Produktion zu steigern. Als aus den USA erste Aufträge für Eisenbahnschienen bei ihm eingingen, machte er genügend Gewinn, um ↗ Kapital für den Bau eines neuen, größeren und moderneren Werkes einsetzen zu können, das höhere Gewinne versprach.

Manche der ersten Fabrikanten traten mit ihren geschäftlichen Aktivitäten in direkte Konkurrenz zu den Landesfürsten. Das hatte Folgen. So klagte z. B. Georg Egestorff, der in Linden bei Hannover eine „Maschinen-Fabrik und Eisengießerei" betrieb, dass Beamte des Königreichs Hannover ihm den Abbau eines bestimmten Kohlevorkommens verweigert hätten, obwohl die „königliche Herrschaft" das betreffende Vorkommen selbst gar nicht nutze. Mit Briefen an hohe Beamte und schließlich an König Georg V. kämpfte er darum, dass staatliche Hindernisse zurückgenommen wurden.

Mit zunehmender Bedeutung industriell hergestellter Waren veränderte sich die Rolle der Fabrikanten mehr und mehr. Waren sie anfangs eher experimentierfreudige „Pioniere" der Industrialisierung Deutschlands gewesen, wurden sie immer mehr zu einer einflussreichen Führungsschicht der Gesellschaft. Die Bezeichnung „Industriebarone" für erfolgreiche Fabrikanten gibt wieder, dass Industrielle den Adel in seiner führenden gesellschaftlichen Rolle ablösten, die dieser durch seinen Grundbesitz gehabt hatte.

Industrialisierung – Menschen verändern ihre Arbeitswelt

Q1 Erwartungen an Arbeiter

Aus der Fabrikordnung der Firma Krupp, 1838:

Jeder Arbeiter muss treu und unbedingt folgsam sein, sich inner- und außerhalb der Fabrik anständig betragen, pünktlich die Arbeitsstunden halten und durch seinen
5 Fleiß beweisen, dass er die Absicht hat, zum Nutzen der Fabrik zu arbeiten. Wer dies befolgt, hat zu erwarten, dass dem Wert der Arbeit nach auch sein Lohn erhöht wird. Wer aus Nachlässigkeit oder bösem Willen
10 sich vergeht, wird bestraft. Branntweintrinken in der Fabrik wird nicht geduldet. Wer ein Stück Arbeit, ein Werkzeug und dergleichen verdirbt oder umkommen lässt, muss dasselbe vergüten. Wer fünf Minuten
15 zu spät nach dem Läuten zur Arbeit kommt, verliert ¼ Tag, wer ¼ Tag eigenmächtig fortbleibt, verliert ½ Tag; für ½ Tag Fortbleiben wird ¾ Tag abgezogen.

www.library.fes.de, 2. 9. 2009

Q2 Dem Vaterland zum Nutzen

Der Fabrikant Georg Egestorff stellte 1853 in einem Brief an Georg V., König von Hannover, den Nutzen seines Unternehmens für das Königreich Hannover dar:

Werden alle zusammengezählt, so ergibt sich die Seelenzahl von 3102, welche sämtlich durch meine Geschäfte ernährt werden. ... Noch bedeutender ist die Zahl derjeni-
5 gen Personen, welche indirekt durch meine Geschäftsbetriebe ernährt werden. Dahin rechne ich z. B. die große Menge von Landleuten, welche sich damit beschäftigt, die teils in den Kohlenhandel gebrachten, teils
10 in meine Fabriken und Anlagen verkauften Kohlenmassen abzufahren. ...
Daneben habe ich es mir zum Prinzip gemacht, entlassene Sträflinge zu jeder Zeit in Arbeit zu nehmen, um sie auf diese Weise
15 ... vor dem Rückfall zu bewahren, welcher sehr häufig durch den Mangel eines rechtlichen Erwerbs veranlasst wird. ...
Sehr gemeinnützig für die ganze vaterländische Industrie ist meine Maschinenfabrik
20 und Eisengießerei, die einzige in unserem Vaterlande, die sich mit dem Bau von Lo-

163.1 Arbeiter bei ihrem Fabrikherrn. Gemälde von Stanilaw Lentz, 1895.

komotiven beschäftigt. Die Zahl der verfertigten Lokomotiven beläuft sich jetzt schon auf 36. Nach den Attesten der Königlichen
25 Eisenbahn können sie sämtlich denen der besten englischen Fabriken an die Seite gestellt werden. Dadurch hat der vaterländische Eisenbahnbetrieb sich vom Auslande unabhängig gemacht und große Geldsum-
30 men werden dem Vaterlande erhalten und unter die arbeitenden Volksklassen verteilt.

J. Schneider (Hg.), Wirtschaftskräfte und Wirtschaftswege Band 3, Stuttgart 1978, S. 424 f.

---

1. Versetze dich in die Person des jungen Unternehmers Eberhard Hoesch (VT). Schreibe einen Brief aus England an deine Familie und schildere die Beobachtungen, die du auf deiner Reise machst.

2. a) Erkläre, welchen Schwierigkeiten sich der Unternehmer Egestorff in Hannover ausgesetzt sah. (VT)
b) Erläutere: Wie versucht er, den König von seinem Geschäft zu überzeugen? (Q 2)

3. Erkläre, wie sich in den Materialien Q 1, 163.1 und Q 2 das Verhältnis der Unternehmer zu ihren Arbeitnehmern darstellt.

4. Fabriken verändern das Leben der Menschen

164.1 Unfall in einer Fabrik, Gemälde von Johann Bahr, 1889.

■ Thema 3: Arbeitswelt Fabrik

Zu vorindustrieller Zeit prägten die Jahreszeiten und die Zahl der täglichen Sonnenstunden den Arbeitstag und die Arbeitszeiten von Bauern und Handwerkern. Ganz anders dagegen der Arbeitstag in einer Fabrik: Ein System von Maschinen, deren Kapazitäten möglichst gut ausgenutzt werden sollten, bestimmte den Arbeitstakt; eine Fabrikordnung regelte die Einzelheiten (→ S. 163).

Fabrikarbeiter mussten um 1850 durchschnittlich 14 Stunden täglich arbeiten, mindestens sechs Tage in der Woche. Gegen Ende des 19. Jahrhunderts wurde die Arbeitszeit gesenkt, doch betrug sie immer noch etwa 70 Wochenstunden. Zum Vergleich: In unserer Zeit müssen Vollzeitbeschäftigte in der Bundesrepublik Deutschland etwa 40 Wochenstunden ableisten.

Zu den langen Arbeitszeiten kamen harte Arbeitsbedingungen: Die meisten Fabrikräume waren eng. Hitze, Feuchtigkeit, Schwüle oder Kälte erschwerten das Atmen. Lärm, Schmutz, Gase und Stäube griffen die Gesundheit an. Besonders in der Eisenindustrie oder im Bergbau war die Arbeit trotz des Einsatzes von Maschinen sehr schwer. Mit zunehmender Technisierung nahmen die körperlichen Belastungen zwar ab, aber häufig stieg das Arbeitstempo an und es gab weniger Pausen. Die Arbeiter mussten sich oft über Stunden in lärmenden Hallen auf ihre Handgriffe konzentrieren.

Weder auf körpergerechte Gestaltung der Arbeitsplätze noch auf Sicherheitsvorkehrungen an den Maschinen legte man Wert. Immer wieder passierten schwere Unfälle, bei denen Arbeiter Gliedmaßen verloren oder gar getötet wurden. In zeitgenössischen ärztlichen Berichten sind zudem viele Berufskrankheiten dokumentiert, die zu früher Invalidität oder sogar zum Tod führten. Bei Arbeitern in den Bergwerken führte das Einatmen von Kohlenstaub z. B. zu Ablagerungen in den Lungen („Staublunge"). Sie riefen Atemnot hervor; dem Körper konnte nicht genügend Sauerstoff zugeführt werden.

Als Protest gegen die Arbeitsbedingungen kam es in der Anfangszeit der Industrialisierung manchmal zu spontanen Arbeitsniederlegungen. Doch konnten sich die Arbeiter bei den autoritären Fabrikherren kaum Gehör verschaffen. Erst später, als sie sich zu ↗ Gewerkschaften zusammenschlossen und gemeinsam für Veränderungen eintraten, konnten sie Verbesserungen erreichen.

164.2 Stechuhr an einer Fabrikpforte, Berlin 1910. Jeder Arbeiter hatte eine sogenannte Stechkarte. Sie wurde bei Arbeitsantritt und -ende in die Stechuhr gesteckt, sodass genau kontrolliert werden konnte, wann der Arbeiter am Arbeitsplatz war.

Industrialisierung – Menschen verändern ihre Arbeitswelt

Q1 Arbeitsbedingungen

a) Ernst Abbe, Mitinhaber der Zeiss-Werke in Jena, beschrieb, wie er als Kind seinen Vater erlebte, der Anfang der 1850er-Jahre in einer Spinnerei arbeitete:

Ich selbst habe als Junge zwischen fünf und neun Jahren jeden Tag abwechselnd mit meiner um ein Jahr jüngeren Schwester … meinem Vater das Mittagbrot gebracht. Und ich bin dabeigestanden, wie mein Vater sein Mittagessen, an eine Maschine gelehnt oder auf eine Kiste gekauert, aus dem Henkeltopf in aller Hast verzehrte, um mir dann den Topf geleert zurückzugeben und sofort wieder an seine Arbeit zu gehen. … Mein Vater war eine Hünengestalt von unerschöpflicher Robustheit, aber mit 48 Jahren in Haltung und Aussehen ein Greis. Seine weniger starken Kollegen dagegen waren bereits mit 38 Jahren Greise.

N. Günther, Ernst Abbe, 1946, S. 7 f.

b) Ein Arzt schrieb 1894 in einem Bericht über die Auswirkungen der Fabrikarbeit auf die Arbeiter:

Es ist kein schöner, kein erheiternder Anblick, die Arbeitermassen so zu betrachten, wenn sie von ihrer Tätigkeit kommen, die Männer mit den rußigen Gesichtern und abgetragenen, schmierigen Kitteln, die bleichen Weiber in ihren dürftigen Kleidern. Man sieht ihnen das Ungesunde, die harte, drückende Ausnutzung der Kräfte und das Abstumpfende ihres Berufs an. … Die Arbeitszeit ist lang, mit ganz unzureichenden, zu klein bemessenen Unterbrechungen, und dazu kommt, dass die Arbeit zum größten Teil äußerst einförmig und gleichmäßig ist, häufig den Körper in eine bestimmte, andauernde Haltung zwingt, die leicht zur Ermüdung führt und gesundheitsschädlich wirkt. … So arbeiten sie einen Tag wie den anderen von früh bis abends, jahrein, jahraus, immer wieder dasselbe in denselben Räumen auf demselben Fleck. Eine Hoffnung, dass sie mit der Zeit durch Ausdauer und Anstrengung vorwärtsstreben könnten, gibt es nicht.

D. Ziegler, Die Industrielle Revolution, 2005, S. 47, gekürzt.

165.1 Arbeiter an Schleifmaschinen, Foto, 1885.

Q2 Akkordarbeit!

Ein Metallarbeiter aus Wien äußerte 1895:

Ebenso verderblich wie die Maschinen in ihren Wirkungen ist das Akkordsystem, ein Schandfleck unseres Jahrhunderts. Es ist heute nicht mehr ausreichend, ein praktischer, intelligenter Arbeiter zu sein. Heute ist man schon so weit, dass man mit diesen Vorbedingungen nur noch dann ein paar Gulden verdienen kann, wenn man die höchstmögliche Spannung seiner Arbeitskraft damit in Verbindung bringt. Dieses Verdienen ist aber auch stets wieder Ursache weiterer Preisreduktionen vonseiten des nimmersatten Unternehmers. Noch schlimmer ist es bei den Maschinenarbeitern; man weiß bald nicht mehr, ob sie die Maschinen bedienen oder gar nur mehr als Teil derselben zu betrachten sind.

R. Kropf (Hg.), Arbeit, Mensch, Maschine, 1987, S. 109.

---

1. Liste auf, welche Arbeitsbedingungen in den frühen Fabriken herrschten und wie sich die Fabrikarbeit gegen Ende des 19. Jahrhunderts veränderte. (VT, Q1, Q2)

2. Stelle gegenüber, unter welchen Bedingungen Handwerker in früheren Jahrhunderten gearbeitet haben.

Die Aufnahme entstand in einer amerikanischen Baumwollspinnerei. Unter ähnlichen Bedingungen haben aber auch in Deutschland Kinder im 19. und frühen 20. Jahrhundert gearbeitet.

166.1 Arbeitendes Mädchen in einer Spinnerei. Foto des amerikanischen Fotografen Lewis Hine, 1908.

■ Thema 4: Arbeit von Frauen und Kindern

Frauen und Kinder hatten seit jeher in den Handwerker- und Bauernfamilien sowie bei der Heimarbeit mitgearbeitet. Daher erschien es selbstverständlich, dass auch sie in den Fabriken Arbeit suchten. Aber ihr Arbeitswert wurde von den Fabrikanten gering veranschlagt: Ein gelernter Arbeiter in einer Baumwollspinnerei verdiente 1888 pro Schicht 1,34 Mark, eine Frau 0,63 Mark. Ohne es zu wollen, drückten Frauen und Kinder mit ihrem Arbeitsanteil auch die Löhne der Männer, denn auf dem Arbeitsmarkt waren sie die billigere Konkurrenz der Männer. Vor allem in der Textilindustrie gab es viele Frauenarbeitsplätze, etwa für das Nähen von Kragen, Manschetten und Hemden. Eine gesetzliche Begrenzung der Arbeitszeit für Frauen wurde 1891 mit elf Stunden pro Tag beschlossen, zusätzlich eine Mutterschutzfrist von vier Wochen. Als Arbeiterin hatte die Frau auch die Doppelbelastung von Haus- und Fabrikarbeit zu bewältigen. Hinzu kam, dass anders als bei der Handwerkerin oder Bäuerin Arbeitsplatz und Wohnung oft weit voneinander entfernt lagen.

Unter diesen harten Lebensbedingungen zogen die Arbeiterfamilien auch noch viele Kinder groß. Um in den Nächten wenigstens etwas Schlaf zu bekommen, beruhigten sie die Kleinsten mit in den Mund gesteckten Mohnsäckchen, einer Droge, die die Kinder auf die Dauer krank machte. Tagsüber kamen die Kinder zu einer Hütefrau oder ältere Kinder passten auf sie auf, soweit sie nicht selber arbeiten mussten.

Kinder in Arbeiterfamilien waren häufig keine Wunschkinder. Sie wurden vor allem als Belastung für das Einkommen gesehen. Schon die Geburt war ein Risiko für Mutter und Kind. Im böhmischen Reichenberg beispielsweise, wo die Arbeitsbedingungen für Frauen besonders hart waren, wurden bis 9 % der Kinder tot geboren. Oft kamen die Kinder schon mit sechs Jahren in die Fabriken. Sie hatten schmale Hände, die für besondere Arbeiten in der Textilfabrik, z. B. für das Flicken gerissener Fäden, besonders geeignet erschienen.

Nur langsam und unter großen Widerständen begrenzten staatliche Vorschriften und Gesetze die Kinderarbeit. Im Jahr 1839 wurde die Arbeit für unter 9-jährige Kinder verboten, für 9- bis 16-jährige auf zehn Stunden begrenzt. Diese Untergrenze wurde 1853 auf 12 Jahre angehoben, die Arbeitszeit für 12- bis 14-Jährige auf sechs Stunden festgelegt. Zu dieser Arbeitszeit kamen drei Stunden täglicher Schulbesuch.

Industrialisierung – Menschen verändern ihre Arbeitswelt

Q1 Kinderarbeit

Ein Junge, dessen Vater kriegsverletzt war, berichtet darüber, wie er 1865 das Familieneinkommen durch seine Mitarbeit aufbessern musste:

Ich war noch nicht fünf Jahre alt, da musste ich schon in der Arbeitsstube meines Vaters fleißig mit zugreifen. Tag für Tag musste ich Tabak zurichten, d. h. mit den kleinen Fin-
5 gern die feuchten zusammengefalteten Tabakblätter auseinanderbreiten, die dickeren Stängel entfernen und Blatt auf Blatt legen. Und das musste rasch gehen, denn die Zigarrenmacher warteten auf den so herge-
10 richteten Tabak. … So habe ich den größten Teil der „goldenen Jugendzeit" in den staubigen, dunstigen Räumen der Zigarrenfabrik verbringen müssen. …
Als ich zur Schule kam – da war ich schon
15 sieben Jahre alt –, wurden die wenigen freien Stunden, an welchen ich Kind sein, spielen durfte, noch knapper bemessen. Aber noch ein anderer Gegner hatte sich eingestellt: Krankheit! Ungenügende Nahrung, feuchte
20 ungesunde Wohnung und mangelnde Bewegung in frischer Luft hatten mich skrofulös* gemacht. Eine Wirkung dieser Arbeiterkrankheit war eine immer wiederkehrende Augenentzündung.

W. Emmerich (Hg.), Proletarische Lebensläufe, Bd. 1, 1979, S. 106 f., gekürzt.

Q2 Kinderarbeit

Die Textilarbeiterin Anna Perthen berichtete über ihre Jugend um 1880:

Der Verdienst des Vaters war gering, sodass die Mutter trotz der neun Kinder in die Arbeit gehen musste. Da es für uns zu weit in die Fabrik war, machten wir Heimarbeit.
5 Wir mussten Knöpfe annähen. Es blieben von neun Geschwistern nur drei am Leben. Überarbeitung der Mutter und Unterernährung mögen wohl die Ursachen ihres Todes gewesen sein.
10 Als ich 12 Jahre alt war, musste ich in die Textilfabrik gehen, wo damals noch die Arbeitszeit von 5 Uhr früh bis 7 Uhr abends dauerte. Nachmittags von 4 bis 6 Uhr besuchten wir die Fabrikschule, welche neben
15 der Fabrik in einem Gasthaus abgehalten wurde. Von 6 bis 7 Uhr ging es wieder in die Fabrik. Mit dem Lernen war freilich nicht viel los, wir betrachteten die zwei Stunden mehr als eine Erholung. Die Arbeit war
20 nervenanspannend.
Eine Zeit lang bin ich abends nach Hause schlafen gegangen, da musste ich schon um halb vier früh aufstehen, denn der Weg in die Fabrik war ein sehr langer. Eine Zeit
25 lang wieder war ich die ganze Woche in Logis, bloß samstags ging ich nach Hause. Ich war froh, dass ich Geld verdiente, aber die Enttäuschung war oft bitter. Der Verdienst war klein. Die zwei Stunden Schulbesuch
30 wurden uns natürlich abgezogen. Wenn ich dann das Logis bezahlt hatte, blieb nur ein kleiner Betrag übrig, und da wartete samstags schon der Vater auf mich, um mir das Geld abzunehmen.

Arbeiterinnen kämpfen um ihr Recht, 1975, S. 84 f.

167.1 Obdachlose Kinder stellen in einem Berliner Arbeitshaus Zigarrenkisten her, Holzstich, 1857.

*skrofulös: an Skrofulose leidend. Skrofulose war eine Entzündung der Nasenschleimhaut, Bindehaut, Augenlider und der Lymphknoten am Hals.

---

1. Stelle den Arbeitsalltag des Jungen aus Q1 dem des Mädchens aus Q2 gegenüber.

2. Vergleiche dein Leben mit dem Leben der Kinder in Q1 und Q2.

4. Fabriken verändern das Leben der Menschen

168.1 Blick in die Küche einer Berliner Arbeiterwohnung. Die Aufnahme entstand um 1910 im Rahmen einer Wohnungsuntersuchung der Berliner Krankenkasse. In einem dazugehörenden Bericht wurde vermerkt, dass die mit Wellblech verkleidete Decke stark verrostet war.

■ Thema 5: Wohnungsnot

Um 1850, als viele Menschen in die Industriezentren einwanderten, stand nicht nur im Ruhrgebiet, im Saarland oder in Schlesien zu wenig Wohnraum zur Verfügung. Besonders in den Großstädten wie Berlin oder Hamburg war die Zahl der Unterkünfte für Neubürger begrenzt. Wo also sollten die Fabrikarbeiter wohnen?

In Industrieräumen, die kurz zuvor noch ländlich geprägt waren, ließ mancher Fabrikherr eine „Werkskolonie" errichten (→ S. 144). Meist entstanden Reihen von Einzelhäusern mit mehreren Wohnungen in unmittelbarer Nähe der Fabrik. Auf der Rückseite hatten viele dieser Häuser Gärten – für die „Bergmannskuh", die Ziege und den Gemüseanbau. Einen Garten zu haben, bedeutete zusätzliche Nahrungsmittelversorgung. Außerdem förderten Gärten die Bindung der Arbeiterfamilien an das Haus und damit an die Fabrik. Denn den Unternehmern lag an der Beständigkeit ihres Personals.

Die Großstädte Berlin, Hamburg, Frankfurt und München entwickelten sich schnell zu Industriezentren. Deshalb waren sie für viele Menschen Anziehungspunkte. Einer amtlichen Statistik zufolge verdoppelte sich die Einwohnerzahl Berlins zwischen 1850 und 1870 auf etwa 800 000 Menschen. Rund ein Fünftel von ihnen lebte 1870 in Kleinwohnungen. Anders als heute gab es aber keine Singlehaushalte. Jede dieser Unterkünfte wurde von durchschnittlich sieben Personen bewohnt!

Die meisten der Zugezogenen mussten sich mit gering entlohnten Hilfsarbeiten über Wasser halten und fanden bezahlbaren Wohnraum deshalb nur in Quartieren von schlechtester Bausubstanz; manchmal entstanden auch Slums aus selbst gebauten Hütten in der Nähe der Fabriken. Doch auch in den großen neuen „Mietskasernen*", die infolge der schnellen Bevölkerungszunahme seit den 1870er-Jahren errichtet wurden, gab es in der Regel kein fließendes Wasser; geschweige denn Arbeiterwohnungen mit Badezimmer. Oft lebte eine mehrköpfige Familie in einem einzigen Raum und nahm, um ihr Budget aufzubessern, sogar noch einen sogenannten „Schlafgänger" auf. Das waren Arbeiter, die Miete für ein Bett und eine Mahlzeit zahlten. Auf „Privatsphäre" musste die Masse der Arbeiter verzichten.

*Mietskasernen: abwertende Bezeichnung für mehrstöckige Mietshäuser, die aus Vorderhäusern mit Seitenflügeln und mehreren Hinterhäusern bestehen. Auf engem Raum sollten sie möglichst viel Wohnraum bieten. Zwischen 1870 und 1920 wurden in Berlin ca. 10 000 Mietskasernen gebaut.

Industrialisierung – Menschen verändern ihre Arbeitswelt

Q1 Eine Arbeiterwohnung

Ein Politiker beschrieb 1890 die Wohnsituation einer Hilfsarbeiterfamilie in Berlin:

[Außer einem Bett fand sich] nur wenig ärmlicher Hausrat in dem unwohnlichen Raum. Auf der kleinen eisernen Kochmaschine standen ein paar Töpfe …; den ein-
5 zigen Tisch bedeckten ein paar Teller und Gläser, Zeitungsblätter, Kamm, Bürste, Seifenschale … und andere Gegenstände. Der geringe Kleidervorrat der Familie hing an den Wänden; ein paar verblasste Fami-
10 lienbilder und ungerahmte Holzschnitte aus einer illustrierten Zeitung bildeten den einzigen Schmuck. Außer der Frau und ihrem Manne lebten in dieser Küche noch drei Kinder … In der Wohnung hausten sie
15 schon über sechs Monate: Das sogenannte „Zimmer" war abvermietet worden, die Küche kostete ihnen danach noch ungefähr 8 bis 9 Mark im Monat.
Wie die Familie schlief? Mann und Frau in
20 dem einzigen Bett. Die Kinder wurden auf ausgebreiteten Kleidungsstücken untergebracht und durften erst dann ins Bett kriechen, wenn Vater und Mutter – gewöhnlich vor 5 Uhr morgens – aufgestanden waren.
25 Den ganzen Hausstand musste das 14-jährige Mädchen besorgen, das stundenweise als Ausläuferin (Botin) beschäftigt war.

J. Flemming u. a. (Hg.), Quellen zur Alltagsgeschichte der Deutschen, 1997, gekürzt.

169.1 Arbeiterwohnungen der Firma Krupp in Essen.

gesunden Aufenthalt und gesunde Speisen liefern. Diese Wohnungen sind gar nicht bestimmt für Leute, denen es gleichgültig ist,
15 ob sie im Jahre einige Taler mehr für die Wohnung zahlen. Für solche Anforderungen werden andere Wohnungen gebaut aus massivem Mauerwerk von mehreren Etagen mit Kellerraum.

W. Berdrow (Hg.), Alfred Krupps Briefe 1826–1887, 1928, S. 254, gekürzt.

Q2 Wohnungen für die Ärmsten

Der Unternehmer Alfred Krupp ließ mehrere, damals vorbildliche Wohnanlagen für seine Arbeiter errichten. Am 8. März 1871 ordnete er an:

Es werden billigste Wohnungen in Fachwerk aufgeführt für Einzelne oder Familien mit oder ohne Möbel. Letztere auf's Notdürftigste beschränkt und nur Strohsack
5 und Decken zum Schlafen für solche, welche billigst logieren wollen.… Platz- und Hausordnung und polizeiliche Kontrolle sowie Kontrolle an den zwei einzigen Ein- und Ausgängen bleibt zu bestimmen. …
10 Die Anlage soll allen solchen, welche sparen müssen, zu den billigsten Preisen einen

1. a) Versetze dich in die Rolle des Politikers, der die Arbeiterwohnung in Berlin aufsucht. (Q1) Berichte deinen Parteifreunden (Mitschülerinnen und -schülern) von der Erfahrung.
b) Überlegt gemeinsam, welche Möglichkeit es damals gab, das Wohnungselend abzuschaffen.

2. Stell dir vor, du bist ein „Schlafgänger". Berichte in einem Brief an deine Familie auf dem Land über deine Wohnsituation.

3. Nimm Stellung zu den in Q2 vorgestellten Plänen Alfred Krupps.

4. Fabriken verändern das Leben der Menschen

170.1 Werksgelände der Firma Krupp. Im Vordergrund das Wohnhaus der Familie Krupp.

■ Thema 6: Hüttenrauch und Umweltschäden

Als der Unternehmer Alfred Krupp im Jahr 1867 für eine Industriemesse ein Foto seiner Fabrik brauchte, gab er dem Fotografen genaue Anweisungen: Er wollte sein Werk im Mai aufgenommen haben, wenn alles grün war. Außerdem verlangte er, dass bei Windstille und an einem Sonntag fotografiert werden solle, weil „die Werktage zu viel Rauch, Dampf und Unruhe mit sich führen". Der Fabrikherr wusste: Qualmende Schornsteine demonstrieren zwar das Wohlergehen des Unternehmens, belasten und gefährden aber auch Mensch und Umwelt.

Für sich und seine Familie hatte Krupp schon längst beschlossen, aus dem auf dem Fabrikgelände befindlichen Wohnhaus umzuziehen. Seine Frau litt unter dem Lärm der Dampfhämmer, die das Geschirr und die Gläser in den Schränken zerspringen ließen. Sie störte sich an den Wolken von Ruß und Schmutz, die Bäume und Blumen im Garten mit einer Fettschicht überzogen. So wie die Krupps machten es viele Fabrikherren: Sie verließen ihre Häuser in Fabriknähe und bauten neu in Gebieten ohne Luftverschmutzung. Ihren Arbeitern bot sich die Möglichkeit, ins Grüne zu ziehen, nicht. Sie blieben im Schatten der Schornsteine, ganz gleich, ob sie in Werkswohnungen oder in den billigen Quartieren der nahen Städte und Dörfer wohnten.

Gerade das, was wesentlich zum Fortschritt in der Eisenverhüttung und Stahlerzeugung beigetragen hatte, die Verwendung von Steinkohle, entpuppte sich als ein gefährlicher Luftverschmutzer. Da auch in den Wohnungen zunehmend mit Kohle geheizt wurde, verstärkte sich das Problem noch. Proteste wurden schon Mitte des 19. Jahrhunderts laut, später kam es zur Gründung von Verbänden, die die Luftverschmutzung bekämpften. Bereits damals konnte man nachweisen, dass Industrieabgase giftige Bestandteile hatten, die für Menschen schädlich waren.

Versuche, auf politischer Ebene eine sinnvolle Lösung des Problems zu finden, blieben ohne Erfolg. Keiner wollte auf den industriellen Fortschritt verzichten, der Arbeitsplätze und wirtschaftlichen Erfolg bedeutete. Wenn man in einer Industrieregion lebe und durch die Industrie verdiene, müsse man auch deren Nachteile akzeptieren, hieß es deshalb bald. Man schlug vor, höhere Schornsteine zu bauen: So könne in der unmittelbaren Umgebung die Schadstoffbelastung sinken, die gefährlichen Stoffe sollten in weiter entfernten, bislang nicht belasteten Gegenden niedergehen.

■ Wie sieht es heute aus?

Selbst im 20. Jahrhundert gehörten Dreck und Rauch zu einem Industriegebiet. So konnte man im Ruhrgebiet bis in die 1970er-Jahre je nach Windrichtung Wäsche nicht nach draußen hängen, weil sich Rußpartikel auf ihr absetzten und sie wieder schmutzig abgenommen werden musste. Als Politiker blauen Himmel über dem Ruhrgebiet versprachen, hielten viele sie für Fantasten. Heute versucht man mit Verordnungen und Gesetzen, die Filteranlagen vorschreiben, eine Gefährdung der Bevölkerung zu vermindern. Aber auch der massive Abbau der Schwerindustrie in Deutschland hat zu dieser Veränderung beigetragen.

Industrialisierung – Menschen verändern ihre Arbeitswelt

Q1 Schlechte Ernte

Aus einer Eingabe von 14 Bürgern und ihrem Gemeindevorsteher an einen Minister, 1846:

Der Obstbaum gedeiht nur kümmerlich, und ist er endlich tragbar und steht in Blüte, so braucht der Hüttenrauch diese nur gelind zu überstreichen, um sie zu vergiften. Unter den Gartenfrüchten, die man jedes Frühjahr zu säen und pflanzen pflegt, ist nicht eine, die der Hüttenrauch verschone. ... Von einem solchen totalen Schaden werden wir jetzt betroffen, wir schweben aber Jahr für Jahr in der nämlichen (genannten) Gefahr. Derartige Verluste sind wir, die wir meist arme Berg- und Hüttenarbeiter sind, auf die Dauer auszuhalten nicht imstande, sondern gehen dabei der Verarmung entgegen.

F.-J. Brüggemeier u. a. (Hg.), Besiegte Natur, 1989, S. 64, gekürzt.

Q2 Arbeit ist gefährlich

In einem medizinischen Gutachten aus dem Jahr 1877 hieß es über die Krankheiten der Hüttenarbeiter:

Vom hygienischen Standpunkte aus kann man die Hüttenarbeit als der Gesundheit nachteilig betrachten:
1. Wegen der Gefahr von Verletzungen aller Art ...
2. Weil sie eine bedeutende Muskelanstrengung erfordert ...
3. Als eine ... gefährdende Sache sind die großen Temperaturverschiedenheiten zu betrachten ...
4. Trotz aller Verbesserungen, die in neuerer Zeit vorgenommen worden sind, ist als ein die Gesundheit der Arbeiter wesentlich beeinträchtigendes Element, welches aber von der Arbeit nie ganz zu trennen sein wird, der Hüttenrauch zu betrachten. Mit diesem Namen bezeichnet man schlechthin nicht nur die eigentlichen Gase, die sich bei den mannigfachen Metall verarbeitenden Prozessen, wie sie in den Hütten vorkommen, entwickeln, sondern auch alles, was in Form von Staub in den Hütten selbst und deren nächster Umgebung von den Gasen mit fortgerissen wird. ...

171.1 Arbeiterwohnungen der Firma Krupp in Essen. Das Foto stammt aus den 1930er-Jahren.

5. Es sind die Metallvergiftungen, denen die Hüttenarbeiter ausgesetzt sind, und zwar besonders mit Blei, Kupfer und Arsen. ...

F.-J. Brüggemeier u. a. (Hg.), Industrie-Natur, 1995, 77 f., gekürzt.

---

1. Welchen gesundheitlichen Risiken waren Arbeiter in der Eisen- und Stahlindustrie ausgesetzt? Nenne die Folgen der Luftverschmutzung und Arbeitsrisiken für die Familien dieser Arbeiter. (Q1, Q2)

2. Überlegt gemeinsam: Was könnten die Gründe dafür sein, dass Politiker und Unternehmer wenig getan haben, um die Industrieabgase zu verringern?

WERK

Industriefotografie

172.1 Verpacken von Leibniz-Keksen bei Bahlsen in Hannover, Foto, um 1920. Die Firma Bahlsen in Hannover führte 1905 als erstes Unternehmen Europas Fließbänder ein. Im Produktionsprozess wurden sie zur Verpackung von Leibniz-Keksen (damals noch „Leibniz-Cakes") eingesetzt.

*Montage: zusammengefügtes Bild. Bei Fotomontagen gab es z. B. die Möglichkeit, mehrere Negative zusammenzufügen und davon einen Abzug herzustellen.

Eine neue Bildtechnik

Im 19. Jahrhundert gelang es erstmals, Abbilder von Gegenständen auf lichtempfindliches Material zu projizieren und dauerhaft festzuhalten: Die Fotografie, wörtlich übersetzt „Lichtzeichnung" (griechisch „phos": Licht und „graphein": zeichnen), war erfunden.

Dieses fortschrittliche Verfahren, mit dem man so detailgetreue Bilder hervorrufen konnte, schien zu Motiven der Industrialisierung besonders gut zu passen. Viele Industrielle gaben daher Fotografien in Auftrag, um ihre Unternehmen darstellen zu lassen. Die Betrachter sollten von der Fortschrittlichkeit der Unternehmen beeindruckt werden. Im Werksarchiv bewahrt, hielten die Fotos den Aufstieg der Firma für die Nachwelt fest.

Den Wünschen ihrer Auftraggeber folgend, zogen Berufsfotografen mit umfangreicher Ausrüstung zu ihren Bildmotiven. Dort folgte eine langwierige Vorbereitung: Sie richteten die Kamera samt zu belichtender Metallplatte her und prüften die Belichtungsverhältnisse. Abzulichtende Menschen wurden sorgfältig gruppiert und zu längerem Stillhalten ermahnt. Nun mussten eine Reihe von gestalterischen Entscheidungen getroffen werden: Aus welcher Entfernung wird das Motiv gezeigt? Welcher Ausschnitt wird gewählt? Aus welcher Perspektive soll das Motiv zu sehen sein? Wie soll es beleuchtet sein?

Damals – wie heute – gestaltete der Fotograf seine Aufnahme. Dadurch kann er demselben Motiv ganz unterschiedliche Wirkungen geben. Fotografiert er beispielsweise eine Lokomotive aus der Ferne, so kann das Foto zeigen, wie groß sie im Verhältnis zu anderen Maschinen oder zum Menschen ist. Zeigt er ein Detail, etwa die Räder, so lenkt er den Blick stärker auf deren Aufbau und Funktion.

Bühne frei

Heute werden die meisten Fotos, die wir in Büchern sehen, mithilfe von Bildbearbeitungsprogrammen nachträglich „optimiert": leuchtende Farben, glatte Haut, senkrechte Gebäudekanten lassen sich leicht erzeugen. Und wenn ein Gegenstand stört, so wird er einfach entfernt!

Früher wäre so etwas nur durch aufwendige Montagen* möglich gewesen. In der Regel bearbeitete der Fotograf seine Aufnahme in einem chemischen Prozess im Fotolabor, bis am Ende der fertige Abzug auf Fotopapier vorlag. Mit feinen Pinseln und Tusche konnte nun noch ein wenig retuschiert werden, um kleine „Fehler" zu beheben. Auch konnten Abläufe nicht, wie bei modernen Digitalkameras, in schnellen Bildfolgen „geknipst" werden. Wenn es darum ging, komplizierte oder gefährliche Produktionsverfahren abzulichten, mussten sich die Fotografen schon etwas einfallen lassen: Üblich war es, die Szene wie auf einer Bühne zu „inszenieren", wenn nötig mit Requisiten – wie im Theater.

STATT

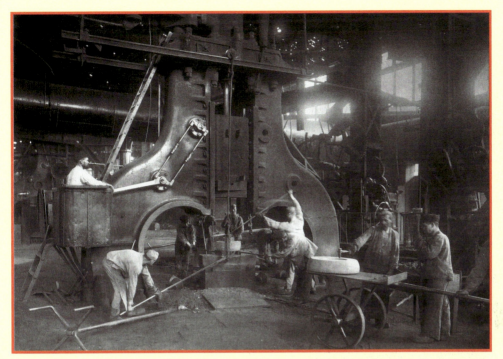

173.1 Herstellung stählerner Radreifen für Eisenbahnräder mit einem 3,5 t schweren Dampfhammer im Essener Krupp-Werk, 1906. Im Vordergrund ist ein geschmiedeter, glühender Stahlring auf einem Karren zu sehen. Solche Ringe werden unter den Dampfhammer gelegt, der das Loch in der Mitte des Ringes weitet.

Die Szene wurde gestellt:

Die Stahlringe sind weiß gestrichen, damit sie wie glühend wirken. Beim Fotografieren musste eine große Hitzeentwicklung vermieden werden – sie hätte der Ausrüstung des Fotografen schaden können.

Das Fallgewicht des Hammers in der Mitte, das bei der Herstellung auf das Werkstück fällt, wurde für das Foto festgestellt. So hatte der Fotograf ausreichend Zeit.

Auch die Arbeiter sind „Statisten". Aber sie nehmen die Stellungen ein, die sie im wirklichen Arbeitsprozess hätten, und tragen dabei vorschriftsmäßige Schutzkleidung.

Arbeitstechnik: Auswerten von Fotografien

Industriefotografien geben Auskunft über Arbeitsprozesse, Industrieanlagen und die dort tätigen Menschen. Bei ihrer Betrachtung sollte klar sein, dass sie nicht zufällig entstanden, sondern eine Absicht – des Fotografen oder Auftraggebers – mit ihnen verbunden war. Folgende Schritte helfen, Fotos zu erschließen:

A) Beschreiben des Dargestellten
- Wie ist dein erster Eindruck und was ist zu sehen?
- Nenne Technik, Größe und Auftraggeber des Bildes und beschreibe es dann genau.

B) Untersuchen der Gestaltungsmittel
- Welche Entfernung zum Motiv und welcher Ausschnitt wurden gewählt? Fotografen unterscheiden Detailaufnahme, Nahaufnahme, „Halbtotale" (Gegenstände sind formatfüllend abgebildet) bis hin zur Panoramaeinstellung.
- Aus welcher Perspektive wird das Motiv gezeigt (z. B. Unter-/Aufsicht)?
- Wie wurden Licht und Schatten eingesetzt?
- Wie wurden die Personen und Gegenstände „gestellt", inszeniert?
- Welche Bildwirkung ergibt sich durch die eingesetzten Gestaltungsmittel?

C) Formulieren der Aussageabsicht/Deuten
- Fasse zusammen, was du über das Motiv und seine Wirkung erarbeitet hast.
- Gibt es Äußerungen des Fotografen oder seines Auftraggebers bzw. Zusatzinformationen zu der Fotografie?
- Stelle Verbindungen zu deinem Vorwissen (hier: über Fabrikarbeit) her.

Die Zeche Zollverein

174.1 Der Eingang zum Gelände der Zeche Zollverein in Essen mit ihrem Doppelförderturm.

Ein Industrieraum in der Krise

Das Ruhrgebiet war über viele Jahre die deutsche Kohle- und Stahlregion. Mit der „Kohlekrise" aber hat sich seit den 1960er-Jahren einiges geändert: Plötzlich war es wirtschaftlich günstiger, den Energieträger Kohle in Übersee zu gewinnen und nach Deutschland zu transportieren, als ihn im Ruhrgebiet zu fördern. Auch das billigere Öl setzte dem Kohlepreis zu. Nach und nach wurden immer mehr Zechen (Bergwerke) stillgelegt. Förderten 1957 in 153 Bergwerken 600 000 Bergleute etwa 150 Millionen Tonnen Steinkohle, so waren 50 Jahre später gerade noch 27 000 Bergleute auf 6 Zechen beschäftigt und förderten 17 Millionen Tonnen Steinkohle.

Die meisten der stillgelegten Zechen sind abgerissen, alte Fördertürme – früher Wahrzeichen des Industrieraums Ruhrgebiet – sind gesprengt; große Zechengebiete wurden saniert und in Industrieflächen oder Wohngebiete umgewandelt. Nur wenige Anlagen, wie z. B. die Zeche Zollverein in Essen, konnten mit staatlichen Geldern erhalten und so weit renoviert werden, dass sie für die Nachwelt erhalten bleiben.

Die Zeche Zollverein

Die Zeche Zollverein wurde 1847 von dem Duisburger Unternehmer Franz Haniel errichtet. Mit dem Namen „Zollverein" bezog er sich auf die 1834 entstandene deutsche Freihandelszone (S. 152). Der Name sollte eine zukunftsfrohe Haltung zum Ausdruck bringen. Tatsächlich hatte die Zeche Erfolg: Immer neue Steinkohlenfelder konnten erschlossen werden, nach und nach wurden mehrere Schachtanlagen gebaut. 1926 fiel eine wichtige Entscheidung: Eine zentrale Schachtanlage sollte entstehen. In ihr sollte die gesamte Zollvereinskohle gefördert und aufbereitet, alle anderen Anlagen der Zeche durch diese ersetzt werden. Dadurch, so hoffte man, würde sich der Ertrag der Zeche nochmals vervierfachen.

Zwei junge Architekten wurden mit dem Entwurf des neuen Gebäudes beauftragt, das die Leistungsfähigkeit der Zeche zum Ausdruck bringen sollte. Zwischen 1927 und 1932 entstand ein sehr moderner Gebäudekomplex aus schlichten Baukörpern in rotem Klinkerstein. Überragt wurde die Anlage von einem Förderturm, einem Doppelbockgerüst.

Zur Straße hin wurde ein Hof gelassen, der auf Besucher wie ein schlossartiger Ehrenhof wirkt.

„Industriedenkmal"

Die Zeche Zollverein überstand die „Kohlekrise" nicht. Zum Ende des Jahres 1986 wurde die letzte Schicht „auf Zollverein" gefahren. Dennoch ist Zollverein ein bedeutender Ort im Ruhrgebiet: Als „Industriedenkmal" gehört die Zeche zu den Arbeitsstätten, die erhalten werden, um Besuchern die Arbeits- und Lebensbedingungen im ehemaligen Industrieraum zu verdeutlichen.

Die erhaltenen Räumlichkeiten wie die „Waschkaue" (der Umkleide- und Waschraum der Bergleute), die Maschinenhalle, die Werkstatt oder die ehemalige Kokerei sind aber nicht nur zum Museum geworden, sondern werden auch genutzt. Es gibt dort Bühnen, Ateliers von Künstlern, Restaurants, Messehallen, Büros, eine Fachhochschule. Natürlich kann man die Zeche Zollverein auch besichtigen: Ehemalige Steiger führen die Besucher durch die Hallen und das Gelände und lassen sie so den Weg der Kohle nachvollziehen sowie den Arbeitsalltag der Bergleute kennenlernen. Dazu werden die entsprechenden Anekdoten und Geschichten erzählt.

Eine Besucherin schilderte ihre Eindrücke in einem Artikel:

Graue Betonwände, Schmutz an den Wänden und am Boden, aus Zeiten, in denen noch Kohle gefördert wurde. Obwohl in dieser Umgebung, den ehemaligen Arbeits-
5 stätten in der Essener Zeche, heute zahllose Ausstellungen und Kulturevents stattfinden, überkommt ein etwas schauriges Gefühl vermutlich jeden Besucher der Zeche Zollverein angesichts der riesigen Beton-
10 trichter, der verlassenen Hallen und all der kleinen Relikte (Überreste) aus der Vergangenheit: An den Schaltkästen kleben noch alte Prüfsiegel, hier und da lagert rostiges Gerät und sogar der Kalender aus den
15 Achtzigerjahren hängt noch hinter der Verglasung eines Schalterstandes.

www.designlines.de, 22. 5. 2009.

175.1 Zeche Zollverein: Blick in das Kesselhaus der Kokerei.

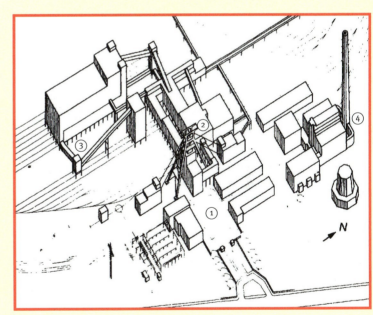

175.2 Isometrische Darstellung des Zechengeländes. ① Ehrenhof, ② Doppelbocktürme, ③ Kohlenwäsche, ④ Kesselhaus.

1. Erarbeitet gemeinsam eine Definition des Begriffs „Industriedenkmal".

2. Diskutiert: Was haltet ihr davon, ehemalige Industrieanlagen als Museen zu erhalten und finanziell zu fördern?

3. Unternimm einen virtuellen Rundgang durch die Zeche Zollverein im Internet unter www.zollverein.de.

5. Lassen sich die sozialen Probleme lösen?

176.1 Stickbild mit Sinnspruch der Arbeiterbewegung. Solche Bilder hingen um 1900 als Wandschmuck in vielen Arbeiterwohnungen.

■ Die soziale Frage

Obwohl auch heute viele Menschen unterhalb der Armutsgrenze leben, hat jeder Anspruch auf ein geringes Grundeinkommen und eine Krankenversicherung. In früheren Jahrhunderten war das noch völlig anders: Unterstützung vom Staat gab es nicht. Wer in Not geriet, musste auf Hilfe von seinen Angehörigen und der Dorf- oder Zunftgemeinschaft hoffen.

Mit der Industrialisierung im 19. Jahrhundert wurden die sozialen Probleme drängender: Die alten sozialen Verbindungen gab es nicht mehr und die Arbeiter waren von den Fabrikherren völlig abhängig. Diese konnten, wie z. B. Alfred Krupp (➔ S. 169), Wohnungen und Kranken- oder Altersversorgungen für die Arbeiter bereitstellen, sie mussten es aber nicht – und die meisten taten es auch nicht. Viele Menschen arbeiteten daher unter unzumutbaren Bedingungen und erhielten Löhne, die zum Überleben kaum reichten; ihre Kinder mussten mitverdienen. Dieser Zustand, der als ↗ „soziale Frage" bezeichnet wurde, stellte die Gesellschaft vor ein Problem: Wie konnte Abhilfe geschaffen werden und von wem?

■ Kirchliche Antworten

Fürsorge für Arme, Kranke und Alte, Witwen und Waisen gehörte seit jeher zu den kirchlichen Aufgaben. Die Mittel dazu wurden durch Spenden aufgebracht; helfen konnte man nur in Einzelfällen. Doch angesichts der Massenarmut waren diese traditionellen Formen der Nächstenliebe keine Lösung mehr. Sowohl in der katholischen als auch in der evangelischen Kirche gab es Geistliche, die dieses Problem stark bewegte.

Einer von ihnen war der evangelische Lehrer Johann Hinrich Wichern (1808–1881). An einer Schule für verwahrloste Kinder in Hamburg hatte er bei seiner täglichen Arbeit die Not direkt vor Augen. Er gründete ein Internat, in dem gefährdete Kinder in handwerklichen Berufen ausgebildet wurden: das „Rauhe Haus". Wichern trat in seiner Kirche für eine neue Form des sozialen Engagements ein und wurde so zum Gründer der „Inneren Mission", die bis heute besteht. In größeren Städten betrieb die Innere Mission soziale Einrichtungen wie Armenschulen und Rettungshäuser für verwahrloste Kinder oder für Obdachlose. Ziel war es nicht nur, die materielle Not der Menschen zu lindern. Die Notleidenden wurden auch zu harter Arbeit angehalten, um dadurch eine Festigung ihres Glaubens zu erreichen.

■ Arbeiter organisieren sich

Konnten die Arbeiter nicht selbst Veränderungen herbeiführen? Schon früh gab es Proteste von Fabrikarbeitern gegen zu lange Arbeitszeiten, niedrige Löhne oder strenge Fabrikordnungen. Aber einzelne Proteste bewirkten wenig. Die Arbeiter erkannten, dass

Industrialisierung – Menschen verändern ihre Arbeitswelt

sie gemeinsam für Veränderungen kämpfen mussten. Doch in den deutschen Einzelstaaten war es verboten, Vereinigungen zu politischen Zwecken zu bilden.

Erst als König Wilhelm I. in Preußen im Jahr 1861 das Betätigungsverbot von politischen Vereinen aufhob, konnten sich Arbeitervertretungen herausbilden, die ↗Gewerkschaften. Ihr Ziel sahen sie darin, die Interessen der Arbeiter gegenüber den Unternehmern durchzusetzen. Zunächst versuchte man zu verhandeln. Das wirksamste Mittel war aber die gemeinsame Arbeitsniederlegung, der Streik. Doch nur langsam erkannten die Unternehmer die Gewerkschaften als Verhandlungspartner an – Gewerkschaftsmitglieder waren oft von Entlassung bedroht.

■ Der „Bund der Kommunisten" …

Bereits im Jahr 1847 war in London der „Bund der ↗Kommunisten" entstanden. Führende Mitglieder wurden der deutsche Jurist und Philosoph Karl Marx und der Industriellensohn Friedrich Engels. Beide hatten das Elend der Arbeiterschaft in England und in Deutschland aus eigener Anschauung kennengelernt. Sie untersuchten die Bedingungen, unter denen in der Industriegesellschaft produziert wurde, und stellten sich auf die Seite der ↗Proletarier. Als deren Gegenpol sahen Marx und Engels die Unternehmer: Sie waren diejenigen, die über ↗Kapital, also über Produktionsmittel wie Maschinen, Rohstoffe oder Grundbesitz, verfügten. Marx und Engels bezeichneten sie als „Kapitalisten"; ihre Art zu wirtschaften als ↗„Kapitalismus".

Den Prozess des Wirtschaftens im Kapitalismus stellen Marx und Engels wie folgt dar: Arbeiter wandeln durch ihre Tätigkeit Rohstoffe in wertvolle Waren um, z. B. Wolle in Garn oder Holz in einen Stuhl. Diese Waren verkauft der Unternehmer und erhält dafür einen Preis, den Verkaufserlös. Mit dem Lohn, den er den Arbeitern zahlt, gibt er aber nur einen Teil des Erlöses weiter; den Rest eignet er sich an. Die Arbeiter erhalten daher nicht den Lohn, der dem Wert ihrer Arbeit entspricht. Marx nennt das die „ungerechte Ausbeutung der Ware Arbeitskraft".

177.1 Die sogenannte Arbeiter-Taschenuhr, 1889. Die Umschrift nennt eine Forderung der Arbeiter.

Unternehmer und Arbeiter verfolgen unterschiedliche Ziele: Die Unternehmer wollen die Löhne gering halten, die Arbeitszeit ausdehnen und das Arbeitstempo erhöhen. Die Arbeiter wollen kürzere Arbeitszeiten und höhere Löhne. Als Besitzer der Produktionsmittel und Arbeitgeber verfügen die Unternehmer aber über die größeren Machtmittel. Nur wenn sich die Arbeiter zusammenschlössen, könnten sie, so Marx, in einer sozialen ↗Revolution die Kapitalisten enteignen und eine kommunistische – d. h. klassenlose – Gesellschaft aufbauen, in der es kein Privateigentum an Produktionsmitteln mehr gebe. Jeder sollte seinen Fähigkeiten entsprechend arbeiten können.

177.2 Karl Marx (1818–1883).

■ … und Arbeiterparteien entstehen

Marx' Theorie nahm Einfluss auf Einzelne und Gruppen, die sich mit den Problemen der deutschen Arbeiterschaft auseinandersetzten. So gründete im Jahre 1863 der Schriftsteller und Historiker Ferdinand Lassalle eine Arbeiterpartei, den „Allgemeinen Deutschen Arbeiterverein" (ADAV). Wie Karl Marx wollte auch Lassalle, dass die Arbeiter in die Lage versetzt werden, ihre Interessen durchzusetzen, und dass die Klassengegensätze überwunden werden. Doch wollte er dies nicht durch eine Revolution erreichen. Die Arbeiter sollten das allgemeine Wahlrecht erkämpfen – allerdings nur für Männer – und den bestehenden Staat auf ↗demokratischem Wege umgestalten.

5. Lassen sich die sozialen Probleme lösen?

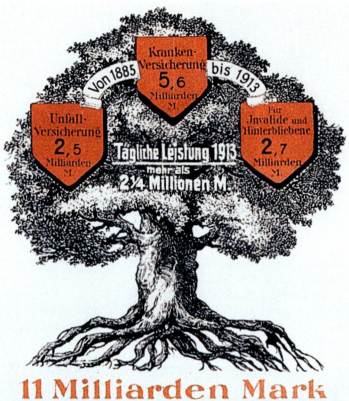

178.1 Werbeplakat der deutschen Reichsregierung für die staatliche Sozialversicherung, 1913. Sie umfasste folgende Bereiche:

– seit 1883: Krankenversicherung. Die Leistungen:
ärztliche Behandlung, Medikamente und Krankenhausaufenthalte sind kostenlos; Krankengeld: 26 Wochen wird die Hälfte des Lohns ausgezahlt
(Beiträge: 2–3 % des Lohns; 2/3 zahlt der Arbeiter, 1/3 der Unternehmer)

– seit 1884: Unfallversicherung. Die Leistungen:
bei Unfall: ärztliche Versorgung und 2/3 des Lohns als Rente;
im Todesfall: 20 % des Lohns als Hinterbliebenenrente
(Beiträge werden vom Unternehmer gezahlt.)

– seit 1889: Invaliditäts- und Altersversicherung. Die Leistungen:
Invalidenrente bei Arbeitsunfähigkeit; Altersrente nach dem 70. Lebensjahr
(Beiträge: 1–3 % des Lohns; 1/2 zahlt der Arbeiter, 1/2 der Unternehmer)

1869 wurde in Eisenach eine weitere Arbeiterpartei, die „Sozialdemokratische Arbeiterpartei" (SDAP), gegründet. Auch diese Partei wollte Staat und Gesellschaft demokratisieren, orientierte sich aber stärker als die Partei Ferdinand Lassalles an den Lehren von Marx. Ihre Führer waren August Bebel und Wilhelm Liebknecht. SDAP und ADAV schlossen sich 1875 in Gotha zusammen und gaben der neuen Partei den Namen ↗„Sozialistische Arbeiterpartei" (SAP). Seit 1877 war sie im Parlament des mittlerweile gegründeten ↗Deutschen Reiches vertreten. Für ihr Ziel, „mit allen gesetzlichen Mitteln den freien Staat und die sozialistische Gesellschaft" zu erreichen, konnten sich nun auch ihre Abgeordneten einsetzen. Ab 1890 nannte sich diese Partei „Sozialdemokratische Partei Deutschlands" (SPD). Ihr Parteiprogramm enthielt u. a. folgende Ziele:
– allgemeines Wahlrecht für alle Staatsangehörigen vom 20. Lebensjahr an,
– direkte Gesetzgebung durch das Volk,
– Umwandlung der Produktionsmittel in gesellschaftliches Gemeingut,
– Abschaffung der sozialen Ungleichheit,
– Verbot der Kinderarbeit,
– Schutzgesetze für die Gesundheit der Arbeiter.

■ Staatliche Fürsorge?

Obwohl Sozialdemokraten dem Parlament als Abgeordnete angehörten, erließ die Reichsregierung 1878 ein Gesetz, das sozialistische Schriften, Vereine und Versammlungen verbot. Man hoffte, die Arbeiterbewegung dadurch unterdrücken zu können. Diese Verfolgung bewirkte jedoch eher das Gegenteil: Viele Arbeiter gaben die Hoffnung auf eine allmähliche demokratische Durchsetzung von Veränderungen auf und wendeten sich der auf Karl Marx zurückgehenden Idee einer Revolution zu.

Die Regierung erkannte, dass der Staat etwas für die Arbeiter tun müsse, um eine Revolution zu verhindern. Auch das Militär, dessen Musterungsärzte über den schlechten Gesundheitszustand der Rekruten klagten, mahnte Reformen an. In der Folge wurden mehrere Gesetze zur sozialen Absicherung der Arbeiter erlassen. Dies zeigt die Abbildung 178.1. Zudem wurden Fabrikinspektoren eingesetzt, die für die Einhaltung eines Minimums an Sicherheits- und Schutzbestimmungen sorgten. Man hoffte, dadurch die Arbeiter von den Arbeiterparteien fernzuhalten. Die Erwartung der Regierung war, dass Menschen, die ihre Rente vom Staat erhalten, diesen Staat als „wohltätige Einrichtung" sehen, wie es der damalige Reichskanzler Otto von Bismarck formulierte. Politische Gleichberechtigung blieb den Arbeitern aber weiterhin versagt.

Industrialisierung – Menschen verändern ihre Arbeitswelt

M1 Wohltat oder Fessel?

Ein Historiker schrieb über die „Wohlfahrtsmaßnahmen" Alfred Krupps am Beispiel des Wohnungsbaus:

Den Vorteilen des betrieblichen Wohnungsbaus standen aber auch erhebliche Nachteile für die Mieter entgegen. Abgesehen von der mit dem Einzug eingegangenen Bin-
5 dung des Arbeiters an das Unternehmen kam dieser sozialpolitischen Maßnahme auch eine streikhemmende Funktion zu. Denn die Mietverträge ... sahen ausdrücklich vor, dass bei bekannter Unverträglich-
10 keit sowie auch „im Geschäftsinteresse" des Unternehmens jederzeit gekündigt werden konnte.

D. Ziegler, Die Industrielle Revolution, 2005, S. 97.

M2 Tagesablauf in einem Rettungshaus

05:30 – 05:50	aufstehen, ankleiden, Betten lüften, Gebet
05:50 – 06:40	Lernstunde, danach Betten machen
06:50 – 07:50	Frühstück und Hausreinigung
07:50 – 08:15	Andacht
08:15 – 12:00	Unterricht (Frühstückspause: 10:00 – 10:15 Uhr)
12:00 – 13:30	Mittagessen und Freizeit
13:30 – 18:00	Arbeit in Werkstätten (Kaffeepause: 15:30 – 16:00 Uhr)
18:00 – 19:00	Lernstunde
19:00 – 20:30	Abendbrot, Freizeit
20:30	Abendandacht, danach zu Bett gehen

Ev. Johanniswerk e. V., Rettungshaus Schildesche

Q1 Marx' Programm

Aus dem Manifest der Kommunistischen Partei, veröffentlicht im Februar 1848:

Ein Gespenst geht um in Europa – das Gespenst des Kommunismus.
Die Kommunisten erklären, dass ihre Zwecke nur erreicht werden können durch den
5 gewaltsamen Umsturz aller bisherigen Gesellschaftsordnung.

179.1 Die Fahne der SPD nach dem Parteitag in Gotha, 1875.

Mögen die herrschenden Klassen vor einer kommunistischen Revolution erzittern. Die Proletarier haben nichts in ihr zu verlie-
10 ren. ...
Was der Lohnarbeiter durch seine Tätigkeit sich aneignet, reicht bloß dazu hin, um sein nacktes Leben wieder zu erzeugen. ... Ihr entsetzt euch darüber, dass wir das Privatei-
15 gentum aufheben wollen. Aber in eurer bestehenden Gesellschaft ist das Privateigentum für neun Zehntel ihrer Mitglieder aufgehoben.

Manifest der Kommunistischen Partei, 1848, S. 3, 16.

---

1. Erarbeitet die Kernaussagen des Verfassertextes in Vierergruppen mithilfe der Placemat-Methode. Hinweise dazu findet ihr im Methodenglossar auf S. 194.
a) Klärt, welche Lösungswege der sozialen Frage folgende Gruppen sehen:
• Unternehmer (VT, M 1)
• kirchliche Vertreter (VT, M 2)
• Kommunisten (VT, Q 1)
• Arbeiterparteien (VT)
• Reichsregierung (VT, 178.1).
b) Führt eure Arbeitsergebnisse zusammen.

2. Diskutiert darüber, welche Lösungsansätze zu welchen Ergebnissen führen könnten.

Fallstudie: Ein Arbeitskampf

Vom 21. November 1896 bis zum 6. Februar 1897 streikten in Hamburg etwa 18 000 Hafenarbeiter. Ungefähr 16 % der Hafenarbeiter waren Gewerkschaftsmitglieder.

Q2 Ein Aufruf

Ein Aufruf der Gewerkschaft „Seemanns-Verein", an die Hamburger Hafenarbeiter gerichtet:

Seeleute! Kampfgenossen und Kollegen! Seit dem 21. November zeigt Hamburgs Hafen ein gegen sonst ganz verändertes Bild. Die Hafenarbeiter und Seeleute streiken,
5 weil die von ihnen gestellten Forderungen seitens der Reeder kurz abgewiesen wurden, trotzdem die Frachten seit September beträchtlich gestiegen sind.

Was forderten die Seeleute?
10 1. Erhöhung der Heuern und des Überstundenlohnes.
2. Wache um Wache, das heißt Bezahlung der Arbeit auf Freiwache und an Land während der festgesetzten Ruhezeit. ...
15 Diese Forderungen sind allseitig als sehr bescheiden und gerecht anerkannt, nur die Reeder halten es für nicht in ihrem Interesse liegend, auf die Forderungen in irgendeiner Weise einzugehen. Sechs Wochen
20 lang kämpfen wir nun bereits um die Verbesserung unserer Lebenslage, und da das Ende des Kampfes noch nicht abzusehen ist, fordern wir alle unsere Kollegen auf, einzutreten in unsere Reihen und uns zu
25 unterstützen mit allen ihren Kräften.
Alle kleinlichen Reibereien und Nörgeleien müssen unter uns Kämpfern gänzlich fortfallen. Im Gegenteil, auf eine immer größere Einigkeit müssen wir stetig hinarbeiten,
30 denn gerade diese ist ja unsere Hauptstütze und die Mauer, an der die Starrköpfigkeit der Reeder zerschellen soll und muss. ...
Die Streikposten müssen die Kollegen so wichtig erachten, als wenn sie auf dem Aus-
35 guck stehen, und die Versammlungen müssen so pünktlich besucht werden wie von den Soldaten die Appelle. Nur wenn jeder Einzelne seine ganze Kraft ausschließlich unserer gerechten Sache widmet, wird es
40 möglich sein, Vorteile aus diesem Kampf für uns zu ziehen. ...
Während des Streiks haben sich etwa 700 Kollegen in den Seemanns-Verein aufnehmen lassen. ... Vereinzelt sind wir nichts,
45 vereint jedoch eine starke Macht. ...
Das streikende Bataillon der Seeleute.

U. Achten (Hg.), An alle! Lesen! Weitergeben!, 1982, S. 26, S. 29.

180.1 „Der Albtraum der Unternehmer – ein böses Gewissen ist kein gutes Ruhekissen". Karikatur aus „Der wahre Jacob", 1897. „Der wahre Jacob" war eine sozialistische Zeitschrift, die die bestehenden Verhältnisse verspottete. Hinweis: Im Bett liegen ein bedeutender Unternehmer, der zugleich Abgeordneter war, und ein Reeder. Der Abgeordnete hatte sich im Parlament scharf gegen Sozialdemokraten und Gewerkschafter ausgesprochen.

Q3 Die Reaktion

a) Streikbrecher?

Die Streikenden sahen sich einer geschlossenen Front von Unternehmern und staatlichen Behörden gegenüber. Streikposten wurden verhaftet. Dadurch wurden der Streik und die Streikenden kriminalisiert. Die Unternehmer sperrten* in nicht bestreikten Unternehmen wie z. B. in Werften und in der Alsterschifffahrt die Beschäftigten aus.

Industrialisierung – Menschen verändern ihre Arbeitswelt

181.1 Streikbrecher auf dem Weg zur Arbeit. Karikatur aus „Der wahre Jacob", 1897.

Dies sollte bewirken, dass die Arbeiterbewegung sich spaltet. Gleichzeitig warben die Unternehmer Streikbrecher an. Mit Aufrufen wie dem folgenden versuchten die Streikenden, diese am Aufnehmen der Arbeit zu hindern:

Achtung!
Die Mannschaften der Alsterdampfböte sind ausgesperrt.* Zuzug* ist streng fernzuhalten!
Uebe ein jeder Solidarität!

Verlag: R. Rochlien, Hamburg.

b) Um die Streikenden zu unterstützen, wurden in Hamburg und anderen Städten Sammlungen veranstaltet. Darauf reagierte der Senat der Stadt:

Bekanntmachung des Senats.
Die Haussammlungen der im Ausstande befindlichen Arbeiter sind in Folge des neuerdings immer zudringlicher gewordenen,
5 gelegentlich sogar mit versteckten Drohungen verbundenen Auftretens der Sammler zu einer unleidlichen Belästigung und Bedrängung der Bewohner in Stadt und Land ausgeartet. Diese Sammlungen werden deshalb
10 als der öffentlichen Ordnung zuwiderlaufend hiermit verboten. Zuwiderhandlungen werden mit einer Geldstrafe bis 36 Mark, eventuell mit entsprechender Haftstrafe geahndet.
15 Mit der Durchführung dieses Verbots ist die städtische Polizeibehörde beauftragt.
Gegeben in der Versammlung des Senats, Hamburg, den 14. Dezember 1896.
Ebd., S. 31.

Die Gewerkschaft, die diesen Streik organisiert hatte, verlor den Kampf.

1. Untersuche die Informationstexte, Materialien und Bilder zum Hafenarbeiterstreik (Q 2, Q 3, 181.1):
• Welche gewerkschaftlichen Ziele verfolgten die Streikenden?
• Mit welchen Mitteln arbeiteten sie?
• Wer gehörte zur Seite der Gegner?
• Welche Mittel setzten die Gegner ein, um die Streikenden zur Aufgabe zu bewegen?

2. Verfasse einen Zeitungskommentar über den Hamburger Streik aus der Sicht der Arbeiter.

*Aussperrung: Eine Maßnahme der Arbeitgeber bei Streikaktionen der Arbeiter. Eine Zahl von Arbeitnehmern wird entlassen und verliert ihr Einkommen. Nach Beendigung der Aussperrung werden die Arbeiter wieder eingestellt.

*Zuzug: streikbrechende Arbeiter

6. Handel und Produktion – weltweit verflochten

182.1 Blick in ein Schaufenster, 2007. Die meisten Textilien werden gegenwärtig in Asien hergestellt.

■ made in Hong Kong ... product of Spain

Wer heute einkauft, bekommt allerlei Waren – ob Lebensmittel oder Bekleidung, Autos oder Sportartikel –, die in Spanien, Israel, China, Malaysia, Neuseeland, Japan oder Afrika hergestellt werden. Kohle wird in Nordamerika und Australien, Gas in Russland, Öl im Nahen Osten gefördert und als Energiespender in die großen Industrieländer exportiert. Verderbliche Lebensmittel und Blumen werden per Luftfracht, andere Güter auf riesigen Containerschiffen oder Tankern, weitere mit der Bahn oder in endlosen LKW-Kolonnen auf unseren Autobahnen transportiert. Die Industrieländer verkaufen hochwertige Geräte und Maschinen, Autos und Flugzeuge in die übrige Welt.

Der ganze Globus ist von einem dichten Netz von Handelswegen überzogen; viele Firmen arbeiten mittlerweile weltweit. Die 1847 in Deutschland gegründete ehemalige Elektrofirma „Siemens und Halske" beispielsweise (heute „Siemens"), setzte im Jahr 2008 mit 400 000 Mitarbeitern in ihren Standorten in 190 Ländern allein 77,3 Milliarden € um, den geringsten Teil mit 17 % davon in Deutschland.

Der internationale Warenaustausch ist ein Aspekt des Phänomens, das man als „Globalisierung" (englisch: „globalization", französisch: „mondialisation") bezeichnet, also als Verflechtung der Weltgemeinschaften. Weitere Bereiche, in denen weltweite Verflechtungen vorherrschen, sind Kultur, Politik, Bankenwesen, Kommunikation oder wissenschaftliche Forschung. Aber auch Umweltprobleme sind „globalisiert".

Geld- und Warenströme überschritten schon früh staatliche und kontinentale Grenzen: Bereits die Fernhändler des 13. und 14. Jahrhunderts, die Bankiers der oberitalienischen Städte, die Kolonialisten der frühen Neuzeit handelten weltweit. In der Zeit der Industrialisierung aber wurden die Grundsteine zu einer globalen Produktion von Massenwaren gelegt.

■ Zum Beispiel: Textilproduktion

Schon das erste Jahrhundert der Massenproduktion von Textilien – die Zeit von etwa 1800 bis 1900 – lässt das Ausgreifen von Produktionsverflechtungen über die ganze Welt erkennen: Vor 1800 bestand ein reger Handel zwischen Teilen Indiens und Großbritannien. Im frühen 18. Jahrhundert galt Indien als der weltgrößte Textilexporteur. Indische Tuche im Wert von etwa 500 000 Pfund Sterling wurden z. B. im Jahr 1740 allein nach Großbritannien eingeführt. Als Indien 1813 britische Kolonie wurde, begann man, das Land als Rohstofflieferant auszubeuten: Indische Baumwolle wurde nach England verschifft und dort zu Tuchen verarbeitet. Gleichzeitig wurde die Ausfuhr indischer Tuche verboten. Nach und nach führte dies zum Ruin des indischen Weberhandwerks, sodass bald sogar englische Tuche nach Indien eingeführt wurden. Im Jahr 1870 exportierte Großbritannien Tuche im Wert von 80 Millionen Pfund Sterling nach Indien.

Zur gleichen Zeit kolonisierte Großbritannien die amerikanischen Südstaaten. Dort wurden riesige Baumwollplantagen angelegt. Die Produktion von Rohbaumwolle in den Südstaaten der USA stieg von 750 Tonnen* im Jahr 1790 auf fast eine Million Tonnen im Jahr 1860. Zu dieser Zeit arbeiteten etwa vier Millionen versklavte Afrikaner unter menschenunwürdigen Bedingungen auf den amerikanischen Baumwollplantagen.

*Tonne: Maßeinheit für Gewicht; 1 Tonne (t) entspricht 1000 kg

Industrialisierung – Menschen verändern ihre Arbeitswelt

Nicht nur in Großbritannien, auch in anderen europäischen Industrieländern und in den USA entstanden Produktionsstätten, in denen die Baumwolle entkernt, gereinigt, gesponnen, gefärbt, gewebt, bedruckt und vernäht wurde. Über Jahrzehnte erbrachte der Verkauf von Fertigwaren den europäischen Ländern hohe Gewinne und gab hier vielen Menschen Arbeit.

Die Wende kam Mitte des 20. Jahrhunderts mit dem Anstieg der Löhne in Europa: Die Produktion wurde zu teuer, sodass die Textilunternehmen neue Standorte in Ländern mit geringeren Löhnen suchten. Die sogenannten Billiglohnländer fand man zuerst in Süd- und Osteuropa, später in Asien. In China werden mittlerweile die meisten Textilien hergestellt. Dort wird auch die meiste Rohbaumwolle produziert: Heute erntet China mit ca. 8 Millionen Tonnen ein Drittel der Weltproduktion an Baumwolle, gefolgt von Indien mit ca. 5 Millionen.

Wir in Europa genießen niedrige Preise für Bekleidung. Dafür fallen bei uns viele einfache Arbeitsplätze weg.

Handel und Verbrauch von Baumwolle im 19. Jahrhundert
Die Angaben beziehen sich auf den durchschnittlichen Handelswert in Pfund Sterling pro Jahr.

Zeitraum Länder	1830er-Jahre	1850er-Jahre	1870er-Jahre	1890er-Jahre
Großbritannien	295	750	1229	1563
Europäisches Festland	143	452	856	1879
Nordamerika	69	281	525	1217
Zusammen	507	1483	2610	4659
Davon kamen aus				
Nordamerika	406	1255	1682	3646
Brasilien	31	27	109	58
„Westindien" (Karibik)	10	6	42	14
„Ostindien" (Indien)	34	135	539	482
Ägypten	26	60	238	459

183.1 Die größten Verbraucher und die wichtigsten Produzenten von Baumwolle im 19. Jahrhundert.

Oft sind die Bedingungen, unter denen in Billiglohnländern gearbeitet wird, genau so katastrophal wie in der Anfangsphase der Industrialisierung in Europa. Menschenrechtsorganisationen beklagen Kinderarbeit, unzumutbare Arbeitsbedingungen und Hungerlöhne. Sie fordern faire Produktionsbedingungen. Was wäre, wenn …?

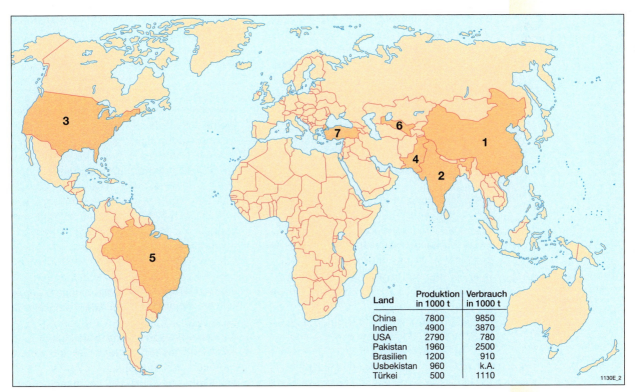

Land	Produktion in 1000 t	Verbrauch in 1000 t
China	7800	9850
Indien	4900	3870
USA	2790	780
Pakistan	1960	2500
Brasilien	1200	910
Usbekistan	960	k.A.
Türkei	500	1110

183.2 Die größten Baumwollproduzenten und -verbraucher im Jahr 2008. Angaben nach: www.fas.usda.gov/psdonline/psdHome.aspx, 25.8.2009.

6. Handel und Produktion – weltweit verflochten

184.1 Erzeugerländer, Stückzahlen und Einfuhrwerte der im Jahr 2008 von Deutschland importierten Jeans.

M1 Der „Global Compact"

Weltweit gibt es seit mehreren Jahren Versuche, die Situation von Arbeiterinnen und Arbeitern zu verbessern. So erarbeitete die ↗ UNO 1999 eine Reihe von Richtlinien, den „Global Compact" (weltweiter Vertrag). Alle Unternehmen, die nach diesen Richtlinien produzieren wollen, müssen die folgenden Forderungen akzeptieren:

Der Global Compact verlangt von den Unternehmen, innerhalb ihres Einflussbereichs einen Katalog von Grundwerten auf dem Gebiet der Menschenrechte, der Arbeitsnormen, des Umweltschutzes und der Korruptionsbekämpfung anzuerkennen, zu unterstützen und in die Praxis umzusetzen: Unternehmen sollen den Schutz der internationalen Menschenrechte innerhalb ihres Einflussbereichs unterstützen und sicherstellen, dass sie sich nicht an Menschenrechtsverletzungen mitschuldig machen.

Unternehmen sollen die Vereinigungsfreiheit und die wirksame Anerkennung des Rechts auf Kollektivverhandlungen wahren sowie ferner für die Beseitigung aller Formen der Zwangsarbeit, die Abschaffung der Kinderarbeit und die Beseitigung von Diskriminierung bei Anstellung und Beschäftigung eintreten.

Unternehmen sollen im Umgang mit Umweltproblemen einen vorsorgenden Ansatz unterstützen, Initiativen ergreifen, um ein größeres Verantwortungsbewusstsein für die Umwelt zu erzeugen, und die Entwicklung und Verbreitung umweltfreundlicher Technologien fördern.

Unternehmen sollen gegen alle Arten der Korruption eintreten, einschließlich Erpressung und Bestechung.

www.unglobalcompact.org/languages/german, 19. 8. 2009. bearbeitet.

---

1. Veranschauliche das Zahlenmaterial über Baumwollproduktion und -verbrauch (183.1), indem du Werte in ein Diagramm umsetzt. (→ S. 157) Kommentiere deine Darstellung.

2. a) Erkläre anhand der Karte 183.2, wo heute die größten Baumwolle produzierenden Länder liegen.
b) Erläutere, was die unterschiedlichen Werte in Bezug auf Erzeugung (Produktion) und Verarbeitung (Verbrauch) bedeuten.

3. a) Lege nach den in Grafik 184.1 genannten Einfuhrwerten je Hose unter den Stichworten „billig", „mittel" und „teuer" eine Liste der Jeans-Erzeugerländer an.
b) Welche Rückschlüsse lassen sich auf die heutige weltweite Jeansproduktion ziehen? (auch: VT)

4. a) Finde für die Abschnitte des „Global Compact" (M 1) jeweils eine Überschrift.
b) Was lässt sich aus diesen Richtlinien über die realen Gegebenheiten der heutigen weltweiten Wirtschaftsproduktion schließen?
c) Führe aus, wieso es im Interesse eines Unternehmens liegen sollte, sich an die Richtlinien zu halten.

5. Diskutiert, wie sich die Arbeitsverhältnisse und Produktionsbedingungen seit der Industrialisierung entwickelt haben.

KOMPAKT

··· Industrialisierung – Mensche verändern ihre Arbeitswelt ···

Ab 1800 veränderten sich die Produktionsbedingungen im westlichen Europa grundlegend und schnell. Dieser Prozess sprang von **England** auf das übrige Europa über. Die Historiker bezeichnen ihn als ↗**Industrielle Revolution**. In der Landwirtschaft wurden durch moderne Anbaumethoden und Arbeitsweisen die Erträge gesteigert. Die Bevölkerung wuchs. Zudem veränderten technische Neuerungen die Produktion: Bedeutend war die universell einsetzbare **Dampfmaschine**, die unabhängig von der Wasserkraft Maschinen antreiben konnte. Die Dampfmaschine auf Rädern, die Lokomotive, erlaubte den schnellen Transport von Massengütern und Menschen.

Um die Industrialisierung Deutschlands zu fördern, wurden Gesetze erlassen, die alte Gewerbeordnungen ablösten. Der **Deutsche Zollverein** beseitigte die Zollschranken zwischen den deutschen Staaten. Auch die Gründung von Technischen Hochschulen sollte technische Entwicklungen fördern.

Der **Eisenbahnbau** kurbelte mit der Nachfrage nach Kohle, Eisen und Stahl das Wirtschaftsleben an und schuf Hunderttausende Arbeitsplätze: Bedeutende **Industrieräume** mit zahlreichen Fabriken entstanden. Diese belasteten aber auch die Umwelt in bisher nicht gekanntem Ausmaß.

Produktion in Fabriken löste in vielen Bereichen die Heimarbeit und das Handwerk ab und veränderte das Leben der arbeitenden Männer und Frauen. Die Arbeitszeiten waren lang, die Arbeit an den Maschinen in den Fabriken schwer und gefährlich. Mithilfe von strengen Fabrikordnungen forderten die Unternehmer von ihren Arbeitern Gehorsam und Disziplin für das Verhalten am Arbeitsplatz.

Mit ihren **niedrigen Löhnen** konnten viele Arbeiterfamilien nur durch die Mitarbeit der Frauen und Kinder ihre Existenz sichern. Für Krankheitsfälle, Invalidität oder das Alter gab es in der frühen Phase der ↗**Industrialisierung** keinerlei Absicherung. Zudem lebten die meisten Menschen unter elenden Wohnverhältnissen. Die sozialen Probleme, die infolge der Industrialisierung auftraten, bezeichnet man auch als ↗**soziale Frage**.

Um eine Verbesserung der Verhältnisse zu erreichen, gründeten die Arbeiter ↗**Gewerkschaften** als ihre Interessenvertretungen. In Anlehnung an die Theorien von Karl Marx und Friedrich Engels entstand als Arbeiterpartei die **SPD**. Sie fasste die Forderungen der Arbeiterschaft politisch zusammen und gewann ab 1875 rasch an Einfluss. Auch die **Kirchen** bemühten sich um Lösungen der sozialen Probleme.

um 1725		Die Industrialisierung beginnt in England.
ab 1807		Preußen, der größte deutsche Teilstaat, schafft durch die Bauernbefreiung (S. 104 f.) und die Aufhebung der alten Gewerbeordnungen Voraussetzungen für die Industrialisierung.
1834		Mit dem „Deutschen Zollverein" entsteht ein einheitliches Zoll- und Wirtschaftsgebiet im Deutschen Bund.
1835–37		Die erste Eisenbahnlinie auf dem Gebiet des Deutschen Bundes wird zwischen Nürnberg und Fürth eröffnet. Das erste Bergwerk im Ruhrgebiet geht in Betrieb.
1848		Die bürgerlich-demokratische Revolution in Europa führt zur Gründung von Gewerkschaften.
1863–69		Ferdinand Lasalle gründet eine Arbeiterpartei, den Allgemeinen Deutschen Arbeiterverein; August Bebel und Wilhelm Liebknecht gründen die Sozialdemokratische Arbeiterpartei.
1875		Beide Arbeiterparteien vereinigen sich zur Sozialistischen Deutschen Arbeiterpartei.

Lexikon

■ **Absolutismus** (von lateinisch „absolutus": losgelöst, uneingeschränkt): Regierungsform, in der der Landesherr allein die Herrschaftsgewalt besitzt. Er ist nicht an die Mitwirkung oder Zustimmung von Institutionen, z. B. Ständeversammlungen, gebunden. Der absolute Herrscher steht auch über den geltenden Gesetzen. In der Zeit des Absolutismus wuchs der staatliche Einfluss in vielen Lebensbereichen: Eine vom Herrscher abhängige Beamtenschaft wurde aufgebaut, staatliche Gesetze und Fördermaßnahmen bestimmten die Wirtschaft (↗Merkantilismus), stehende Heere (S. 17) wurden aufgestellt. Die ↗Aufklärung stellte den Absolutismus zunehmend infrage.

■ **Arbeiterbewegung:** Seit dem Beginn der ↗Industrialisierung schlossen sich Arbeiter und Arbeiterinnen in Organisationen zusammen, die das Ziel hatten, ihre Lebensverhältnisse zu verbessern. Solche Zusammenschlüsse waren z. B. Arbeiterbildungsvereine, ↗Gewerkschaften oder politische Parteien wie die SPD und die KPD.

■ **Aufklärung:** eine gesamteuropäische Bewegung, die im 17. und 18. Jahrhundert alle Lebensbereiche umfasste. „Habe Mut, dich deines eigenen Verstandes zu bedienen!", so formulierte Immanuel Kant im 18. Jahrhundert den Wahlspruch der Aufklärung: Aufgeklärte Menschen wollten überlieferte Wertvorstellungen nicht mehr ungeprüft übernehmen, sondern ihr Leben nach vernunftgemäß begründeten Regeln gestalten. Dies, so glaubten sie, werde zu größerem Erfolg, mehr Glück, Toleranz und Selbstbestimmung führen. Die Ideen der Aufklärung bereiteten der Französischen Revolution den Weg.

■ **Bürger/Bürgertum:** Im Mittelalter waren Bürger in der Regel alle freien, Grund besitzenden und damit vollberechtigten Bewohner einer Stadt. Frauen hatten am Bürgerrecht ihrer Männer teil, konnten sich jedoch nicht politisch beteiligen.
Diese Vorstellung des freien Bürgers dehnte sich in der Neuzeit auf alle Einwohner eines Staates aus. Mittlerweile haben Bürger in ↗demokratisch regierten Staaten gleiche Rechte und Pflichten im Rechtswesen oder bei Wahlen, ungeachtet ihrer sozialen Stellung oder ihres Vermögens. Frauen haben in Europa allerdings erst seit dem 20. Jahrhundert das Recht auf politische Beteiligung.

■ **Demokratie** (griechisch: Volksherrschaft): Die Amerikanische und die Französische Revolution haben die moderne Vorstellung von Demokratie geprägt: Das Volk (die Staatsbürger) ist der eigentliche Träger der Staatsgewalt. Seinen Willen zeigt es in Wahlen und/oder Abstimmungen durch Mehrheitsentscheidungen. In den meisten demokratischen Staaten geschieht dies indirekt. Das bedeutet: Abgeordnete, die das Volk vertreten, werden in ein Parlament gewählt (repräsentative Demokratie). Das Parlament beschließt die Gesetze und kontrolliert die Regierung.

■ **Deutscher Bund:** lockerer Staatenbund von Fürstentümern und freien Reichsstädten. Der Deutsche Bund wurde 1815 auf dem Wiener Kongress ins Leben gerufen, nachdem die Herrschaft Napoleons über große Teile Europas beendet war. Er bestand bis 1866. Die jeweils eigenständig regierten Einzelstaaten, die dem Deutschen Bund angehörten, richteten eine in Frankfurt am Main tagende Bundesversammlung ein. Sie sollte gewährleisten, dass in außenpolitischen Fragen Abstimmungen erfolgten und unter den Staaten Ruhe und Gleichgewicht herrschte. Die Bundesversammlung bestand nicht aus vom Volk gewählten Abgeordneten, sondern aus Gesandten, also Regierungsvertretern. Den Vorsitz in der Bundesversammlung hatte Österreich.

■ **Deutsches Reich:** Name des deutschen Nationalstaates zwischen 1871 und 1945. Nachdem 1849 die Gründung eines deutschen Nationalstaates auf der Grundlage einer freiheitlichen Verfassung gescheitert war (→S. 136 ff.), wurde 1871 das Deutsche Reich als Kaiserreich gegründet.
Das Kaiserreich bestand bis 1918. Darauf folgten die demokratische „Weimarer Republik" (1918–1933) und schließlich die Zeit des Nationalsozialismus (1933–1945), die mit der Niederlage Deutschlands im Zweiten Weltkrieg endete. Aus dem ehemaligen Deutschen Reich gingen später die Bundesrepublik Deutschland (BRD) und die Deutsche Demokratische Republik (DDR) hervor.

Lexikon

■ **Emanzipation** (von lateinisch „emancipare": einen Sklaven in die Freiheit entlassen): Seit der ↗Aufklärung wird der Begriff für die Befreiung aus einem Zustand der Abhängigkeit, der Benachteiligung, Rechtlosigkeit oder Unterdrückung verwendet. Ziel der Emanzipation ist die rechtliche und gesellschaftliche Gleichstellung von benachteiligten Gruppen.

■ **Feudalismus** (von lateinisch „feudum": Lehen): die vom Lehnswesen geprägte Gesellschaftsordnung des Mittelalters. An der Spitze der mittelalterlichen Gesellschaft stand der König, der Lehen (Grund und Boden oder Rechte) an Vasallen vergab und von diesen Dienste einforderte. Auch die Bauern waren in das Lehnswesen eingebunden, meist als Hörige oder Leibeigene eines Grundherrn, der wiederum Vasall eines über ihm stehenden Herrn war.
Zur Zeit der Französischen Revolution wurden die Begriffe „Feudalismus" und „feudal" verwendet, um die bevorzugte gesellschaftliche Stellung des ersten und zweiten Standes zu kritisieren.

■ **Gewaltenteilung:** Aufteilung der staatlichen Macht („Staatsgewalt") in drei voneinander unabhängige Gewalten. Dies sind:
- eine gesetzgebende Gewalt, die „Legislative" (Parlamente),
- eine die Gesetze ausführende Gewalt, die „Exekutive" (z. B. Polizei, Stadt- und Gemeindeverwaltungen) und
- eine Recht sprechende Gewalt, „Judikative" (Gerichte).

Die Forderung nach Teilung der staatlichen Macht entstand zur Zeit der ↗Aufklärung.

■ **Gewerkschaften:** Vereinigungen, in denen sich Arbeitnehmer zusammenschließen, um gemeinsam ihre Interessen gegenüber den Arbeitgebern zu vertreten. Zu ihren Zielen gehört es, Lohnforderungen durchzusetzen, die soziale Absicherung der Arbeitenden zu erreichen, die Arbeitsbedingungen zu verbessern und das Mitbestimmungsrecht der Arbeitnehmer in den Betrieben zu fördern.
Um ihre Ziele zu erreichen, verhandeln die Gewerkschaften mit den Arbeitgebern. Die Arbeitsniederlegung, der Streik, ist das letzte Mittel, um Forderungen durchzusetzen.

■ **Hegemonie** (griechisch: Führung): Vorherrschaft oder Überlegenheit eines politisch, militärisch oder wirtschaftlich starken Staates über andere Staaten. Der überlegene Staat verfügt über die Macht, andere zu kontrollieren und deren Einflussnahme auf politische Entwicklungen zu verhindern.

■ **Industrialisierung:** der Übergang einer landwirtschaftlich geprägten Gesellschaft zur industriellen Massenproduktion. Der Prozess der Industrialisierung ist verbunden mit dem Einsatz von Technik in Fabriken, mit der Spezialisierung von Arbeitern, erhöhtem Warenaustausch und Verstädterung. Die Industrialisierung führte zu umfangreichen gesellschaftlichen Veränderungen, eine große Arbeiterschaft entstand. Die Industrialisierung setzte gegen 1780 in England ein, in Deutschland um 1830, viele Länder sind noch heute auf dem Weg in die industrialisierte Gesellschaft.

■ **Kapital:** Vermögen, das im Produktionsprozess eingesetzt wird und Gewinn erzielen soll. Man unterscheidet zwischen Geldkapital und Produktivkapital (Maschinen, Produktionsstätten, Rohstoffe).

■ **Kapitalismus:** Der Begriff des Kapitalismus wurde vor allem durch Karl Marx geprägt. Marx bezeichnete damit eine Wirtschaftsform, in der die Besitzer von Produktionsmitteln (Land, Maschinen, Rohstoffe, Geld) – „Kapitalisten" – die Arbeiter gegen Lohn beschäftigen. Die Anfänge des Kapitalismus gehen in das 16. Jahrhundert zurück, der „Hochkapitalismus" setzte schließlich mit der ↗Industrialisierung im 19. Jahrhundert ein. Nach der Lehre von Marx kommt es zwischen den Besitzern von Produktionsmitteln und den Arbeitern, die an ihnen keinen Anteil haben, zwangsläufig zum Kampf.

■ **Kommunismus/Kommunisten** (von lateinisch „communis": gemeinsam): Bezeichnung für eine Bewegung, die im 19. Jahrhundert entstand und deren Ziel es war, eine herrschaftsfreie und klassenlose Gesellschaft zu errichten. Allen sollten alle Produktionsmittel (Land, Maschinen, Rohstoffe, Kapital) gemeinsam gehören. Karl Marx war der Ansicht, dass der Kommunismus die höchste Stufe des ↗Sozialismus sei.

■ **Konstitutionelle Monarchie** (von lateinisch „constitutio": Verfassung und griechisch „monarchia": Einherrschaft): Staatsform, bei der die Macht des Monarchen (Königs) nicht mehr absolut, sondern durch eine Verfassung eingeschränkt ist. Neben dem Monarchen, der durch Erbfolge bestimmt wird, gibt es ein gewähltes Parlament. Es ist an der Gesetzgebung beteiligt. Die Regierung wird aber weiterhin vom Monarchen gelenkt.

■ **Liberalismus** (von lateinisch „liber": frei): politische und wirtschaftliche Bewegung, die das Recht des Einzelnen auf freie Entfaltung in den Mittelpunkt stellt. Der politische Liberalismus richtete sich im 19. Jahrhundert vor allem gegen den ↗absolutistischen Staat. Zu den Forderungen des Liberalismus gehören das Recht auf freie Meinungsäußerung und politische Mitbestimmung sowie der Schutz vor rechtlicher Willkür. Der Wirtschaftsliberalismus fordert Gewerbefreiheit und Freihandel. Er geht davon aus, dass das angeborene Streben jedes Menschen nach Wohlstand zum Nutzen des gesamten Staates ist. Vertreter des Liberalismus werden „Liberale" genannt.

■ **Menschenrechte:** Rechte, die jedem Menschen unabhängig von seiner Stellung in Staat, Gesellschaft, Familie, Beruf, Religion und Kultur bereits dadurch zustehen, dass er als Mensch geboren wurde. Menschenrechte sind unantastbare Rechte und Freiheiten des Einzelnen, die der Staat nicht verliehen hat und die er schützen und respektieren muss. Während der Amerikanischen und der Französischen Revolution wurden die Menschenrechte erstmals erklärt (1776 und 1789).

■ **Merkantilismus** (von lateinisch „mercari": Handel treiben): wirtschaftspolitische Maßnahmen, mit denen absolutistische Herrscher die Macht und den Wohlstand ihres Landes mehren wollten. Eine zentrale Rolle spielte es dabei, die Produktion von hochwertigen Gütern als Handelgüter sowie deren Ausfuhr (Export) zu fördern. Die Einfuhr hochwertiger Güter (Import) dagegen wurde eingeschränkt. Gleichzeitig wurden Einwanderer angeworben, um die Arbeitskraft des Landes zu stärken.

■ **Nation:** Bezeichnung für Menschen, die sich wegen ihrer Gemeinsamkeiten in Bezug auf ihre Herkunft, ihr Siedlungsgebiet, ihre Sprache, ihre Religion, ihre Kultur, ihr Recht und ihre Geschichte als soziale Großgruppe empfinden.
Eine Nation ohne einen gemeinsamen Staat wird als „Kulturnation" bezeichnet.

■ **Nationalismus:** ursprünglich die Bezeichnung für das unter den europäischen Völkern im 19. Jahrhundert entstandene Streben nach Nationalstaaten. Dies sind Staaten, deren Bürger ganz oder überwiegend Angehöriger einer Nation sind. Belgien (1830), Italien (1866) und das ↗Deutsche Reich (1871) sind bedeutende Beispiele solcher Nationalstaatsbildungen.
In heutiger Zeit wird der Begriff „Nationalismus" allerdings verwendet, um ein übersteigertes Nationalgefühl auszudrücken. Es zeigt sich daran, dass die eigene Nation überbewertet wird, andere Nationen dagegen abgewertet werden. Daher ist der Begriff mittlerweile negativ besetzt.

■ **Parlament** (von französisch „parler": reden): ursprünglich Bezeichnung für die englische Ständevertretung, die sich aus Kronvasallen und Bürgern zusammensetzte. Das englische Parlament kontrollierte die Minister und den Staatshaushalt. Im 19. Jahrhundert wurden zunehmend auch die Ständevertretungen in anderen Ländern als „Parlamente" bezeichnet.
In demokratischen Staaten ist das Parlament das oberste Staatsorgan. Es besteht aus gewählten Abgeordneten, die Vertreter des ganzen Volkes sind. Ihre wichtigsten Aufgaben sind die Gesetzgebung sowie die Kontrolle des Haushalts und der Regierung.

■ **Partei:** dauerhafter Zusammenschluss von Bürgern, die gemeinsame Vorstellungen darüber haben, wie der Staat und die Gesellschaft geordnet sein sollten. Ein Ziel der Parteien ist es, Einfluss auf die politische Willensbildung der Menschen zu nehmen. Außerdem geht es den Mitgliedern einer Partei darum, ihre politischen Vorstellungen durchsetzen zu können. Dies ist z. B. dann möglich, wenn die Partei die Mehrheit bei Parlamentswahlen gewinnt und die Regierung des Staates übernehmen kann.

Lexikon

■ **Privileg** (lateinisch: Vorrecht): besondere Rechte, die einzelnen Personen oder Personengruppen gewährt wurden. Fürsten und Könige konnten diese Rechte zuteilen. So war z. B. das Recht, die Tiere des Waldes jagen zu dürfen, ein Privileg des Adels.

■ **Proletarier** (von lateinisch „proles": Nachkommen): Karl Marx bezeichnete die mit dem ↗Kapitalismus entstandene Schicht der Lohnarbeiter und Lohnarbeiterinnen als Proletarier. Sie besitzen weder Land noch Maschinen, Rohstoffe oder Kapital (also sogenannte Produktionsmittel), sondern nur ihre Arbeitskraft, die sie verkaufen müssen, um zu überleben. Das Wort kommt aus dem Lateinischen: Im antiken Rom bezeichnete es diejenigen, die als einzigen Besitz ihre Kinder („proles") hatten.

■ **Reform:** die Umgestaltung und Verbesserung bestehender sozialer, wirtschaftlicher oder politischer Verhältnisse. Bei einer Reform sollen allerdings anders als bei einer ↗Revolution die Macht- und Eigentumsverhältnisse nicht verändert werden.

■ **Restauration** (von lateinisch „restaurare": wiederherstellen): Wiedereinrichtung der alten politischen und sozialen Ordnung nach einem Umsturz. In Europa werden vor allem die Jahre zwischen dem Wiener Kongress und den ↗Revolutionen von 1848/49 als Epoche der Restauration bezeichnet: Nach der Französischen Revolution und der Umgestaltung Europas in ihrer Folge sollte in der Zeit der Restauration zu der vorrevolutionären Ordnung zurückgekehrt werden.

■ **Revolution** (von lateinisch „revolutio": Umwälzung): Revolution bezeichnet eine grundlegende (bei politischen Revolutionen rasch ablaufende und mit Gewalt verbundene) Umwälzung der politischen, rechtlichen, sozialen und wirtschaftlichen Verhältnisse einer bestehenden Gesellschaftsordnung.

■ **Soziale Frage:** die während der Phase der ↗Industrialisierung entstandenen gesellschaftlichen und wirtschaftlichen Probleme der Arbeiter. Dazu zählen unzumutbare Arbeitsbedingungen, Verarmung aufgrund niedriger Löhne, Wohnungselend ebenso wie Kinderarbeit.

■ **Sozialismus:** Sammelbezeichnung für Lehren und politische Bewegungen, die die bestehenden Eigentumsverhältnisse und die damit verbundene Gesellschaftsordnung verändern wollen, um eine gerechtere und soziale Gesellschaft zu errichten. Die sozialistischen Lehren entstanden parallel zur Phase der ↗Industrialisierung im 19. Jahrhundert. Vertreter sozialistischer Ideen waren z. B. Karl Marx, Friedrich Engels, August Bebel, Wilhelm Liebknecht und Ferdinand Lassalle.

■ **UNO** (Abkürzung für englisch „United Nations Organization": „Organisation der Vereinten Nationen"): Die Vereinten Nationen wurden 1945 als eine weltweite Organisation von Staaten gegründet. Sie sollen internationale Kontakte fördern, zur Friedenssicherung beitragen und die Menschenrechte weltweit schützen. Gegenwärtig sind 192 Staaten Mitglieder der UNO. Ihren Hauptsitz hat sie in New York.

■ **Verfassung/Verfassungsstaat:** Die Verfassung eines Staates legt fest, nach welchen rechtlichen Grundsätzen der Staat regiert wird. Die Ausübung der Staatsgewalt (Gesetzgebung/Legislative, Regirung/Exekutive, Rechtsprechung/Judikative) wird durch die Verfassung auf voneinander unabhängige Organe (↗Parlament, Regierung, Gerichte) verteilt (↗Gewaltenteilung).
Die Verfassung garantiert zugleich die Grundrechte seiner Bürgerinnen und Bürger (↗Menschen- und Bürgerrechte) und das Wahlrecht. In den meisten Staaten ist die Verfassung ein schriftliches Dokument. In einigen Staaten, z. B. in Großbritannien, besteht sie aus einer Reihe von Gesetzen, die im Lauf der Geschichte des Staates erlassen worden sind und die zusammen die Verfassung bilden.

■ **Zensuswahlrecht** (von lateinisch „census": Steuer-, Vermögensschätzung): Ein Zensuswahlrecht macht das aktive und/oder passive Stimmrecht der Bürger eines Staates von einer bestimmten Steuerleistung oder von einem bestimmten Vermögen abhängig. So ist z. B. das preußische Dreiklassenwahlrecht (S. 137) eine Form des Zensuswahlrechts.

Methodenglossar

Auf den folgenden Seiten sind die bisher eingeführten Arbeitstechniken zusammenfassend dargestellt:

■ Textquellen erschließen

Briefe, Verträge, Zeitungsartikel, Berichte, Inschriften – verschiedenste Texte können für Historiker Quellen sein. Folgende Schritte helfen, sie zu entschlüsseln:

1. Inhalt und Form des Textes untersuchen
- Stelle fest, wovon der Text berichtet. Formuliere zuerst einen Gesamteindruck und gib dann wieder, welche Personen, Orte, Daten und Handlungen genannt werden.
- Kläre unbekannte Begriffe.
- Untersuche die Gliederung des Textes: Wo findest du einzelne Sinnabschnitte? Versuche, Überschriften dafür zu formulieren. Welches Thema steht jeweils im Mittelpunkt dieser Abschnitte?

2. Person und Absicht des Autors erkennen
- Trage Informationen über den Autor zusammen: Wo und wann lebte er? Welche gesellschaftliche Stellung hatte er?
- Woher hat der Verfasser seine Kenntnisse (z. B. aus eigener Anschauung, durch mündliche Überlieferungen, von anderen Autoren, aus Urkunden …)?
- Gibt der Autor sein Thema sachlich wieder oder findest du Ausschmückungen oder Übertreibungen im Text? Achte auf die Wortwahl.

3. Aussagen einordnen
Um die Aussagen des Quellentextes beurteilen zu können, solltest du zusätzlich etwas darüber wissen, an wen der Autor sich wendete. Wenn du den Adressaten kennst, kannst du vermutlich besser einschätzen, welche Absicht er mit seinem Text verfolgte.

■ Normative Textquellen erschließen

Gesetzestexte werden in bestimmten historischen Situationen erstellt und bilden dann eine Rechtsgrundlage. Da in ihnen Regeln oder Normen festgehalten werden, nach denen sich alle richten sollen, sprechen wir von **normativen Textquellen**.

Im Unterschied zu Briefen oder Reden ist in diesen Quellen nur selten ein persönlicher Sprecher erkennbar. Doch auch normative Textquellen müssen kritisch gelesen werden:

- Wir können aus ihnen zwar entnehmen, was geschehen soll, doch wissen wir nicht, ob es auch geschehen ist. Über einen Vergleich (→Materialien vergleichen, S. 192) mit Quellen, die uns die tatsächlichen Verhältnisse beschreiben, kommen wir der Wahrheit näher.
- Außerdem müssen wir genau hinschauen, welcher Personenkreis von den Regelungen betroffen ist. Auch das können wir über einen Quellenvergleich und genaues Lesen erkennen.
- Schließlich müssen wir die Sprachgebung untersuchen, z. B.: Wo wird etwas vorausgesetzt, was vielleicht gar nicht so klar ist? Wo werden „unscharfe" Formulierungen verwendet, die verschiedene Deutungen ermöglichen?

■ Sachquellen untersuchen

Sachquellen sind Fundstücke (z. B. Gefäße, Werkzeuge, Münzen), die Historiker als Quellen nutzen. Ein Problem ist, dass Sachfunde selten in den Zusammenhängen auftauchen, in denen sie gebraucht wurden. Um zu erkennen, wofür sie Quellen sind, müssen sie untersucht werden. Gehe dabei so vor:

1. Beschreiben
Beschreibe den Gegenstand. Gehe dabei auf Merkmale wie Größe, Form, Farbe/Muster, Gewicht, Material ein. Wenn nur eine Abbildung des Gegenstandes vorliegt, benötigst du Zusatzinformationen. Um seine Besonderheiten zu erkennen, kann es hilfreich sein, ihn zu zeichnen.

2. Untersuchen
Ermittle, wofür der Gegenstand verwendet wurde und wie er funktionierte. So kann auch deutlich werden, in welchen Lebenszusammenhängen er eingesetzt wurde.

3. Einordnen
Überlege, ob dein bisheriges Wissen über die Vergangenheit aufgrund der neuen Kenntnisse verändert oder bestätigt wird.

Methodenglossar

■ Ein Bauwerk als Sachquelle nutzen

Auch Bauwerke können als Sachquellen dienen. Bei ihrer Untersuchung, solltest du wie folgt vorgehen:

1. Erfassen
Erstelle eine Skizze von dem Gebäude (beim Zeichnen konzentriert man sich auf das Wesentliche). Liegt das Objekt als Bild vor, empfiehlt es sich, diese Skizze auf ein darüber gelegtes Transparentpapier zu zeichnen.

2. Untersuchen
Untersuche die Auffälligkeiten des Gebäudes (Größe, Konstruktion, Schmuck). Beachte dabei den Ort und den Zusammenhang, in dem es steht.

3. Einordnen und Deuten
- Erkunde, wie sich das Gebäude und seine Umgebung im Laufe der Zeit verändert haben. Dabei können alte Stadtpläne helfen, aber auch Informationen im Internet oder Flyer.
- Versuche herauszufinden, wie sich die Nutzung im Laufe der Geschichte geändert hat. Vielleicht findest du dazu Informationen im Stadtarchiv.

■ Karten erschließen

Entwicklungen, die sich in bestimmten Gebieten (Räumen) abgespielt haben, können in Geschichtskarten dargestellt werden. Beachte bei der Kartenarbeit folgende Schritte:

1. Bestandteile benennen
- Die Überschrift enthält Informationen zu Thema, Zeitraum und Gebiet der Karte.
- Um die Ausdehnung des Gebietes zu bestimmen, sieh dir den Maßstab der Karte an. (Gehe ggf. der Frage nach, welche Länder heute in dem Gebiet liegen.)
- Erläutere, wofür die in der Legende aufgeführten Symbole und Flächenfarben verwendet werden.

2. Die Art der Karte bestimmen
- Wird ein Ist-Zustand oder eine Entwicklung dargestellt?
- Handelt es sich um eine politische, eine militärische oder eine Wirtschaftskarte?

3. Funktion erklären
Beachte: Eine einzelne Karte entsteht immer auf der Grundlage ausgewählter Informationen; nicht alle bekannten Erkenntnisse, die zu einem Sachverhalt zusammengetragen wurden, können in eine solche Darstellung einfließen. Frage also auch danach, worüber die Karte keine Auskunft gibt.

■ Bilder untersuchen und deuten

Bilder (z. B. Gemälde, Zeichnungen, Holzschnitte, Vasenbilder) können darüber Auskunft geben, was in der Vergangenheit „bildwürdig" war. Sie können aber auch Informationen über das Alltagsleben der Menschen in früheren Zeiten liefern – in Bezug auf Haushalt, Wohnung und Kleidung wie auf ihr Verhalten. Folgende Schritte helfen, Bildern Informationen zu entnehmen:

1. Beschreiben
- Achte auf den ersten Eindruck, den das Bild auf dich macht: Wie wirkt es auf dich? Welche Einzelheiten fallen dir auf?
- Beschreibe das Bild genau (Figuren, Ort Handlungen) damit du nichts übersiehst, was später für die Deutung wichtig ist. Gehe dabei von zentralen Gegenständen aus.

2. Untersuchen
Untersuche die Darstellung und Wirkung einzelner Bildelemente. Beachte dabei:
- Wie ist das Bild aufgebaut (Vorder-, Mittel-, Hintergrund) und wie sind einzelne Motive angeordnet? Ist daran zu erkennen, was dem Künstler besonders wichtig war? Ergibt sich durch die Anordnung (Komposition) z. B. eine ausgewogene oder eine unruhige Wirkung?
- Wurden die Motive in ihren äußeren Formen und Größenverhältnissen naturnah, in idealer Form oder verzerrt gestaltet?
- Wie wurden Licht und Schatten eingesetzt? Ist z. B. ein Bildbereich besonders hervorgehoben?

3. Deuten
Figuren oder Gegenstände können Symbole (Zeichen) sein, z. B. für Ideen. Um ihre Bedeutungen zu verstehen, brauchst du Zusatzinformationen. Bei manchen Abbildungen findest du sie in der Bildunterschrift.

■ Fotografien auswerten

Um die Gestaltungsabsichten des Fotografen zu erkennen, setze dich in den drei Schritten Beschreiben – Untersuchen – Deuten (siehe oben) mit ihnen auseinander.

Beim Untersuchen der Gestaltungsmittel frage auch danach, wie sie wirken. Achte besonders auf:
- den Ausschnitt und die Entfernung des Fotografen zum Motiv. Man unterscheidet z. B. Detailaufnahme, Nahaufnahme, Halbtotale (Gegenstände sind formatfüllend abgebildet) bis hin zur Panoramaeinstellung),
- die Perspektive (z. B. Unter-/Aufsicht) und den Standpunkt des Betrachters,
- den Einsatz von Licht und Schatten,
- die Inszenierung von Personen und Dingen.

Um das Bild zu deuten, ziehe möglichst Äußerungen des Fotografen/Auftraggebers bzw. Zusatzinformationen zum Bild heran. Stelle darüber hinaus Verbindungen zu deinem Vorwissen über das Motiv her.

■ Karikaturen erfassen

Karikaturen sind Zeichnungen, mit denen Kritik geäußert wird. Karikaturisten geben Motive mit verzerrten Formen wieder, z. B. einen neugierigen Menschen mit großen Ohren, oder sie kombinieren Motive so, dass Missstände deutlich werden (einen Mönch mit einem Sack voll Geld). Folgende Schritte helfen, eine Karikatur zu entschlüsseln:

1. Beschreiben:
- Was ist dargestellt?
- Gibt es Auffälligkeiten (Art der Darstellung, Zusammenstellung der Motive)?
- Sind Handlungen erkennbar?

2. Untersuchen:
- Was bedeuten Motive und Handlungen?
- Was bedeuten sie in der Zusammenstellung? Ziehe Informationen über die Entstehungszeit der Karikatur heran.

3. Deuten:
- Auf welche Ereignisse oder Situationen bezieht sich die Karikatur?
- Welche Haltung vertritt der Karikaturist?

■ Diagramme auswerten

Mit Diagrammen werden ermittelte Daten – z. B. über Mengen – grafisch dargestellt. Ziel ist es, das Verhältnis dieser Daten zueinander zu veranschaulichen.

- Das **Kurvendiagramm** (der Graph), lässt die Höchst- und Tiefstwerte einer längeren Entwicklung besonders gut erkennen.
- Das **Säulendiagramm** ist gut geeignet, um vergleichbare Werte zu zeigen, z. B. die Einwohnerzahlen verschiedener Städte in einem bestimmten Jahr.
- Das **Kreisdiagramm** kann prozentuale Anteile verdeutlichen: Wie eine aufgeteilte Torte wird eine Gesamtmenge, z. B. die Sitze eines Parlaments, dargestellt. Sie entspricht 100 %. Die einzelnen „Tortenstücke" entsprechen den verschiedenen Teilmengen der Gesamtmenge (z. B. also den Sitzen der einzelnen Parteien im Parlament). Klar erkennbar ist, wer über den größten Anteil verfügt.

Wenn du ein Diagramm auswerten willst, solltest du wie folgt vorgehen:

1. Beschreiben
- Gib das Thema des Diagramms wieder. Beachte die Bildunterschrift.
- Nenne die Besonderheiten der Darstellung, z. B.: Wie verhalten sich Säulenhöhen oder „Tortenstücke" zueinander? Ist bei einer Kurve ein Anstieg oder ein Abfall zu erkennen? Wie lässt sich der Anstieg/Abfall beschreiben (gleichmäßig, schwach/stark, sprunghaft)?

2. Untersuchen
- Erkläre, was die beobachteten Anstiege/Abfälle, Säulenhöhen oder Mengenverhältnisse aussagen. Beachte dabei auch, auf welche Räume und Zeitabschnitte sich die Daten beziehen.

3. Auswerten
- Erkläre, in welchem Zeitraum/an welchem Ort sich der größte Anstieg bzw. Abfall ergibt.
- Überlege, ob dir Hintergrundinformationen bekannt sind, die auf Gründe dafür hinweisen.

Methodenglossar

■ Materialien vergleichen

Verschiedene Quellen (Texte, Bilder, Karten) können den gleichen Inhalt unterschiedlich wiedergeben. Um herauszufinden, worin sich Materialien unterscheiden, ist es sinnvoll, sie mithilfe einer Tabelle zu vergleichen.

1. Erfassen
a) Lege eine dreispaltige Tabelle an und trage in die Mitte Übereinstimmungen ein (z. B. gleiche Informationen/Bildmotive/Symbole …)
b) Erfasse in der rechten und linken Spalte Merkmale, die sich nur bei einem der Materialien finden.

2. Untersuchen
Erkläre, wie sich die Informationen in beiden Quellen unterscheiden.

3. Deuten
Versuche die Unterschiede zu ergründen. Beziehe dich auch auf Zusatzinformationen.

■ Schaubilder auswerten

Mithilfe von Stichworten, Bildzeichen und Pfeilen soll ein Schaubild dem Leser komplizierte Zusammenhänge (z. B. amtliche Vorgänge, Entwicklungen oder Machtverhältnisse) verständlich machen. Um ein Schaubild auszuwerten, ist es notwendig, Aufbau und Inhalte zu untersuchen:

1. Erfassen
- Benenne die einzelnen Bestandteile des Schaubildes und ihre inhaltliche Bedeutung.
- Beschreibe, wie die einzelnen Bestandteile einander zugeordnet sind.

2. Untersuchen
- Erkläre, welche Beziehungen zwischen den Bestandteilen des Schaubilds durch die Anordnung der Zeichen sowie durch Beschriftungen und Pfeile deutlich werden.

3. Deuten
- Formuliere zusammenfassend das Thema und die Kernaussage des Schaubildes.

■ Projektarbeit

Bei einem Projekt geht es darum, sich in einer Arbeitsgruppe über längere Zeit einem Thema zu widmen. Jedes Gruppenmitglied bearbeitet ein Teilthema zu einer selbst gewählten Fragestellung. In der Gruppe werden die einzelnen Erkenntnisse dann zusammengeführt und gemeinsam präsentiert. Geht in folgenden Schritten vor:

1. Wählt gemeinsam ein Thema und überlegt, was genau ihr darüber erfahren wollt. Legt fest, wer für welches Teilthema verantwortlich ist.

2. Sucht nach Informationsquellen. Zuverlässige Webseiten, Lexika oder Fachbücher aus der Schul- oder Stadtbücherei können weiterhelfen.

3. Jeder schreibt zu seinem Einzelthema wichtige Informationen heraus. Notiert dabei, unter welchem Link oder in welchem Buch ihr die jeweiligen Informationen gefunden habt.

4. Besprecht eure Ergebnisse in der Gruppe und führt die wichtigsten Informationen schriftlich zusammen.

5. Überlegt euch, in welcher Form ihr eure Ergebnisse in der Klasse präsentieren wollt. Je nachdem, ob ihr z. B. ein Plakat erstellen oder ein Referat halten wollt, bearbeitet ihr eure Informationen nun weiter. Teilt die Arbeit untereinander auf.

■ Ein Gruppenpuzzle bilden

Bei einem Gruppenpuzzle werdet ihr zuerst gemeinsam zu „Experten" und vermittelt dann einzeln euer Wissen anderen:

1. Experte werden
Teilt euch in gleich große Gruppen auf. Jede Gruppe nimmt sich ein anderes Thema vor. Zuerst setzen sich alle Gruppenmitglieder in Einzelarbeit mit den vorhandenen Materialien auseinander. Macht dabei Notizen zu Unklarheiten. Anschließend findet ihr euch zur Besprechung zusammen und tauscht euch in der Gruppe über euer Thema aus:

- Klärt offene Fragen und bearbeitet die Arbeitsaufträge.
- Besprecht und diskutiert was wichtig und interessant ist, was ihr über euer Thema berichten wollt.
- Sprecht darüber, wie ihr euer neues Wissen so vermitteln könnt, dass andere möglichst viel mitbekommen.

2. Wissen weitergeben

Jetzt werden neue Gruppen zusammengesetzt – möglichst aus je einem Experten jeder Gruppe. Jeder Experte präsentiert seine Erkenntnisse. Am Ende sollte, wie bei einem richtigen Puzzle, allen ein Gesamtbild des Themas vor Augen stehen, das sich aus unterschiedlichen Teilen zusammenfügt.

■ Fishbowl – Ergebnisse von Gruppenarbeiten zusammenführen

Wenn Ergebnisse von Gruppenarbeiten in der Klasse zusammengeführt, diskutiert und bewertet werden sollen, kann dies in Form eines „fishbowl" (oder „Aquariums") durchgeführt werden. Dafür wählt am Ende der Gruppenarbeitsphase jede Gruppe eine Sprecherin oder einen Sprecher. Sie oder er muss die Ergebnisse der Gruppenarbeit nach außen „vertreten".

Klärt vorher, ob der Sprecher/die Sprecherin dabei auch die eigene Meinung äußern darf.

1. Ein „fishbowl" bilden
- Zunächst wird die Klasse aufgeteilt: Innerhalb eines großen Stuhlkreises bilden vier bis sechs Schülerinnen und Schüler, die zuvor von ihren Arbeitsgruppen als Sprecher gewählt wurden, einen Innenkreis. Sie führen stellvertretend für die ganze Klasse eine Diskussion.
- Im Innenkreis steht ein freier Stuhl. Er kann kurzfristig von einem Gast aus dem Außenkreis besetzt werden. Wer sich setzt, erhält sofort Rederecht, muss aber, nachdem er gesprochen hat, wieder auf seinen Platz im Außenkreis zurückkehren.

2. Argumente bewerten

Am Schluss bewerten alle gemeinsam:
- Welche Argumente haben überzeugt?
- Wurden sie historisch angemessen vorgetragen?

■ Placemat – Erkenntnisse arbeitsteilig gewinnen und zusammenführen

Texte lassen sich unter verschiedenen Fragestellungen bearbeiten. Wird z. B.: eine komplizierte oder langwierige Entwicklung dargestellt, kann man sich beim Lesen auf die Rolle einzelner Beteiligter konzentrieren. Wenn ein Text in einer Gruppe arbeitsteilig auf diese Weise bearbeitet wird, müssen am Ende die Einzelergebnisse zu einem Gesamtbild zusammengeführt werden, z. B. mit einem „Placemat" oder „Platzdeckchen".

194.1 Das Placemat besteht aus einem großen Blatt, das in mehrere Felder aufgeteilt ist – ein Feld für jedes Gruppenmitglied. In der Mitte liegt ein weiteres Blatt; es wird am Ende benötigt.

1. Fragestellung auswählen
- Wählt eine der Fragestellungen aus, die euer Lehrer/eure Lehrerin euch vorgibt. Schreibt beim Lesen des Textes die dazu passenden Stichworte heraus.

2. Aussagen formulieren
- Auf der Grundlage dieser Stichworte formuliert jedes Gruppenmitglied Aussagen zu seiner Fragestellung und notiert sie auf einem Feld des Placemat.
- Anschließend liest jeder, was die anderen Mitglieder geschrieben haben. Das ist die Voraussetzung für die nächste Arbeitsphase.

3. Ergebnis festhalten
- Zum Schluss diskutieren die Gruppenmitglieder über das gemeinsame Ergebnis ihrer Arbeit.
- Auf dem Zusatzblatt in der Mitte des Placemat wird es formuliert.

Register

Zu den **halbfett** gesetzten Stichpunkten findet ihr im Lexikon auf den Seiten 186 bis 189 kurze Erklärungen.

Bei Begriffen, die im Lexikon nicht vorkommen, aber in einem Kapitel genauer erklärt werden, wurde die entsprechende Seitenzahl **halbfett** gedruckt.

Die Abkürzung „f." bedeutet „folgende Seite", die Abkürzung „ff." „folgende Seiten". Damit ist gemeint, dass ihr diese Begriffe nicht nur auf der genannten Seite findet, sondern auch auf der nächsten (f.) oder sogar *den* nächsten (ff.) Seiten.

Abgeordnete/r 69, 77, 78 f., 82, 84 ff., 108, 115, 122 f., 129, 132 f., 137, 178, 180
Absolutismus 6 ff., 16, 39, 96, 186
Adams, Abigail *(1744–1818, Ehefrau des zweiten US-Präsidenten)* 59, 61
Adams, John *(1735–1826, zweiter Präsident der USA)* 46, 59, 61
Adel 6, 10 ff., 17 f., 24 ff., 33, 72 f., 76 ff., 84 f., 103 ff., 115, 129, 150 f., 162
Aktien 154
Allgemeines Landrecht **39**
Ancien Régime **72**, 98
Arbeiter 10, 24, 26, 25, 50, 64, 66, 69, 75, 82, 100, 126 ff., 133, 144 ff.
 Facharbeiter 20 f., 160 f.;
 Heimarbeiter 126, 145, 166 f.;
 Kinderarbeit 166 f., 178;
 Landarbeiter 50, 105 f., 159;
 Manufakturarbeiter 25, 40, 82

Arbeiterbewegung 176, 178, 184, 186
Arbeiterparteien 145, 177 ff.;
Arbeitervereine 133, 145;
Arbeiterwohnung 144, 160, 168 f., 171, 176;
Arbeitsbedingungen 164 ff., 175 ff.;
Arbeitskampf 180;
Arbeitslosigkeit 22, 75, 105, 128, 156
Arbeitszeit 164 ff., 176 f.;
Aufklärung 6, 32 ff., 73, 96
Aufgeklärter Absolutismus 38 f., 118
Auswanderung 50, 109, 137, 140 f.

Baden 102, 112, 137
balance of power 18
Barock 28, 31, 186
Bastille 78 f., 93
Bauern 7, 24 f., 39 f., 43, 72 f., 77, 79 f., 104 ff., 128, 150, 158, 166
Bauernbefreiung 104 ff., 137
Baumwolle 150 f., 166, 182 ff.
Bayern 34, 101 f., 112, 124
Bergbau 158, 174 f.
Bevölkerungsexplosion 148, 151, 168
Biedermeierzeit 115, 142
Bildung 28 f., 33 f., 36 f., 55, 74, 111, 144
Bill of Rights 58 f.
Binnenwanderung 158
Bismarck, Otto von *(1815–1898, Politiker)* 178
Blum, Robert *(1807–1848, deutscher Revolutionär)* 138
Boston Tea Party 53 f.
Bürgerrechte 64, 68, 79 ff., 114
Bürger/Bürgertum 40, 72 f., 76, 93, 118, 132, 186
Burschenschaft 114 ff.

China 182 ff.
Code civil *auch: (Code Napoléon)* 100, 111, 114
Colbert, Jean-Baptiste *(1619–1683, französischer Wirtschaftsminister)* 20, 22

Dampfmaschine 146 ff., 156 ff., 185
Danton, Georges *(1759–1794, französischer Revolutionär)* 84, 88 f., 91
Dekret **86**
Demokratie 96, 117, 125, 132, 137, 139, 145, 177, 186
Desmoulins, Camille *(1760–1794, französischer Revolutionär)* 84, 88 ff.

Deutscher Bund 112, 115, 132 ff., 186
Deutscher Zollverein 152, 185
Deutsches Reich 178, 186
Direktorium 89, 98,
dritter Stand 73 ff.

Edikt 104
Egestorff, Georg *(1802–1868, Industrieller)* 162 f.
Eisenbahn 144, 154 ff., 162 f., 168, 185
Emanzipation 118 f., 133
Emigranten *siehe* Auswanderung
Engels, Friedrich *(1820–1895, Philosoph)* 177
England *siehe* Großbritannien
Etikette 11
Erziehung 36 f., 38
Exekutive 58, 60 f., 129, 133

Fabrik 144, 148 ff., 158 ff., 185
Fabrikant/Fabrikherr *siehe* Unternehmer
Fest des Höchsten Wesens 92
Feudalismus 79 f., 137 f., 187
Feudalwesen 80
Franklin, Benjamin *(1706–1790, einer der Gründerväter USA)* 46, 56
Frankreich 6 ff., 32, 42, 55, 68 ff., 133 f., 137
Franz II. *(1768–1835, Österreich, letzter Kaiser des Heiligen Römischen Reiches)* 102

Frauen
  Arbeit 25,
  in der Aufklärung 33;
  Bildung 33;
  Frauenbewegung 133;
  Gleichberechtigung 37, 133;
  politisch aktiv: 82 ff.;
  Rechte: 59, 84, 93, 95, 100, 133; 166 f.
Frieden von Versailles 55
Friedrich II. *(1712–1786, preußischer König, genannt „der Große")* 7, 38 ff.
Friedrich Wilhelm I. *(1688–1740, preußischer König, genannt „Soldatenkönig")* 38, 40
Friedrich Wilhelm IV. *(1795–1861, preußischer König)* 129, 136

Gagern, Heinrich von *(1799–1880, Präsident der Nationalversammlung 1848/49)* 132, 134
Generalstände 73 ff.
Getto 118
Gewaltenteilung 34, 58, 60 f., 84, 129, 187
Gewerkschaften 164, 177, 180, 184, 185, 187
Gironde 86, 88 f.
Globalisierung 182 ff.
Goethe, Johann Wolfgang von *(1749–1832, deutscher Dichter)* 113
Göttinger Sieben 129

Gouges, Olympe de *(1748–1793, französische Revolutionärin)* 93, 95
Griechenland 120, 122, 143
Grimm, Jacob *(1785–1863, deutscher Sprachwissenschaftler)* 115, 121, 135
Grimm, Wilhelm *(1786–1859, deutscher Sprachwissenschaftler)* 115, 121, 135
Großbritannien 16, 18, 21, 32, 42, 53 ff., 88, 99, 112, 118, 124, 137, 146 ff., 154, 162 f., 182 f.
„Große Armee" 101
Grundrechte 58, 61, 80, 84, 133, 136, 143

Hambacher Fest 108, 121, 123
Handel 20 ff., 53, 146 f., 150 f., 182 ff.
Handwerker 6, 20 ff., 25, 28, 40, 50, 62, 64, 77, 128 f., 133, 148, 153, 156, 165 f.
Hannover 30 f., 124, 130 f., 162 f., 172
  Kurhannover 102
Hardenberg, Karl August Fürst von *(1750–1822), preußischer Politiker und Reformer)* 104, 106
Heer 40, 43, 55, 89, 130, 136
  stehendes Heer 17 ff., 20, 131;
  Söldnerheer 17
Hegemonie 18 f.
Heilige Allianz 113

Heiliges Römisches Reich Deutscher Nation (auch: HRR) 18, 102, 112, 124
Heine, Heinrich *(1797–1856, deutscher Dichter)* 110 f., 118, 121 ff.
Herrenhäuser Gärten 30 f.
Hoesch, Eberhard *(1790–1852, deutscher Industrieller)* 162 f.
Hoffmann von Fallersleben *(1798–1874, deutscher Hochschullehrer und Dichter)* 124 f.
Hofstaat 11
Hugenotten 17, 21, 23
Humboldt, Wilhelm von *(1767–1835, preußischer Gelehrter und Reformer)* 104
Hungerrevolte 126 f.

Indianer 50, 52, 58, 62 f., 65 f.
Indien 150, 182 ff.
Industrialisierung 144 ff., 187
  in Deutschland 152 ff.
Industriedenkmal 175
Industriefotografie 172 f.
Industrielle Revolution 149

Jakobiner 86, 88 f., 93, 96
Jefferson, Thomas *(1743–1826, dritter Präsident der USA)* 46, 54
Jérôme Bonaparte *(1784–1860, Bruder Napoleons und König von Westphalen)* 102 f.

Juden 39, 105, 110 f., 118 f., 141
  -emanzipation 118 f.
Judikative 58, 60 f., 86, 136

Kant, Immanuel *(1724–1804, deutscher Philosoph)* 32, 36
Kapital 162, 177, 187
Kapitalismus, Kapitalisten 177, 187
Karlsbader Beschlüsse 115, 142
Katholiken 17, 21, 34, 39, 52, 176
Kavalierstour 28 f.
Kinderarbeit 166 ff., 178
Klerus 24 ff., 72 f., 76, 78
Koks 158
Kolonien 18, 20, 42, 50 ff., 150, 182 f.
Kommunismus 177 f., 187
Kommunistisches Manifest 179
Konservative 132, 136 f.
Konstitutionelle Monarchie 84, 130, 132, 188
Kontinentalsperre 99
Krieg 16 ff., 20, 25, 39, 42 ff., 63, 66, 104, 114 f., 147, 167
  Befreiungskriege 112, 120;
  Bürgerkrieg 42, 55, 64;
  Frankreich 85 ff., 94;
  Napoleonische Kriege 98 f., 101, 152;
  Religionskrieg 17
  Revolutionskriege 88, 90 f., 102;
  Sezessionskrieg 62, 64;

Siebenjähriger Krieg 42; *Zweiter Weltkrieg* 30, 39; *Unabhängigkeits-* 53 ff., 61
Krupp, Alfred *(1812–1887, deutscher Industrieller)* 144, 160, 163, 169 f., 170, 173, 176, 179

Landwirtschaft 150 f.
La Roche, Sophie von *(1730–1807, Schriftstellerin)* 33, 37
Lassalle, Ferdinand *(1825–1864, deutscher Politiker und Arbeiterführer)* 145, 177
Legislative 58, 60 f., 129
Leibniz, Gottfried Wilhelm *(1646–1716, deutscher Philosoph und Wissenschaftler)* 30
Liberalismus/Liberale 74, 103, 114 ff., 121 ff., 125, 128 f., 132, 146
Lincoln, Abraham *(1809–1865, Präsident der USA, Gegner der Sklaverei)* 64
Liselotte von der Pfalz *(1652–1722, Herzogin von Orléans)* 12, 30
List, Friedrich *(1789–1846, deutscher Wirtschaftsfachmann)* 146 f., 152, 155
Livres 10, 22, 72
Locke, John *(1632–1704, englischer Philosoph)* 34

Ludwig XIII. *(1601–1643, französischer König)* 10
Ludwig XIV. *(1638–1715, französischer König)* 6 ff., 31, 72
Ludwig XVI. *(1754–1793, französischer König)* 72 f., 75 ff., 82 ff.

Mainzer Republik 96 f.
Manufaktur 6, 20 ff., 39, 40, 45, 82, 153
Maria Theresia *(1717–1780, österreichische Kaiserin)* 42 f.
Marseillaise 94
Marx, Karl *(1818–1863, deutscher Philosoph)* 110, 177 ff.
Märzforderungen 130 f.
Märzrevolution *siehe Revolution*
Mendelssohn, Moses *(1729–1786 deutsch-jüdischer Philosoph der Aufklärung)* 118
Menschenrechte 34, 78 ff., 84, 114, 116, 145, 188
Merkantilismus 20 ff., 188
Metternich, Klemens Fürst von *(1773–1859, österreichischer Politiker)* 112 f., 115, 128, 139
Mietskaserne 168
Migration *siehe Auswanderung*
Mindestlohn 133
Minutemen 54 f.
Monarchie 9, 16, 38 ff., 71, 77 f., 80, 84, 88, 98, 121, 123, 134 ff.

Montage 172
Montesquieu *(1689–1755, französischer Philosoph)* 34

Napoleon I., Bonaparte *(1769–1821, französischer Herrscher)* 98 ff., 112 ff., 124, 152
Nation 42, 56 f., 60, 74, 77 f., 86, 94 f., 101 f., 112 ff., 116, 121, 124, 129, 123 ff., 130, 133, 135, 139, 147, 155, 188
Nationalbewegung 129
Nationalsprachen 33
Nationalhymne 125
Nationalismus 114, 147, 188
Nationalkonvent 85 f., 88 ff. *rheinisch-deutscher Natonalkonvent* 96 ff.
Nationalstaat *siehe Nation*
Nationalversammlung *französische* 75, 78 ff., 83 ff., 104, 107, 128; *deutsche* 108, 129, 131 ff., 136 f., 143
Niederlande 55
Niedersachsen 102
Nordwolle 160

Oktoberedikt 104, 107
Osmanisches Reich 120
Österreich 18, 42 ff., 85, 94, 98 f., 101, 112, 115 f., 128, 132 ff., 136 ff.

Paine, Thomas *(1737–1809, einer der Gründerväter der USA)* 54, 56

Parlament 17, 50, 53, 57 f., 85, 97, 108, 112, 115, 132 f., 135 ff., 178 ff., 188
Partei 93, 132, 177 f., 188
Paulskirche 129, 132 f., 135, 137
Pauperismus 126
Personalunion **102**
Philosophen/Philosophie 32 ff.
Plantagenwirtschaft 50, 64
Pogrom 118
Polen 42 ff., 120, 132, 135
Polnische Teilungen 42 f.
Pressefreiheit 121, 130, 133
Preußen 7, 34, 36, 38 f., 42 ff., 85, 96, 99, 102 ff., 112, 114 f., 118 f., 128, 133, 135 ff., 152 ff., 177, 185
Preußisches Emanzipationsedikt 118
Privileg 20, 23 f., 70, 73, 76 ff., 100, 133, 189
Proletarier 86, **160**, 177, 179, 189
Puritaner 50

Rabbiner 119
Rassentrennung 64
Redskins **63**
Reform 104 ff.
Reformation 102, 114
Reichsdeputationshauptschluss **102**
Reichsverfassungskampagne 137 f.
Religionsfreiheit 39, 118
Reliquie **8**
Renaissance 33
Republikaner 93, **132** ff., 136 f.
Reservat **63**

Residenz **10**, 30
Restauration 112, 139, 189
Revolte **126**
Revolution 19, 111, 114, 141
1848er 128 ff.;
amerikanische 54 ff;
Februar- (1848) 130;
Französische (1789) 68 ff., 118, 123;
Industrielle 149 ff.;
Juli- (1832) 120 f.;
März- (1848) 128 ff., 136 f.;
in Northeim 130 f.;
soziale 177 f.
Rheinbund 102
Robespierre, Maximilien de *(1758–1794, französischer Revolutionär)* 84, 87 ff., 107
Rohstoffe 21, 150, 182 f.
Rousseau, Jean-Jacques *(französischer Philosoph der Aufklärung)* 34
Ruhrgebiet 158, 170, 174 f.
Russland 42 ff., 98 f., 101, 112, 115, 120, 141

Säkularisation 102
Salon 33, 73, 118
Sansculotten 93
Scharnhorst, Gerhard von *(1755–1830, preußischer Reformer)* 104
Schlesien 39, 42
Schulpflicht 34
Schulreform 105
Sektion 92
Sklaverei 58, 64, 66, 182 f.
Sophie von der Pfalz *(1630–1714, Kurfürstin von Braunschweig-Lüneburg)* 30 f.
Sozialdemokratie 178, 180
Sozialdemokratische Partei Deutschlands *siehe SPD*
Soziale Frage 176 ff., 189
Sozialgesetzgebung 178
Sozialismus, sozialistisch 178, 189
Sozialversicherung (Kranken-, Arbeits-, Unfall-) 176, 178
Spanien 16, 18, 55, 99, 101
SPD 178, 185
Spinning Jenny 148
Spinning Mule Spinnmaschine 148 f.
Stamp Act 53
Stände 24 f., 26 f., 33, 36, 72 ff.
stehendes Heer *siehe Heer*
Stein, Freiherr vom *(1757–1831, preußischer Politiker und Reformer)* 104 ff.
Steuern 10, 17, 20, 22 ff., 27 f., 39, 44, 51, 53 f., 56 f., 61, 72, 74 ff., 84, 86, 137
Salzsteuer 23, 25;
Steuermarkengesetz (Stamp Act) 53
Teesteuer 54
Streik 177, 179 ff.

Tagebau 158
Textilproduktion 148 f., 182 ff.
Toleranz 118
Trafalgar 99
Trail of Tears 63

Umweltverschmutzung 170 f.
Unabhängigkeitserklärung 46, 54 ff., 58 f.
UNO 79, 184, 189
Unternehmer 126, 160, 162 f., 168 ff., 176 f., 180 f.
USA 46 ff., 134, 137, 140 f., 146, 153, 182 ff.

Vereinigte Staaten von Amerika *siehe USA*
Verfassung 58, 105, 113, 115, 117, 121, 130, 132 ff., 136 ff., 189
Frankreich: 69, 77 ff., 84 ff., 93, 95, 100, 139;
Großbritannien: 57;
Mainz: 6;
USA: 52, 58 ff.;
Westfalen: 103
Verlag/Verleger 126, 148
Versailles 6, 8 f., 10 ff., 19 f., 28 ff., 31, 78 f., 82
Frieden von Versailles (1783) 55
Völkerschlacht bei Leipzig 99, 107, 114
Voltaire *(1694–1778, französischer Philosoph der Aufklärung)* 33 f., 38, 40
Vormärz 121, 124
Vorparlament 129

Wahlrecht 57, 59 f., 79, 84 ff., 115, 121, 128 f., 136 f., 148, 177 f.

Afroamerikaner: 64;
Arme: 85 f., *Frauen:* 59, 84, 115, 129, 132
Wartburgfest 114, 116, 143
Washington, George *(1732–1799, erster Präsident der USA)* 46, 55
Waterloo 99 f.
Watt, James *(1736–1819, schottischer Erfinder)* 147
Weberaufstand (Schlesien 1844) 126 f.
Westfalen 102 f.
Wichern, Johann Hinrich *(1808–1881, evangelischer Theologe)* 176
Wiener Kongress 112 ff., 117, 135, 142
Wilhelm I. *(1797–1888, preußischer König, später deutscher Kaiser)* 177
Willkürherrschaft 79, 134
Wirtschaft 20 ff., 45, 82 ff., 146 ff., 152 f., 182 ff.
Württemberg 101 f., 112, 137

Zeche Zollverein (Essen) 174 f.
Zensur 39, 121, 129, 132
Zensuswahlrecht 84, 89
Zeremoniell 8 f.
Zollverein *siehe Deutscher Zollverein*
Zug der Marktfrauen nach Versailles 82 f.

Quellenverzeichnisse

Textquellen:

S. 8/9: Theodor Steudel, Der Fürstenstaat, Berlin: Teubner 1933, S. 1 f., gek.; **S. 12, Q 1:** Louis XIV., Mémoires pour l'instruction du Dauphin (1661), Paris: Impr. Nationale 2007, S. 172, übers. von I. Moshagen-Siegl; **S. 12, Q 2:** Wolfgang Lautemann, Manfred Schlenke (Hg.), Geschichte in Quellen, Renaissance, Glaubenskämpfe, Absolutismus (i. F.: GiQ Bd. 3), München: BSV, 2. Aufl. 1976, S. 432; **S. 12, Q 3:** Helmuth Kiesel (Hg.), Briefe der Liselotte von der Pfalz, Frankfurt/Main: Insel Verlag 1981, S. 170; **S. 13, Q 4:** Gottfried Guggenbühl (Hg.), Quellen zur allgemeinen Geschichte, Bd. 3, Zürich: Schulthess, 3. Aufl. 1965, S. 269, gek.; **S. 13, Q 5:** Marie de Sévigné, Briefe, hg. u. übers. von Theodora von der Mühll, Frankfurt/Main: Insel Verlag 1966, S. 71 f.; **S. 19, Q 1 a :** GiQ, Bd. 3, 1976, S. 451; **S. 19, Q 1 b:** Ebd., S. 464, gek.; **S. 22, Q 1:** GiQ Bd. 3, 1976, S. 448, bearb.; **S. 22, Q 2:** GiQ Bd. 3, 1976, S. 462, bearb.; **S. 23, Q 3:** Francois Lebrun, Le XVIIè-me siècle, Paris. Colin, 2. Aufl. 1969, S. 232, übers. von B. Schneidereit, **S. 26, Q 1:** GiQ, Bd. 3, 1976, S. 460 f., bearb.; **S. 26, Q 2:** Jean de La Bruyère, Die Charaktere oder die Sitten des Jahrhunderts, übers. und hg. Von Gerhard Hess, Bremen: Schünemann, 1978, S. 272; **S. 26/27, Q 3:** Zit. und übers. nach: Manuel Histoire, Paris 1998, S. 40; **S. 29, Q 1:** Friedrich Schlegel, Athenäums-Fragmente und andere Schriften, ausgew. von Andreas Huyssen, Stuttgart: Reclam 2005, S. 215; **S. 29, Q 2 :** Theodor Steudel, Der Fürstenstaat, a. a. O., S. 23; **S. 31, Q 1:** Walter Salmen, Gartenmusik. Musik, Tanz, Konversation im Freien, Hildesheim: Olms 2006, **S. 154;** **S. 36, Q 1:** Immanuel Kant, Berlinische Monatsschrift, Dez. 1784, S. 1, vereinf.; **S. 36, Q 2 a:** Fritz Jonas (Hg.), Friedrich Eberhard von Rochows sämtliche pädagogische Schriften, Bd. 1, Berlin: Reimer 1907, S. 345, gek.; **S. 36, Q 2 b:** Jean-Jacques Rousseau, Emile oder Über die Erziehung, übers. von Ludwig Schmidts, Paderborn. Schöningh, 1971, S. 159, 174, 244 gek.; **S. 37, Q 3 a:** Johann Jakob Bodmer/Johann Jakob Breitinger (Hg.), Die Discourse der Mahlern, vier Teile in einem Band, Hildesheim: Olms, 1969, S. 77; **S. 37, Q 3 b:** Jürgen Vorderstemann (Hg.): Sophie von La Roche, Pomona für Teutschlands Töchter I, 1783, Heft 1–6, Nachdr. der Ausg. Speyer 1783, München: Saur 1987, S. 368, 380 f., bearb.; **S. 40, Q 1:** GiQ, Bd. 3, 1976, S. 574, bearb.; **S. 40, Q 2:** Friedrich II. von Preußen, Schriften und Briefe, übers. aus dem Französischen von Herbert Kühn, hg. von Ingrid Mittenzwei, Leipzig: Reclam 1985, S. 305 f.; **S. 41, Q 3:** Theodor Steudel, Der Fürstenstaat, a. a. O., S. 40; **S. 43, Q 1 a, b:** GiQ, Bd. 3, 1976, S. 694, S. 697; **S. 43, Q 2:** Anton Balthasar König, Versuch einer historischen Schilderung der Hauptveränderungen der Religion, Sitten, Gewohnheiten, Künste, Wissenschaften etc. der Residenzstadt Berlin, 5.1, Nachdruck der Ausg. von 1798, Berlin: Scherer, 1991, S. 240 f.; **S. 46 f.:** Johannes Gillhoff, Jürnjakob Swehn der Amerikafahrer, München: dtv 2008 (6. Auflage), bearb.; **S. 51, Q 1 a:** Pen[n]sylvanische Berichte, 1. März 1749, übers. von Anita L. Eyster, 1938; **S. 51, Q 1 b:** Willi Paul Adams/Angela Meurer Adams (Hg.): Die amerikanische Revolution in Augenzeugenberichten, München : dtv 1976, S. 19 f. (i. F.: Willi Paul Adams u. a. (Hg.): Revolution, a. a. O.); **S. 52, Q 1 c:** Elizabeth Wardle, Britain and the American Revolution, London: Hodder and Stoughton 1993, S. 14, bearb. und übers.; **S. 52, Q 2:** Zit. nach: Günter Moltmann u. a., Die Vereinigten Staaten von Amerika von der Kolonialzeit bis 1917, Paderborn u. a.: Schöningh 1980, S. 9 f., bearb.; **S. 56, Q 1 a:** Willi Paul Adams u. a. (Hg.): Revolution, a. a. O., S. 229 f.; **S. 56, Q 1 b:** Ebd., S. 262–265, bearb.; **S. 57 Q 2 a:** Ebd., S. 37 f.; **S. 57, Q 2 b:** Zit. und übers. nach: Harry T. Dickinson (Hg.), Britain and the American Revolution, London/New York: Longman 1998, S. 72; bearb.; **S. 57, Q 3:** Willi Paul Adams u. a. (Hg.): Revolution, a. a. O., S. 144 f.; **S. 59, Q 1:** Harry J. Carman/Harold C. Syrett/Bernard W. Wishy, A history of the American people, New York: Knopf, neue Ausgabe 1952 übers. und bearb.; **S. 59, Q 2 a:** Zit. und übers. nach: www.theliylibrary.org/suffrage/abigail.htm, 22. 7. 2009; **S. 59, Q 2 b:** Willi Paul Adams u. a. (Hg.): Revolution, a. a. O., S. 318 f., gek.; **S. 65, Q 1:** Fred L. Israel (Hg.), The State of the Union Messages of the Presidents 1790–1966, New York: Chelsea House Publ., Bowker 1967, S. 335–336, übers. und bearb., **S. 65, Q 2:** Dee Brown, Begrabt mein Herz an der Biegung des Flusses, Berlin: Verlag Neues Leben 1976, S. 189; **S. 66, Q 3:** Zit. und übers. nach: Howard Zinn, A People's History of the United States: 1492 to Present, London: Longman 1996, S. 12; **S. 66, Q 4:** Günter Schönbrunn, Geschichte in Quellen, Band 5: Das bürgerliche Zeitalter 1815–1914, 1980, S. 510 f., bearb. (i. F.: GIQ, Band 5); **S. 70:** Horst Günther (Hg.), Die Französische Revolution, Bd. 1: Die Augenzeugen, Frankfurt/Main: Deutscher Klassiker Verlag 1985, S. 22 f.; **S. 74, Q 1:** Walter Grab (Hg.), Die Französische Revolution. Eine Dokumentation, München: Nymphenburger Verlagshandlung 1973. S. 24 ff.; **S. 75, Q 2:** Louis-Pierre Dufourny de Villiers: Cahiers du Quatrieme Ordre, 1789. Nachdruck: Paris Ed. D'Histoire Sociale 1967; **S. 76:** Zit. und übers. nach: Histoire Économie 4ème, Paris: Hatier 1998, S. 62; **S. 77, links:** Ulrich Friedrich Müller (Hg.), Lust an der Geschichte. Die Französische Revolution 1789–1799. Ein Lesebuch, München: Piper 1988, S. 34 gek.; **S. 77, rechts:** Remontrances du Parlement de Paris au XVIIIe siécle, Paris 1898, S. 287 ff., übers. und bearb.; **S. 80, Q 1:** Gazette de France, August 1789, in: Jacques Marseilles u. a., 1789 au jour l jour, Paris: Michel 1989, S. 135, übers. und bearb.; **S. 80/81, Q 2:** Walter Grab (Hg.), Die Französische Revolution. Eine Dokumentation, München: Nymphenburger Verlagshandlung 1973, S. 33; **S. 80/81, Q 3:** ebd., S. 37–39; **S. 83, Q 1:** G. Pernoud/S. Flaissier (Hg.), Die Französische Revolution in Augenzeugenberichten, übers. von Hagen Thürnau, München: dtv, 4. Aufl. 1981, S. 64 ff.; **S. 86, Q 1 a:** Zit. nach: Wolfgang Lautemann, Geschichte in Quellen, Bd. 4: Amerikanische und Französische Revolution, München: BSV 1981 (i. Folgenden: GiQ, Band 4, 1981), S. 214, übersetzt von F. von Oppeln-Bronikowski; **S. 86, Q 1 b:** GiQ, Band 4, 1981, S. 215, übers. von W. Lautemann/J. Cornelissen, **S. 86/87, Q 2 a:** GiQ, Band 4, 1981, S. 282; **S. 87, Q 2 b:** Walter Grab (Hg.), Die Französische Revolution. Eine Dokumentation, 1973, S. 98; **S. 95, Q 2:** Olympe de Gouges, Schriften, hg. von Monika Diller, übers. von Vera Mostowlansky, Basel [u.a.] : Stroemfeld/Roter Stern, 1989, S. 40 f., bearb.; **S. 97, Q 1:** Erklärung zur Gründung der Mainzer Republik, 18. März 1793, Stadtarchiv Mainz, gek.; **S. 100, Q 1:** GiQ, Band 4, 1981, S. 538, bearb.; **S. 100, M 1:** Georges Lefebvre, Napoleon, Stuttgart: Klett-Cotta 2003 (überarbeitete Neuausgabe der Ausgabe von 1955), bearb.; **S. 101, Q 1:** Heinz Dieter Schmid: Fragen an die Geschichte, Bd. 3, Frankfurt: Hirschgraben Verlag 1981, S.172; **S. 101, Q 2:** Hagen Schulze, Ina Ulrike Paul (Hg.), Europäische Geschichte. Quellen und Materialien, München: BSV 1994, S. 190; **S. 103, Q 1:** Eckart Kleßmann (Hg.): Deutschland unter Napoleon in Augenzeugenberichten, München: dtv 1982, S. 277 f.; **S. 106, Q 1 a:** Georg Winter (Hg.), Die Reorganisation des Preußischen Staates unter Stein und Hardenberg, Bd. 1, Teil 1, 1931 (Neudruck), Osnabrück: Zeller 1982, S. 78; **S. 106, Q 1 b:** Freiherr vom Stein, Briefwechsel, Denkschriften und Aufzeichnungen, bearb. von Erich Botzenhart, Bd. 2, Berlin: Heymann 1937, S. 583; **S. 113, Q 1 a:** Hagen Schulze, Der Weg zum Nationalstaat. Die deutsche Nationalbewegung vom 18. Jahrhundert bis zur Reichsgründung, München: dtv 1985, S. 142 f.; **S. 113, Q 1 b:** Wolfgang Herwig (Hg.), Goethes Gespräche. Eine Sammlung zeitgenössischer Berichte aus seinem Umgang, Band 2, München: dtv 1998, S. 862 ff.; **S. 113: Q 2:** Carl Ludwig v. Haller, Restauration der Staatswissenschaft, Bd. 1, Winterthur 1820, S. 86, gek.; **S. 116, Q 1:** GIQ, Band 5, S. 845 ff., gek.; **S. 116/117, Q 2 a, b:** GIQ, Band 5, S. 86 f., gek.; **S. 117, Q 3:** gutenberg.spiegel.de?id=5&xid=2192&kapitel=11&Hash=000fc59e55fest10#gb_found, S. 119, Q 1: www.heinrich-heine-denkmal.de/dokumente/edikt1812.shtml; **S. 119, Q 2:** Samson Raphael Hirsch, Erste Mittheilungen aus Naphtali's Briefwechsel, Altona: Hammerich 1838, S. 78; **S. 122, Q 1:** Heinrich Lutz, Zwischen Habsburg und Preußen. Deutschland 1815–1866, Berlin: Siedler 1994, S. 59; **S. 122, Q 2:** Heinrich Heine, Sämtliche Schriften, Band 5, 1976, S. 39 ff., gek.; **122/123, Q 3:** Paul Achatius Pfizer, Gedanken über das Ziel und die Aufgabe des deutschen Liberalismus, Tübingen: Laupp 1832; **123, Q 4:** www.demokratiegeschichte.eu/index.php?id=192 (27. 5. 2009); **S. 127, Q 1 a, b:** Christina von Hodenberg, Aufstand der Weber und ihr Aufstieg zum Mythos, Bonn: Dietz 1997, S. 242, gek.; **S. 127, Q 1 c:** Wilhelm Wolff, Das Elend und der Aufruhr in Schlesien, Berlin:

Tribüne 1952; **S. 130, Q1:** Matthias Seeliger (Hg.), 1848 – (K)eine Revolution an Weser und Leine, Bielefeld: Verlag für Regionalgeschichte 1999, S. 45 f.; **S. 130, Q2:** Ebd., S. 51.; bearb.; **S. 131, Q3:** Ebd., S. 58 f., bearb.; **S. 134, Q1a, b:** GiQ, Band 5, S. 182, 19 ff.; **S. 134, Q2:** www.frankfurt.frblog.de/voruebergehende-regierung-gesucht (2.8.2009), gek.; **S. 135, Q3:** Jacob Grimm, Kleinere Schriften 1. Reden und Abhandlungen ,1864, Nachdruck. Hildesheim: Olms 1965, S. 435 f.; **S. 138, Q1a:** Peter Reichel: Robert Blum. 1807–1848, Göttingen: Vandenhoeck & Ruprecht 2007, S. 175 f.; **S. 138, Q1b:** www.erftstadt.de/cms-neu/downloads-historisches. htm (12.8.2009), vereinf.; **S. 138/39, Q2a, b:** Thomas Nipperdey, Deutsche Geschichte 1800–1866. Bürgerwelt und starker Staat, München: Beck 1983, S. 669 f.; **S. 146/147:** Friedrich List, Das deutsche National-Transport-System, Altona/Leipzig: Hammerich 1838, S. 4 ff., vereinf.; **S. 151, Q1:** Wilhelm Treue (Hg.), Quellen zur Geschichte der Industriellen Revolution Göttingen u. a., Musterschmidt Verlag 1979, S. 103 f.; **S. 151, Q2a, b:** Zit. und übers. nach: John Cresswell/Peter Laurence, Expansion, trade and industry, Oxford University Press, 1993, S. 9, S. 153, Q1: Michael Stürmer (Hg.), Herbst des Alten Handwerks. Quellen zur Sozialgeschichte des 18. Jahrhunderts, München: dtv 1979, S.323 ff., gek.; **S. 153, Q2:** Peter Brandt, Preußen. Zur Sozialgeschichte eines Staates. Eine Darstellung in Quellen, Reinbek: Rowohlt 1981, S. 226; **S. 155, Q1a:** Otto Baehr, Eine deutsche Stadt vor sechzig Jahren. Kulturgeschichtliche Skizze, Leipzig. Grunow, 2. Aufl. 1886, S. 85 f., gek.; **S. 155, Q1b:** Friedrich Schulze (Hg.), Die ersten deutschen Eisenbahnen. Nürnberg–Fürth und Leipzig–Dresden, Leipzig: Voigtländer 1912, S. 24; **S. 155, Q2:** Friedrich List, Gesammelte Schriften, hg. von Ludwig Häußer, Bd. 3, Stuttgart: Cotta 1850, S. 45 f., gek.; **S. 156, Q3:** Carl von Rotteck/Carl Welcker, Staats-Lexikon oder Encyclopädie der Staatswissenschaften, Bd. 4, Altona: Hammerich 1837, S. 658; **S. 161, Q1:** Otto von Leixner, 1888–1891. Soziale Briefe aus Berlin, Berlin: Pfeilstücker 1891, S. 183–188, gek.; **S. 163, Q1:** library.fes.de/fulltext/bibliothek/tito0148/0014801a.htm (2.9.2009); **S. 163, Q2:** Hans Mauersberg, Georg Egestorff, eine Unternehmerpersönlichkeit zur Zeit der Frühindustrialisierung, S. 424 f., in: Jürgen Schneider (Hg.), Wirtschaftskräfte und Wirtschaftswege Band 3, Auf dem Weg zur Industrialisierung, Stuttgart: Klett-Cotta 1978; **S. 165, Q1a:** Norbert Günther, Ernst Abbe. Schöpfer der Zeiss-Stiftung, Stuttgart. Wissenschaftliche Verlags-Gesellschaft 1946, S. 7 f.; **S. 165, Q1b:** Dieter Ziegler, Die Industrielle Revolution, Darmstadt: WBG 2005, S. 47; **S. 165, Q2:** Rudolf Kropf (Hg.), Arbeit, Mensch, Maschine. Der Weg in die Industriegesellschaft, Oberösterreichische Landesausstellung 1987, S. 109; **S. 167, Q1:** Wolfgang Emmerich (Hg.), Proletarische Lebensläufe, Bd. 1, Reinbek: Rowohlt 1979, S. 106 f., gek.; **S. 167, Q2:** Arbeiterinnen kämpfen um ihr Recht. Autobiographische Texte zum Kampf rechtloser und entrechteter „Frauenspersonen" in Deutschland, Österreich und der Schweiz des 19. und 20. Jahrhunderts, hg. von Richard Klucsarits und Friedrich G. Kürbisch, Wuppertal: Hammer Verlag 1975, S. 84 f.; **S. 169, Q1:** Jens Flemming u. a. (Hg.), Quellen zur Alltagsgeschichte der Deutschen, Band 7, Darmstadt WBG 1997, gek.; **S. 169, Q2:** Wilhelm Berdrow (Hg.), Alfred Krupps Briefe 1826–1887, Berlin: Hobbing 1928, S. 254., gek.; **S. 171, Q1:** Franz-Josef Brüggemeier/Thomas Rommelspacher (Hg.), Besiegte Natur. Geschichte der Umwelt im 19. und 20. Jahrhundert, München: Beck, 2. Aufl. 1989, S. 64, gek.; **S. 171, Q2:** Franz-Josef Brüggemeier/Michael Toyka-Seid (Hg.), Industrie-Natur. Lesebuch zur Geschichte der Umwelt im 19. Jahrhundert, Frankfurt/Main: Campus Verlag 1995, 77 f., gek.; **S. 175:** www.designlines.de/praxis/Licht-und-Architektur-der-Zeche-Zollverein-in-Essen_277581.html, 22.05.2009; **S. 179, M1:** Dieter Ziegler, Die Industrielle Revolution, a. a. O., S. 97, bearb.; **S. 179, Q2:** Karl Marx/Friedrich Engels, Manifest der Kommunistischen Partei, London: Bildungs-Gesellschaft für Arbeiter 1848, S. 3, 16; **S. 180, Q3:** Udo Achten (Hg.), An alle! Lesen! Weitergeben!, Flugblätter der Arbeiterbewegung 1848–1933, Bonn: Dietz 1982, S. 26, S. 29; **S. 180/181, Q4:** Ebd., S. 31; **S. 184, M1:** www.unglobalcompact.org/languages/german/de-gc-flyer-05.pdf 19.8.2009, bearb.

Bildquellen:

Agence Photographique de la Réunion des Musées Nationaux, Paris: 69.3; **akg-images,** Berlin: 7.2, 9.1, 10.1, 11.1, 12.1, 14.1 (E. Lessing), 24.1, 30.1, 30.2, 33.2, 43.1, 46.2 (Boltin Picture Library), 48.1, 54.1, 68.1, 74.2, 78.1, 79.1, 84.1 (E. Lessing), 85.1, 87.1, 88.1, 91.1, 91.3, 94.1a, 94.2 (Roger Viollet), 95.1, 97.1, 98.1, 102.1, 104. li. (beide), 105.2, 111.1, 113.1, 114.1, 114.2, 120.1, 122.1, 123.1, 125.1, 126.1, 132.2, 133.1, 135.1, 138.1, 142.1, 144.2, 145.3, 146.1, 155.1, 163.1, 166.1, 168.1, 176.1, 177.2; **Archiv C. Julius:** 161.2; **Archiv der sozialen Demokratie der Friedrich-Ebert-Stiftung,** Bonn: 179.1; **Art Resource,** New York: 63.1 (Smithsonian American Art Museum); **Artur Images,** Hamburg: 174.1; 175.1 (W. Schwager); aus: "See Through History – The Age of Industry", by permission of Heinemann Educational Publishers, a devision of Reed Educational & Professional Publishing Ltd. UK: 149.1; aus: Andover-Harvard Theological Library, Cambridge, MA: 118.2; aus: Karl Gruber, Die Gestalt der deutschen Stadt. Ihr Wandel aus der geistigen Ordnung der Zeiten, München: Callwey 1976: 7.1; **Bahlsen GmbH & Co. KG,** Hannover: 172.1; **Bibliothèque nationale de France,** Paris: 16.1, 70.3, 80.1; **Bildarchiv Monheim,** Krefeld: 28.2; **Bildarchiv Preussischer Kulturbesitz,** Berlin: Umschlagfoto o. (Kunstbibliothek, SMB/Knud Petersen), Umschlagfoto u. + h. (H.-J. Bartsch), 6.1, 8.1, 17.1 (RMN), 20.1, 21.2, 36.1 (L. Brauns), 37.1, 38.1 (Nationalgalerie, SMB/J. P. Anders), 39.1, 40.1 (Kupferstichkabinett, SMB/J. P. Anders), 40.2, 44.1, 44.2, 53.1, 64.1, 70.1, 71.1, 72.2, 77.1 (RMN/Bulloz, Paris Archiv nationales), 82.1, 90.1, 91.2, 92.1, 93.2, 101.2, 104. zw. v. re. (H. Buresch), 108.1, 109.1, 110.2 (Hamburger Kunsthalle/Elke Walford), 116.1, 119.1, 128.1 (Kunstbibliothek Preußischer Kulturbesitz, 2001), 129.1, 131.1 + 132.1 (D. Kaz), 139.1, 167.1; **Bridgeman,** Berlin: 13.1, 28.1, 29.1, 46.1 (Photo Christie's Images, Private Collection), 53.2, 55.1 (Peter Newark American Pictures), 58.1, 64.2, 69.1, 70.2, 150.1; **Bundesarchiv Koblenz:** 178.1 (1/4/66), Charnet, J.-L., Paris: 7.3; **Corbis,** Düsseldorf: 56.1 + 65.1 (Bettmann), 65.2 (Lake County Museum), 89.2 (G. Pierre); **Derby Art Gallery,** Derby UK: 32.1; **Deutsches Historisches Museum,** Berlin: 109.3, 145.1, 145.2, 154.2, 164.1 (A. Psille), 177.1; **dpa-infografik,** Hamburg: 184.1; **Fenimore Art Museum,** Cooperstown: 59.2; **Germanisches Nationalmuseum,** Nürnberg: 109.2; **Getty Images,** München: 60.1 (M. Wilson); **Historisches Archiv Krupp,** Essen: 69.2, 144.1, 170.1; **Historisches Museum Frankfurt/Main:** 108.2; **Historisches Museum Hannover:** 121.1 (Gestalter: Carlos Schulze-Nowak); **KARTO-GRAFIK HEIDOLPH,** Kottgeisering: 18.1, 41.1, Kinsey, D., Scrimshaw Press, San Francisco 1975: 49.1; **Laif,** Köln: 141.1 (B. Jonkmanns); **Landesmuseum Mainz:** 96.1; **Landesmuseum Württemberg,** Stuttgart: 6.2; **LVR-Industriemuseum** – Schauplatz Oberhausen: 158.1; **Merseyside Maritime Museum,** Liverpool: 52.1; Moshagen-Siegl, I., Braunschweig: 31.1; **Musée Carnavalet,** Paris: 73.2 (Photothèques des Musée de la Ville de Paris); **Nordwolle Delmenhorst.** Nordwestdeutsches Museum für IndustrieKultur: 160.1; **Photo Scala Florence:** 59.1; **Photogr. Anstalt der Gußstahlfabrik Fried. Krupp A.G.,** Essen-Ruhr: 173.1; **Photothèque des Musées de la Ville de Paris:** 27.1; 93.1; **Picture-Alliance,** Frankfurt/M.: 47.2, 140.1, 140.2 (dpa/I. Wagner), 182.1; **Science Museum London:** 148.1; **Stadtbildstelle Essen:** 169.1, 171.1; **Städtisches Museum Göppingen:** 152.1; **Städtisches Reiß Museum,** Mannheim: 33.1; **Stiftung Deutsches Technikmuseum Berlin:** 154.1, 164.2; **Stiftung Westfälisches Wirtschaftsarchiv,** Dortmund: 162.1; **ullstein bild,** Berlin: 50.1 (Granger Collection), 66.1; 83.1; 104 re. (Dito), 105.1, 110.1 (Roger Viollet), 118.1; **Wallraff-Richartz-Museum,** Köln: 115.1.

Nicht in allen Fällen ist es gelungen, die Rechteinhaber ausfindig zu machen und um Genehmigung zu bitten. Berechtigte Ansprüche werden selbstverständlich im Rahmen der üblichen Vereinbarungen abgegolten.